비법 수리역학 매화역수

# 비법 수리역학매화역수

**초판 1쇄 발행일** 2022년 06월 17일
**초판 2쇄 발행일** 2023년 10월 25일

**지은이** 이동현
**펴낸이** 양옥매
**디자인** 표지혜 송다희
**교　정** 조준경

**펴낸곳** 도서출판 책과나무
**출판등록** 제2012-000376
**주소** 서울특별시 마포구 방울내로 79 이노빌딩 302호
**대표전화** 02.372.1537　**팩스** 02.372.1538
**이메일** booknamu2007@naver.com
**홈페이지** www.booknamu.com
ISBN 979-11-6752-150-7 (03180)

# 비법 수리역학 매화역수

이동현 · 지음

책과나무

## 머리말

〜

 내가 살고 있는 서울 봉천동(奉天洞)은 강북 미아리(彌阿里) 이상으로 점쟁이가 많다. 어지간히 실력이 없으면 발을 붙이지 못하는 곳이다. 이 동네에 터를 잡고 세월을 눕힌 지 어언 30년이 되었다.

 나는 1954년 경상남도 창녕에서 태어났다. 생활 형편이 어려워 어린 시절에는 외가에서 자랐다. 외조부는 찾아오는 손님들로 늘 바쁘게 사셨다. 외가 선대에는 조선 시대 관상감에서 높은 벼슬을 하신 분이 계셨다. 그 때문인지 외조부의 위세는 당당하셨다. 손님들은 선생님이라 호칭하였지만 길거리에서는 점쟁이로 불렀다.

 손님들이 벗어 놓은 신발을 가지런히 정리하는 것이 나의 일과였다. 그러다 중학생이 되어서야 부모님과 함께 살게 되었다. 하지만 2년도 채 되지 않은 어느 날, 아버지는 나를 불러 "할아버지께서 같이 살자 하시니 도로 외가로 가라."고 하셨다. 어린 나는 부모님과 헤어지기 싫어 무릎을 꿇

_____ 비법 수리역학매화역수

은 채 하염없이 울기만 했다.

　다행히 외가로 돌아가지는 않았으나 3년 후 외조부는 세상을 떠나셨다. 무남독녀 나의 어머니만 남긴 채 외조부의 역학은 대(代)가 끊어지고, 아버지는 문상 온 전국의 점쟁이들과 제자들에게 유품과 고서적을 아낌없이 나눠 주었다. 문상객 중에는 부산 동대신동 우리 집 옆에 살던 박 도사(재산 박제현)도 있었다. 외조부는 당신의 임종이 가까워 온다고 생각하시고 代를 이으려 나를 불렀던 것이었다.


　나의 역학은 그 후 20년 지나서야 시작되었다. 묘관음사(妙觀音寺) 향곡(香谷) 스님의 제자인 백양(白楊) 스님이 첫 스승이다. "씨불이지 마라. 내가 다 알고 있다."라는 글이 적힌 족자를 벽에 걸고 내방객을 맞는 기인(奇人)이었다.

　여러 해 공부 끝에 학문의 허결함을 느끼고 역학의 뿌리를 찾아서 한국을 떠났다. 중국 장쑤성 롄윈강(中國 江蘇省 連雲港) 서쪽에는 자그마한 고을 똥하이현(东海县)이 있다. 이곳이 사주명리학을 집대성한 서자평 선생의 고향이다.

　이곳에서 시작한 나의 역학 기행은 30여 년 동안 84회에 걸쳐서 베트남, 캄보디아까지 이어졌다. 이 역학 기행 중 죠우바이파(周百發) 선생으로부터 고대 중국의 역술인들 사이에서 전해 내려오는 독특한 역수(易數)를 익혔다.

　20년 전 우연하게 재미교포 김종현 선생으로부터 학문을 더하였는데, 선생은 나에게 미국 동양철학 교수 자리를 권유하였으나 유야무야되어 버렸다.

역학인으로 삶을 시작한 지 어느덧 강산이 세 번 바뀌었다. 이제야 내가 얻은 역학 지식 중에서 역학을 배우고 익히는 도반(道伴)들에게 가장 권하고 싶은 학문인 수리역학매화역수를 책으로 남기게 되었다.

사주명리학의 주변은 구성학, 매화역수, 기문둔갑, 자미두수, 주역, 육임 등 많은 학문이 있지만 수리역학매화역수만큼 배우기 쉽고 명쾌한 정답을 구할 수 있는 학문은 없다는 것이 나의 지론이다. 수리역학매화역수는 역학의 비법이자 역학의 꽃이다.

사주 상담은 제아무리 학식이 있어도 내담자의 목적사를 맞히느냐 못 맞히느냐의 문제다. 사주역학을 배운 이들이 100만 명이 넘지만 제대로 된 강의와 책을 만나지 못하는 현실이다. 가르치는 이, 저자마다 제각각 이론으로 풀어내니 배우는 입장에서는 혼란만 가중될 뿐이다.

여러 포털 사이트의 카페 또는 블로그에는 많은 사람들이 나의 강의와 교재 내용 일부를 올려놓았으며, 심지어 나의 사주팔자까지 올려놓았다. 안타까운 것은 전체를 모른 채 부분에만 골몰해서는 학문의 깊이를 알 수 없다는 점이다. 지금까지 비매품으로 묶여 있던 교재를 엮어 펼쳐 내는 이 책이 많은 도움이 되기를 바란다.

본서는 중국과 한국의 여러 이론을 참고하여 지난 30년간 10만 명 이상의 실관을 통해 쌓아 온 나의 상담 경험을 바탕으로 하였으며, 또한 지난 17년간 역학교육사이트 '나는 역학이다'에서 강의한 내용들을 담았다.

나는 강의가 전문이 아니고 글쟁이도 아니다. 새벽 6시부터 저녁 6시까지 문을 열고 손님을 받으며 업(業)을 하는 사람이다. 따라서 학술적으로

비법 수리역학매화역수

미흡한 곳이 있기 마련이다. 그러나 실관통변을 바탕으로 하였기에 살아 있는 역학서임을 자부한다.

이 책을 접하는 모든 사람들이 도움을 받고 보람 있는 배움이 되기를 간절히 바란다.

2022년 6월

李東炫

# 02 사주명리학

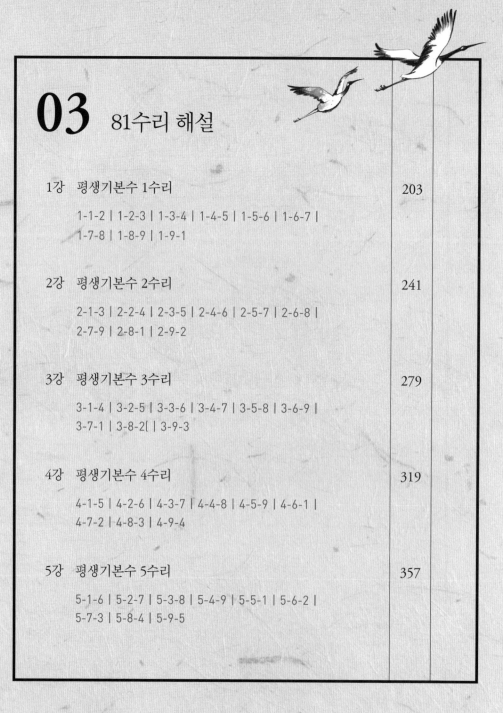

# 03   81수리 해설

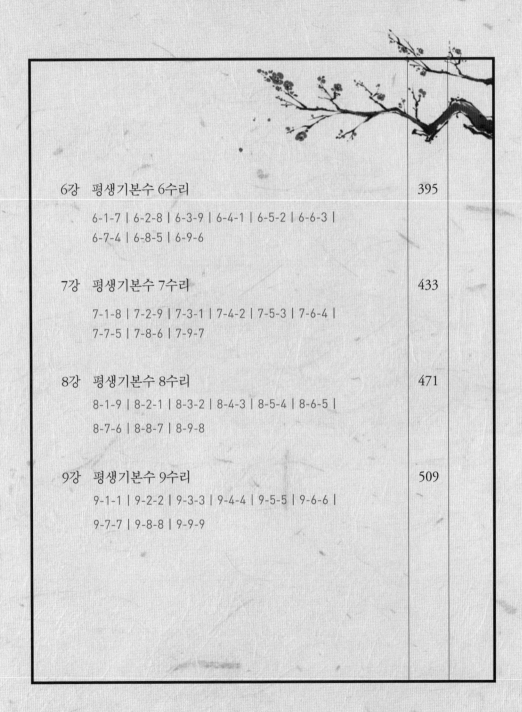

# 01

# 수리역학매화역수의
# 기초

# 1강 ᵔ 수리역학매화역수의 기원

우리가 사용하는 1, 2, 3, 4, 5, 6, 7, 8, 9 등의 숫자는 1세기경부터 시작된 인도의 브라흐미 문자에 기원을 두고 있다. 오늘날 세계 모든 나라에서 사용하는 아라비아숫자는 그 기원이 인도에서 시작된 것이다. 인도의 숫자는 7세기경 아라비아를 거쳐 서양으로 전파되었다.

이 무렵 유럽은 로마숫자(Ⅰ, Ⅱ, Ⅲ, Ⅳ, Ⅴ, Ⅵ, Ⅶ, Ⅷ, Ⅸ)를 사용하고 있었는데, 인도의 숫자가 아라비아를 통해서 서양으로 전파되어 널리 사용된 것이다. 인도에서 발명한 숫자가 아라비아를 거쳐 유럽으로 전해졌기 때문에 '인도-아라비아 숫자'라고 하는 것이 타당할 것이다.[1]

사주명리학(四柱命理學)의 주변에는 이십사사(二十四史), 귀책열전(龜策列傳), 귀장술(歸藏術) 등 다양한 학문이 있다.

이 중에서 매화역수(梅花易數)는 중국 송대(宋代)의 유학자(儒學者)인 소강절(邵康節)이 창안하였다. 소강절의 이름은 옹(雍), 자는 요부(堯夫). 강절은 그의 시호(諡號)다. 이정지(李挺之)에게 도가(道家)의 학문을 배워 수학을 설파하였으며 또 이를 기본으로 한 경론(經論)을 주장하였다.[2]

소강절이 어느 날 매화꽃을 관람하던 중 새가 서로 싸우다 떨어지는 것을 보고 연월일시(年月日時)의 수(數)를 계산하여 괘(卦)를 얻어, 다음 날 저녁때 이웃집 처녀가 꽃을 꺾으러 나무에 올라갔다가 떨어져 다리를 다

---

1   오혜정, 『사진으로 이해하는 수학의 모든 것』, 지브레인, 2016.
2   인명사전편찬위원회, 『인명사전』, 민중서관, 2002.

치게 될 것을 미리 알게 됨으로부터 점치는 법이 시작되어 관매수(觀梅數) 또는 매화역수라고 일컬어 왔다.[3]

중국 남송 시기에 채침(蔡沈, 1167~1230)이라는 대학자가 있다. 남송 건주(建州) 건양(建陽) 출신이다. 채원정(蔡元定)의 둘째 아들로 태어나 구봉(九峰)에서 말년을 보냈는데, 이를 두고 흔히 구봉 선생이라고 한다. 채침은 상서(尙書)에 주를 달아 『서집전(書集傳)』을 완성하였다. 『서집전』은 여러 학문을 체계적으로 종합하였는데 그 내용이 명확하여 원(元)나라 이후 과거시험(科擧試驗)을 준비하는 선비들에게 필독서가 되었다.[4]

채침의 81수는 구구원수도(九九圓數圖)와 범수지도(範數之圖) 등에 나타나 있다.

숫자 9를 모든 존재의 본원적인 숫자로 여기고 수학적 연역적 방식을 도출한 것이다. 채침은 주역의 괘효상(卦爻狀)과 홍범의 구주에 입각하여 홍범의 숫자 1을 바탕으로 하여 숫자 3이 되고, 또한 숫자 3을 바탕으로 숫자 9가 되며, 그 9를 바탕으로 숫자 81이 되는 방식으로 변화한다고 하였다.

채침은 "숫자 1은 9의 조상이 되고 다시 9는 81의 근간이 되며 이 81이 둥근 모양을 하여 하늘 8이 되고 네모나게 되어 땅이 되며, 움직임으로써 사계절이 된다."고 하였다. 채침의 81수 이론은 변화하는 자연의 숫자를 나타내었다.

수리역학매화역수와 일본의 성명학자 구마사키 켄오(雄琦健熊, 1881~1961)가 주창한 數理성명학은 채침이 고안한 81수를 서원(書原)으로 한다. 수리역학매화역수는 소강절의 매화역수와는 근원(根源)이 서로 다르다.

---

3  김수길·윤상철, 『매화역수』, 대유학당, 1996.
4  임종욱, 『중국역대인명사전』, 이회문화사, 2010.

# 2강 ⌒ 수리역학매화역수의 발전

동서고금(東西古今)을 막론하고 숫자에 얽힌 설화(說話)는 대단히 많다. 또한 나라와 인종에 따라 숫자에 대한 선호도에는 특징이 있다.

한국인은 숫자 3을 선호하고 4를 기피하는 데 반하여, 미국인은 숫자 7을 선호하고 13을 기피하며, 중국인은 숫자 8을 선호하고 4를 기피한다. 아라비아숫자를 만들어 낸 인도인은 고대부터 창조의 신 '브라마'의 숫자라고 여겨 숫자 9를 선호한다. 힌두교, 자이나교, 불교에서는 숫자 108을 많이 사용한다.

삼국 시대에 인도로부터 우리나라로 전파된 불교는 초기에는 지배층의 권력 유지에 이용되었지만, 차츰 백성들의 생활 속에 전도되고 스며들었다. 사람들은 현재의 어려움을 잘 견디고 자비(慈悲)를 실천하면 다음 생에는 환생(還生)할 수 있다는 불교의 가르침을 받았다.

삼국 시대 인도의 승려들이 한반도에 들어왔고, 통일신라 시대에는 많은 유학생들이 당나라로 갔다. 당시 장안(長安)에는 인도의 승려와 아라비아 상인들이 많이 있었다고 한다.

우리나라에서는 대한제국 시기부터 근대적인 교육과 함께 아라비아숫자가 도입되었다. 최초로 아라비아숫자가 서적을 통해 소개된 것은 1900년 이상설이 지은 『산술신서(算術新書)』다.

숫자를 사용하는 역학비법(易學祕法)으로 알려진 수리역학매화역수는

고대 중국에서 시작되어 한국에서는 수도하는 고승들 사이에서 공부되어 이어 내려왔다.[1]

중국에서는 역수(易數)라 하여 고대로부터 구전되어 내려왔는데, 허난성(河南省) 덩펑(登封) 뤄양(洛陽), 루저우(汝州) 지방에서 사용되고 있다.

우리나라에는 길거리 장터에서 점(占)을 치는 사람들이 많다. 이런 사람들을 '로땡'이라고 한다. 로땡들은 주로 몇 명이 무리를 지어 다녔는데, 이들 중에서 숫자를 이용하여 占을 치는 것을 유사복기(有事復起)라고 하였다.

옛날에는 사찰에서 역수를 사용하는 스님들이 있었다. 항간에 조선 시대 궁중(宮中)에서 사용하였다는 설(說)이 있으나 이에 대한 기록은 없다.

이러한 중국의 역수와 우리나라에서 구전되어 오던 유사복기가 1970년대에 와서 '매화역수', '수리매화역수', '수리역학매화역수'로 통용되기 시작하였다.


강원도 영월군 남면 광천리 남한강 상류에 청령포(淸泠浦)라는 곳이 있다. 강의 지류인 서강(西江)이 감돌아 흘러 삼면이 자그마한 강으로 둘러싸여 있다. 마치 근처의 한반도면(韓半島面)과 같이 우리나라 지형처럼 생긴 곳이다.

조선 제6대 임금인 단종(端宗)이 세조(世祖)에게 왕위를 빼앗기고(1457년) 두어 달 유배(流配)되었던 곳이기도 하다.

이곳의 지명은 원래 청냉포(淸冷浦)였는데 숫자 3과 9를 선호하는 사상에서 지금의 청령포(淸泠浦)로 바뀌었다.

---

1   김종현, 『수리역학매화역수 운정비결』, 영강미디어출판, 2012.

김일성과 김정일은 숫자 '9'를 선호하였다. 김일성 일가 중 한 무속인(巫俗人)이 김일성에게 숫자 9를 권유하였다. 김일성은 그의 말대로 행하여 공화국 창건일을 9월 9일로 정하고, 북한의 행정구역을 9개도로 개편하였다. 김일성 경호사령부를 '963' 부대로 명하는 등 거의 모든 특별한 조직에는 숫자 9를 사용하여 9호 농장, 9호 제품 등으로 하였다.

이러한 김일성의 숫자 개념은 김정일에게로 이어졌다. 김정일의 생일은 2월 16일(2+1+6=9), 인민군 대장 승진은 2010년 9월 27일(2+7=9), 노동당 제1비서 취임은 2012년 4월 11일(1+2+4+1+1=9), 장거리로켓 2호 발사는 2009년 4월 5일(4+5=9), 장거리로켓 3호 발사는 2012년 12월 12일(1+2+1+2+1+2=9), 3차 핵실험은 2013년 2월 12일(1+3+2+1+2=9)이다.[2]

이렇듯 북한의 중요한 날짜들은 숫자 9로 맞추어져 있다. 북한에서 한국으로 내려온 탈북 무속인들이 숫자를 사용하여 점사(占辭)를 행하는 것을 보면, 북한 지역에서도 수리역학매화역수가 사용되고 있음을 엿볼 수 있다.

---

2 장진성, 〈자유아시아방송〉, 2013

비법 수리역학매화역수

# 3강 ∽ 수리역학매화역수의 특징

수리역학매화역수에서 특징은 평생기본수(平生基本數)와 주도수(主導數), 81포국도(布局圖), 대운(大運), 대운 포국선(大運 布局線), 일주(日柱), 9진법, 후천수(後天數) 등이다.

## ❀ 평생기본수(平生基本數)

평생기본수는 사주명리학에서 사주팔자 원국의 일간(日干)과 같은 것이다. 아홉 가지로 나누어지는 고유의 숫자는 평생 변하지 않는다는 의미에서 평생기본수라고 부른다.

평생기본수는 평생의 운세(平生運), 한 해의 운세(歲運), 오늘의 운세(日辰) 등에서 포국도의 첫째 칸에 적용하는 숫자이다.

| 寅 | 卯 | 辰 |
|---|---|---|
| 巳 | 午 | 未 |
| 申 | 酉 | 戌 |
| 亥 | 子 | 丑 |

평생기본수를 구할 때에는 음력 생일을 기준으로 한다. 평생기본수는 구하고자 하는 사람의 음력 생월 숫자와 음력 생일 숫자를 더하고 거기에 1을 더한다. 마지막에 1을 더하는 이유는 사람이 태어나기 전 어머니의 배 속에서 지낸 10개월의 태아 기간을 포함하기 때문이다.

평생기본수 = 음력 생월 숫자 + 음력 생일 숫자 + 1

**[예시 1] 양력 2020년 6월 13일생 (음력 2020년 윤 4월 22일생)**

평생기본수는 '음력 생월 + 음력 생일 + 1'이므로

4+22+1=27

27÷9=3 나머지 0

따라서 평생기본수는 9다.

**[예시 2] 양력 1986년 1월 8일생(음력 1985년 11월 28일생)**

평생기본수는 '음력 생월 + 음력 생일 + 1'이므로

11+28+1=40

- 9로 나누는 방법          40÷9=4 나머지 4
- 9로 빼는 방법           40-9-9-9-9=4
- 9를 공제하는 방법        1+1+2+8̸+1̸=4

따라서 평생기본수는 4다.

## ❀ 주도수(主導數)

평생의 운세(平生運), 한 해의 운세(歲運), 오늘의 운세(日辰) 등에서 그 기간의 운세를 대표하는 의미의 숫자가 있다. 이러한 숫자를 주도수(主導數) 또는 대표수(代表數)라고 하며 역시 1, 2, 3, 4, 5, 6, 7, 8, 9 등 아홉 가지로 분류한다.

기간을 대표하는 주도수의 의미는 신생(新生), 변화(變化), 귀신(鬼神), 안정(安定), 경파(驚破), 관(官), 병/퇴식(病/退食), 재물(財物), 문서(文書) 등이다.

주도수는 포국도의 둘째 칸에 적용하는 숫자다.

| 寅 | 卯 | 辰 |
|---|---|---|
| 巳 | 午 | 未 |
| 申 | 酉 | 戌 |
| 亥 | 子 | 丑 |

# �֎ 81포국도(布局圖)

　포국도는 평생의 운세(平生運), 한 해의 운세(歲運), 오늘의 운세(日辰), 의 변화를 寅부터 丑까지 12칸으로 나누어서 아홉 가지의 숫자로 표기한 것이다.

　평생기본수는 12칸 중에서 첫째 칸에 포국하고, 주도수는 둘째 칸에 포국하며, 차례로 12개 칸을 숫자로 표기한다. 따라서 아홉 가지의 평생기본수와 아홉 가지의 주도수는 총 81가지의 포국도를 구성한다.
　이러한 81가지 운세의 길흉(吉凶)을 5단계로 구분하여 다음과 같이 표기한다.

　　✓　가장 좋은 해(大吉年)　　　AA
　　✓　좋은 해(吉年)　　　　　　A
　　✓　보통의 해(半吉半凶年)　　　B
　　✓　나쁜 해(凶年)　　　　　　C
　　✓　가장 나쁜 해(大凶年)　　　CC

> **[예시 1] 어떤 사람의 운세가 2020년이 가장 좋은 해 AA라면?**
> 지나간 가장 좋은 해는 9년 전인 2011년이 되고
> 다음에 다가오는 가장 좋은 해는 9년 후인 2029년이 된다.

**[예시 2] 어떤 사람의 운세가 2017년이 가장 나쁜 해 CC라면?**

지나간 가장 나쁜 해는 9년 전인 2008년이 되고
다음에 다가오는 가장 나쁜 해는 9년 후인 2026년이 된다.

2020년의 주도수는 9년 전인 2011년의 주도수와 같고, 다가오는 9년 후인 2029년의 주도수와 같다. 마찬가지로 2020년 7월에 발생한 일은 9년 전인 2011년 7월에도 유사한 일이 발생하였으며 9년 후인 2029년 7월에도 유사한 일이 발생한다.

따라서 포국도의 수리를 해석하면, 일생의 기간 동안에서 특정한 연도와 특정한 월에 발생하는 일에 대하여 지나간 과거를 알 수 있고, 다가오는 미래를 예측할 수 있다.

| | | | | | | | | |
|---|---|---|---|---|---|---|---|---|
| A 112 | CC 123 | C 134 | A 145 | B 156 | B 167 | B 178 | AA 189 | C 191 |
| 336 | 459 | 573 | 696 | 729 | 843 | 966 | 189 | 213 |
| 999 | 459 | 819 | 369 | 729 | 279 | 639 | 189 | 549 |
| 448 | 933 | 527 | 112 | 696 | 281 | 775 | 369 | 854 |
| C 213 | A 224 | B 235 | A 246 | CC 257 | B 268 | C 279 | C 281 | AA 292 |
| 549 | 663 | 786 | 819 | 933 | 156 | 279 | 393 | 426 |
| 549 | 999 | 459 | 819 | 369 | 729 | 279 | 639 | 189 |
| 393 | 887 | 472 | 966 | 551 | 145 | 639 | 224 | 718 |
| CC 314 | B 325 | A 336 | C 347 | AA 358 | C 369 | B 371 | B 382 | C 393 |
| 753 | 876 | 999 | 123 | 246 | 369 | 483 | 516 | 639 |
| 189 | 549 | 999 | 459 | 819 | 369 | 729 | 279 | 639 |
| 257 | 742 | 336 | 821 | 415 | 999 | 584 | 178 | 663 |
| A 415 | AA 426 | C 437 | B 448 | B 459 | C 461 | B 472 | CC 483 | A 494 |
| 966 | 189 | 213 | 336 | 459 | 573 | 696 | 729 | 843 |
| 639 | 189 | 549 | 999 | 459 | 819 | 369 | 729 | 279 |
| 112 | 696 | 281 | 775 | 369 | 854 | 448 | 933 | 527 |
| B 516 | CC 527 | A 538 | AA 549 | B 551 | A 562 | A 573 | C 584 | B 595 |
| 279 | 393 | 426 | 549 | 663 | 786 | 819 | 933 | 156 |
| 279 | 639 | 189 | 549 | 999 | 459 | 819 | 369 | 729 |
| 966 | 551 | 145 | 639 | 224 | 718 | 393 | 887 | 472 |
| B 617 | A 628 | CC 639 | C 641 | B 652 | A 663 | C 674 | AA 685 | B 696 |
| 483 | 516 | 639 | 753 | 876 | 999 | 123 | 246 | 369 |
| 729 | 279 | 639 | 189 | 549 | 999 | 459 | 819 | 369 |
| 821 | 415 | 999 | 584 | 178 | 663 | 257 | 742 | 336 |
| B 718 | CC 729 | B 731 | A 742 | AA 753 | C 764 | C 775 | A 786 | C 797 |
| 696 | 729 | 843 | 966 | 189 | 213 | 336 | 459 | 573 |
| 369 | 729 | 279 | 639 | 189 | 549 | 999 | 459 | 819 |
| 775 | 369 | 854 | 448 | 933 | 527 | 112 | 696 | 281 |
| AA 819 | C 821 | A 832 | CC 843 | C 854 | A 865 | B 876 | B 887 | A 898 |
| 819 | 933 | 156 | 279 | 393 | 426 | 549 | 663 | 786 |
| 819 | 369 | 729 | 279 | 639 | 189 | 549 | 999 | 459 |
| 639 | 224 | 718 | 393 | 887 | 472 | 966 | 551 | 145 |
| C 911 | A 922 | CC 933 | A 944 | B 955 | B 966 | C 977 | AA 988 | B 999 |
| 123 | 246 | 369 | 483 | 516 | 639 | 753 | 876 | 999 |
| 459 | 819 | 369 | 729 | 279 | 639 | 189 | 549 | 999 |
| 584 | 178 | 663 | 257 | 742 | 336 | 821 | 415 | 999 |

## ❀ 대운(大運)

운(運)은 시간적 개념과 공간적 개념으로 분류할 수 있다. 시간적 개념은 일진(日辰), 월운(月運), 연운(年運) 또는 세운(歲運)을 뜻하며 공간적 개념은 대운(大運)을 뜻한다.

대운의 해석은 사주명리학에서 가장 어렵다고 생각하는 분야다. 대운은 세운과 일주와의 관계와, 일간에 이롭게 작용하는 용신과 희신과의 관계를 파악하여 길흉의 여부를 판단한다.

대운의 해석은 지지(地支)를 중심으로 판단하는 방법과, 대운 10년을 天干 3년, 지지 7년으로 구분하여 해석하는 방법 그리고 대운 10년을 천간 5년, 지지 5년으로 구분하여 해석하는 방법이 있다.

> **[예시] 壬 일주가 甲申대운에 놓여 있다면?**
>
> 천간은 일간을 중심으로 식신(食神)이며
> 지지는 일간을 중심으로 편인(偏印)이다.
> 용신이 갑목(甲木)이라고 하면 대체로 5년은 좋고 5년은 나쁘다고 해석한다.

사주명리학에서는 대운의 길흉을 논하는 데 명쾌한 해설이 부족한 반면, 수리역학매화역수는 운의 흐름의 길흉을 명쾌하게 해설할 수 있다. 사주명리학에서는 대운의 주기를 10년으로 보는 반면, 수리역학매화역수에서는 대운의 주기를 9년으로 본다.

# ❀ 대운 포국선(大運 布局線)

사람들의 운명은 끊임없이 삼계육도(三界六道)를 돌고 돌며 생사를 거듭한다.

윤회사상(輪廻思想)은 고대 인도인들의 정신문화사상이며, 힌두교사상의 일부분이기도 하다. 이런 윤회사상은 우리나라에도 있다. 우리나라에도 사람이 죽어 다시 사람으로 환생하거나, 어떤 집에 개로 태어나거나 소로 태어나 그 주인을 위해 봉사하다가 죽는다는 이야기를 쉽게 찾아볼 수 있는데, 이는 윤회사상과 직간접적으로 관계가 있다.[1]

사람들이 살아가는 동안에 삶은 계속하여 반복적으로 이루어진다. 사람은 일생을 살아가는 동안 거의 비슷한 경우를 경험하며 살아가는 것이다.

대운은 9년의 기간 중에 가장 吉한 때와 가장 凶한 때를 오르내리며 변화한다. 대운 포국선은 9년의 주기 중에서 가장 좋은 때와 가장 나쁜 때를 오르내리며 변화하는 운세의 흐름을 포물선 그림으로 나타낸 것이다.

운이 내려가는 구간에서는 학업이 잘 이루어지지 않거나 시험 합격운이 없으며, 직장 취업이 잘 되지 않으며 승진에서도 불리하다. 결혼이 미루어지고 부부간에는 애정이 식어 가며 이별, 이혼 등의 凶함이 나타난다. 학업운, 재물운, 사업운, 직장운, 애정결혼운 등 모든 분야에서 성공보다는 실패의 확률이 높다.

---

1  윤회사상(輪廻思想)(문학비평용어사전, 2006. 1. 30., 한국문학평론가협회)

✔ 대운의 주기

대운은 9년을 주기로 가장 좋은 때와 가장 나쁜 때를 오르내린다.

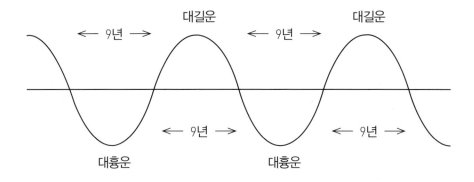

✔ 대운의 흐름

대운은 침체기(沈滯期) - 상승기(上昇期) - 왕성기(旺盛期) - 쇠퇴기(衰退期)의 順으로 각 구간마다 2~3년씩 변화한다.

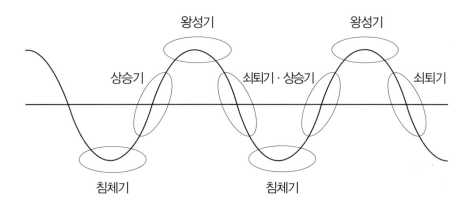

# ❀ 9진법

　자릿값 또는 위치기수법(positional counting systems)의 기본수는 그 기수법에서 사용하는 값이나 숫자의 개수로, 기수라고도 한다. 예를 들어 10진법의 경우에는 數의 각 자리가 10개의 값(0~9) 중 하나로 채워지므로 기수가 10인 반면, 9진법의 경우에는 數의 각 자리가 9개의 값(1~9) 중 하나로 채워지므로 기수가 9이다.

　수리역학매화역수의 숫자 계산은 9진법을 사용하여 계산한다. 9진법 계산식에는 3종류가 있다. 나누는 방법, 빼는 방법, 공제하는 방법이다.

✔　9로 나누는 방법
모든 숫자를 더하여 9로 나눈 후 몫을 제외한 나머지 숫자를 사용한다.

> **[예시] 음력 12월 28일생**
> 12+28=40
> 40÷9=4 나머지 4
> 구하고자 하는 값은 4다.

✔　9로 빼는 방법
모든 숫자를 더하여 9로 빼기 한 숫자를 사용한다.

> **[예시] 음력 12월 28일생**
> 12+28=40
> 40-9-9-9-9=4
> 구하고자 하는 값은 4다

✓   9를 공제하는 방법

각 각의 숫자 합이 9가 되면 그 숫자 9를 공제한 후의 나머지를 사용한다.

**[예시] 음력 12월 28일생**

$\cancel{1}+2+2+\cancel{8}=4$

구하고자 하는 값은 4다.

## ❀ 후천수(後天數)

태극에서 나오는 이기오체(理氣五体)의 음양오행은 合하고 化하여 우주 만물의 근원이 된다.

선천수(先天數)는 자연적인 생명의 기원에 입각하여 천간의 동일한 오행을 음양 숫자 배열 기준에 따라 5진법 구조를 적용하며, 후천수(後天數)는 인위적인 작위에 따라 천간의 상이한 오행이 합을 통해 5진법의 구조를 만든다.


일반적으로 선천수는 주역의 괘효, 육효, 납음오행(納音五行) 등을 정할 때 사용하고, 후천수는 기문둔갑(奇門遁甲), 수리역학매화역수, 성명학에서 주로 사용한다.

후천수는 선천수 다음에 만들어진 숫자로서 오행의 발생 순서를 숫자로 표시한 것이다.


✔ 木인 甲木 寅木은 3이며 乙木 卯木은 8이다.
✔ 火인 丙火 午火는 7이며 丁火 巳火는 2다.
✔ 土인 戊土 辰土 戌土는 5이며 己土 丑土 未土는 10이다.
✔ 金인 庚金 申金은 9이며 辛金 酉金은 4다.
✔ 水인 壬水 子水는 1이며 癸水 亥水는 6이다.

| 木 | 火 | 土 | 金 | 水 |
|---|---|---|---|---|
| 3, 8 | 2, 7 | 5 | 4, 9 | 1, 6 |

# 4강 ∼ 평생운, 세운, 일진

## ❀ 평생의 운세(平生運)

### ▶ 평생운(平生運)의 의미

평생운은 한 사람이 태어나서 삶을 다할 때까지 평생의 운세를 말한다.
평생운은 평생기본수와 평생주도수를 구한 후 12칸의 포국도에 적용한다.

### ▶ 平生運 계산법

평생운은 음력(陰曆) 생년월일시를 기준으로 한다. 평생주도수는 연간
과 연지 및 시지 그리고 음력 생월과 생일에서 구한다.

### ✔ 년간의 숫자

| 甲 | 乙 | 丙 | 丁 | 戊 | 己 | 庚 | 辛 | 壬 | 癸 |
|---|---|---|---|---|---|---|---|---|---|
| 1 | 2 | 3 | 4 | 5 | 6 | 7 | 8 | 9 | 10 |

### ✔ 년지 및 시지의 숫자

| 子 | 丑 | 寅 | 卯 | 辰 | 巳 | 午 | 未 | 申 | 酉 | 戌 | 亥 |
|---|---|---|---|---|---|---|---|---|---|---|---|
| 1 | 2 | 3 | 4 | 5 | 6 | 7 | 8 | 9 | 10 | 11 | 12 |

수리역학매화역수의 평생운은 년간의 숫자, 년지의 숫자, 시지의 숫자, 음력 생월의 숫자, 음력 생일의 숫자를 모두 더하여 구한다.

평생주도수 = 연간의 숫자 + 연지의 숫자 + 시지의 숫자 + 음력 생월의 숫자+ 음력 생일의 숫자

**[예시] 양력 1955년 1월 11일생(음력 1954년 12월 18일생)**

✓ 사주원국

甲午년 丁丑월 壬申일 辛亥시

| 時 | 日 | 月 | 年 |
|---|---|---|---|
| 辛 | 壬 | 丁 | 甲 |
| 亥 | 申 | 丑 | 午 |

✓ 평생기본수

평생기본수는 음력 생월의 숫자 + 음력 생일의 숫자 + 1 이므로
음력 12월 18일은 12+18+1=31
31÷9=3 나머지 4. 평생기본수는 4다.

✓ 평생주도수

평생주도수는 년간의 숫자 + 년지의 숫자 + 시지의 숫자 + 음력 생월의 숫자 + 음력 생일의 숫자이므로
1+7+12+12+18=50
50÷9=5 나머지 5. 평생주도수는 5다.

평생기본수 4, 평생주도수 5를 구한 후 포국도의 12칸에 차례로 입력한다. 평생기본수는 포국도의 첫째 칸(寅)에, 평생주도수는 포국도의 둘째 칸(卯)에 입력한다.

그리고 나머지 각각의 칸에는 아래의 공식대로 입력한다.

- ✔ 첫째 칸 寅 = 평생기본수 4
- ✔ 둘째 칸 卯 = 평생주도수 5
- ✔ 셋째 칸 辰 = 寅4 + 卯5 = 9
- ✔ 넷째 칸 巳 = 寅4 + 辰9 = 13, 13÷9=1 나머지 4
- ✔ 다섯째 칸 午 = 卯5 + 辰9 = 14, 14÷9=1 나머지 5
- ✔ 여섯째 칸 未 = 巳4 + 午5 = 9
- ✔ 일곱째 칸 申 = 巳4 + 未9 = 13, 13÷9=1 나머지 4
- ✔ 여덟째 칸 酉 = 午5 + 未9 = 14, 14÷9=1 나머지 5
- ✔ 아홉째 칸 戌 = 申4 + 酉5 = 9
- ✔ 열째 칸 亥 = 寅4 + 巳4 + 申4 =12, 12÷9=1 나머지 3
- ✔ 열한째 칸 子 = 卯5 + 午5 + 酉5 =15, 15÷9=1 나머지 6
- ✔ 열두째 칸 丑 = 辰9 + 未9 + 戌9 =27. 27÷9=3 나머지가 0이므로 9

| 戊寅 | 4 | 己卯 | 5 | 庚辰 | 9 |
|------|---|------|---|------|---|
| 辛巳 | 4 | 壬午 | 5 | 癸未 | 9 |
| 壬申 | 4 | 癸酉 | 5 | 甲戌 | 9 |
| 乙亥 | 3 | 丙子 | 6 | 丁丑 | 9 |

**4강** 평생운, 세운, 일진 _____

사주팔자의 日柱가 壬申이면 포국도의 일곱 번째 칸 申자리에 壬申을 붙여 넣고 그다음 칸부터 60甲子 順으로 붙여 나간다.

사주팔자원국의 日柱를 기준으로 12칸과 대비하여 천간은 天干合 天干沖剋의 관계를, 지지는 合(三合 및 六合) 沖−刑−破−亥−元嗔의 관계를 따져서 풀이한다.

▶ 평생운 해설

포국도가 완성되면 차례차례 나이를 더하여 계산한다.

- ✓ 戊寅은 숫자가 4이므로 1세~4세까지 4년 동안의 운세
- ✓ 己卯는 숫자가 5이므로 5세~9세까지 5년 동안의 운세
- ✓ 庚辰은 숫자가 9이므로 10세~18세까지 9년 동안의 운세
- ✓ 辛巳는 숫자가 4이므로 19세~22세까지 4년 동안의 운세
- ✓ 壬午는 숫자가 5이므로 23세~27세까지 5년 동안의 운세
- ✓ 癸未는 숫자가 9이므로 28세~36세까지 9년 동안의 운세
- ✓ 壬申은 숫자가 4이므로 37세~40세까지 4년 동안의 운세
- ✓ 癸酉는 숫자가 5이므로 41세~45세까지 5년 동안의 운세
- ✓ 甲戌은 숫자가 9이므로 46세~54세까지 9년 동안의 운세
- ✓ 乙亥는 숫자가 3이므로 55세~57세까지 3년 동안의 운세
- ✓ 丙子는 숫자가 6이므로 58세~63세까지 6년 동안의 운세
- ✓ 丁丑은 숫자가 9이므로 64세~72세까지 9년 동안의 운세를 의미한다.

이후의 대운은 거꾸로 거슬러 올라간다.

- ✔ 丙子는 숫자가 6이므로 73세~78세까지 6년 동안의 운세
- ✔ 乙亥는 숫자가 3이므로 79세~81세까지 3년 동안의 운세
- ✔ 甲戌은 숫자가 9이므로 82세~90세까지 9년 동안의 운세
- ✔ 癸酉는 숫자가 5이므로 91세~95세까지 5년 동안의 운세
- ✔ 壬申은 숫자가 4이므로 96세~99세까지 4년 동안의 운세를 의미한다.

사람의 일생의 운명은 12칸의 기간 중에서, 일주와 충(冲), 형(刑), 파(破), 해(害), 원진(元嗔), 격각(隔脚)이 되는 때에 운명을 달리한다.

# ❀ 한 해의 운세(歲運)

## ▶ 세운(歲運)의 의미

사주팔자 원국을 선천운이라고 하면 대운과 세운은 후천운이다. 수리역학매화역수에서 가장 많이 사용하는 운세는 평생운, 세운, 일진 중에서 세운이다.

매년 맞이하는 해마다의 운세를 세운이라고 한다. 흔히 연말 또는 연초에 신수를 본다고 하는 것이 세운이다. 세운은 한 해 열두 달의 운세의 흐름이다. 수리역학매화역수가 역학의 꽃이라고 불리는 것은 바로 이 세운 적용과 해설의 정확함과 명쾌함 때문이다.

세운은 평생기본수와 세운주도수를 구한 후 12칸의 포국도에 적용한다.

## ▶ 歲運 계산법

세운은 음력 생년월일시를 기준으로 한다. 세운주도수는 음력 생월과 음력 생일 및 당해 년의 우리식 나이에서 구한다.

세운주도수 = 음력 생월의 숫자+ 음력 생일의 숫자 + 당해 년의 우리식 나이

만(滿)으로 나이를 치지 않고 그보다 한 살 많게 나이를 셈하는 것은 우리식 나이 계산 방법이다. 이것은 생명이 잉태된 순간부터 계산하여 임신 기간의 10개월을 한 살로 보고 나이에 더하기 때문이다.

**[예시] 양력 1986년 7월 26일생(음력 1986년 6월 20일생)**

✔ 사주원국

丙寅년 乙未월 辛未일 甲午시

| 時 | 日 | 月 | 年 |
|:---:|:---:|:---:|:---:|
| 甲 | 辛 | 乙 | 丙 |
| 午 | 未 | 未 | 寅 |

✔ 평생기본수

평생기본수는 음력 생월의 숫자 + 음력 생일의 숫자 + 1이므로

음력 6월 20일은 6+20+1=27

27÷9=3 나머지 0, 평생기본수는 9다.

✔ 세운주도수

세운주도수는 음력 생월의 숫자 + 음력생일의 숫자 + 당해 년의 우리식 나이다.

2020년의 우리식 나이는 35세다.

6+20+35=61

61÷9=6 나머지 7, 세운주도수는 7이다.

평생기본수 9, 세운주도수 7을 구한 후 포국도의 12칸에 차례로 입력한다. 평생기본수는 포국도의 첫째 칸(寅), 세운주도수는 포국도의 둘째 칸(卯)에 입력한다. 그리고 나머지 각각의 칸에는 아래의 공식대로 입력한다.

✓ 첫째 칸 寅 = 평생기본수 9

✓ 둘째 칸 卯 = 세운주도수 7

✓ 셋째 칸 辰 = 寅9 + 卯7 = 16, 16÷9=1 나머지 7

✓ 넷째 칸 巳 = 寅9 + 辰7 = 16, 16÷9=1 나머지 7

✓ 다섯째 칸 午 = 卯7 + 辰7 = 14, 14÷9=1 나머지 5

✓ 여섯째 칸 未 = 巳7 + 午5 = 12, 12÷9=1 나머지 3

✓ 일곱째 칸 申 = 巳7 + 未3 = 10, 10÷9=1 나머지 1

✓ 여덟째 칸 酉 = 午5 + 未3 = 8

✓ 아홉째 칸 戌 = 申1 + 酉8 = 9

✓ 열째 칸 亥 = 寅9 + 巳7 + 申1 = 17, 17÷9=1 나머지 8

✓ 열한째 칸 子 = 卯7 + 午5 + 酉8 = 20, 20÷9=2 나머지 2

✓ 열두째 칸 丑 = 辰7 + 未3 + 戌9 = 19, 19÷9=2 나머지 1

| 寅(음력1월) | 9 | 卯(음력2월) | 7 | 辰(음력3월) | 7 |
|---|---|---|---|---|---|
| 巳(음력4월) | 7 | 午(음력5월) | 5 | 未(음력6월) | 3 |
| 申(음력7월) | 1 | 酉(음력8월) | 8 | 戌(음력8월) | 9 |
| 亥(음력10월) | 8 | 子(음력11월) | 2 | 丑(음력12월) | 1 |

2020년 1월이 戊寅이면 포국도의 첫째 칸 寅자리에 戊寅을 붙여 넣고 그다음 칸부터 60甲子 順으로 붙여 나간다.

사주팔자원국의 日柱를 기준으로 12칸과 대비하여 천간은 天干合 天

干沖剋의 관계를, 지지는 合(삼합 및 육합) 沖-刑-破-亥-元嗔의 관계를 따져서 풀이한다.

세운은 주도수의 五行과 12칸의 五行과의 상생(相生) · 상극(相克) 관계를 대비한다.

#### ▶ 歲運 해설

포국도가 완성되면 아래의 기준으로 풀이한다.

첫째 주도수의 오행(火)을 기준으로 각 월의 오행과 대비하여

相生이 되는 달은 음력 2월, 3월, 4월, 5월, 6월, 8월, 10월, 11월 등 8개월

相剋이 되는 달은 음력 1월, 7월, 9월, 12월 등 4개월이다.

둘째, 사주팔자원국의 일지(未)를 기준으로 12칸의 地支와 대비하여

合이 되는 달은 六合의 午未合 5월과 三合의 亥卯未合 10월, 2월, 6월

沖이 되는 달은 丑未沖 12월

刑이 되는 달은 丑戌未 三刑 12월, 9월, 6월

破가 되는 달은 戌未 破 9월

害가 되는 달은 子未 害 11월

元嗔이 되는 달은 子未 元嗔 11월이다.

따라서 合이 되는 달은 2월, 5월, 6월, 10월 등 4개월이며, 沖, 刑, 破, 害, 元嗔이 되는 달은 6월, 9월, 11월, 12월 등 4개월이다. 이 중에서 三

합이 되고 三刑도 되는 6월은 三合을 우선으로 하여 吉月로 본다. 따라서 吉月은 2월, 5월, 6월, 10월 등 4개월이 되며, 凶月은 9월, 11월, 12월 등 3개월이다.

셋째, 사주팔자원국의 일간(辛)을 기준으로 12칸의 天干와 대비하여 합이 되는 달은 1월, 2월, 3월, 4월, 5월, 6월, 11월. 12월 등 8개월 沖이 되는 달은 7월, 8월, 9월, 10월 등 4개월이다.

天干合은 정신적 심리적 안정을 뜻하며, 天干沖剋은 정신적·심리적 불안, 우울, 초조, 갈등 등의 스트레스와 명예 실추를 뜻한다. 天干合과 地支合이 함께 발생하면 吉함이 더 좋아지며, 天干沖剋과 地支沖, 刑, 破, 害, 元嗔이 함께 발생하면 凶함이 더 나빠진다.

| 戊寅(음력1월) | 9 | 己卯(음력2월) | 7 | 庚辰(음력3월) | 7 |
|---|---|---|---|---|---|
| 金 | | 火 | | 火 | |
| 辛巳(음력4월) | 7 | 壬午(음력5월) | 5 | 癸未(음력6월) | 3 |
| 火 | | 土 | | 木 | |
| 甲申(음력7월) | 1 | 乙酉(음력8월) | 8 | 丙戌(음력9월) | 9 |
| 水 | | 木 | | 金 | |
| 丁亥(음력10월) | 8 | 戊子(음력11월) | 2 | 己丑(음력12월) | 1 |
| 木 | | 火 | | 水 | |

## ❈ 오늘의 운세(日辰)

### ▶ 일진(日辰)의 의미

일진은 그날그날의 천간(天干)과 지지(地支)를 가리키는 육십갑자이다. 일진은 음양오행설에 따라 인간의 일상생활에서 길한 것을 택하고 흉한 것을 피하기 위한 수단으로 발전하였다.

우주생성의 원리는 태극을 기초로 한다. 태극은 陰과 陽으로 나누고 음양을 다시 木, 火, 土, 金, 水의 오행으로 나눈다. 이 오행이 하늘에는 甲, 乙, 丙, 丁, 戊, 己, 庚, 辛, 壬, 癸의 십간이 되고 땅에서는 子, 丑, 寅, 卯, 辰, 巳, 午, 未, 申, 酉, 戌, 亥의 십이지가 되어 십간과 십이지를 순차적으로 맞추어 가면 60개의 간지가 되는데 이것을 60甲子라고 한다.

일진은 이 60갑자의 변화에 따라 길흉(吉凶)을 판단하는 기준으로 삼은 것이다. 일진으로 길흉을 결정하는 일을 택일(擇日)이라고 하며 일진이 좋은 날을 선택한다는 뜻이다.

### ▶ 日辰 계산법

일진은 음력 날짜를 기준으로 한다. 일진주도수는 해당 日의 음력 날짜에서 구한다.

일진 주도수 = 음력 월의 숫자 + 음력 일의 숫자

✓ 사주원국

壬戌년 辛亥월 己亥일 庚午시

| 時 | 日 | 月 | 年 |
|---|---|---|---|
| 庚 | 己 | 辛 | 壬 |
| 午 | 亥 | 亥 | 戌 |

✓ 평생기본수

평생기본수는 음력 생월의 숫자 + 음력 생일의 숫자 + 1이다
음력 9월 27일은 9+27+1=37
37÷9=4 나머지 1, 평생기본수는 1이다.

✓ 일진주도수

일진주도수는 음력 해당 월의 숫자 + 음력 해당 일의 숫자이다
2020년 7월 6일(음력 2020년 5월 16일)의 운세는
5+16=21, 21÷9=2 나머지 3, 일진주도수는 3이다.


　평생기본수 1, 일진주도수 3을 구한 후 포국도의 12칸에 차례로 입력
한다. 평생기본수는 포국도의 첫째 칸(寅), 일진주도수는 포국도의 둘째
칸(卯)에 입력한다. 그리고 나머지 각 각의 칸에는 아래의 공식대로 입력
한다.

✔ 첫째 칸 寅 = 평생기본수 1

✔ 둘째 칸 卯 = 오늘주도수 3

✔ 셋째 칸 辰 = 寅1 + 卯3 = 4

✔ 넷째 칸 巳 = 寅1 + 辰4 = 5

✔ 다섯째 칸 午 = 卯3 + 辰4 = 7

✔ 여섯째 칸 未 = 巳5 + 午7 = 13, 12÷9=1 나머지 3

✔ 일곱째 칸 申 = 巳5 + 未3 = 8

✔ 여덟째 칸 酉 = 午7 + 未3 = 10, 10÷9=1 나머지 1

✔ 아홉째 칸 戌 = 申8 + 酉1 = 9

✔ 열째 칸 亥 =寅1 + 巳5 + 申8 = 14, 14÷9=1 나머지 5

✔ 열한째 칸 子 = 卯3 + 午7 + 酉1 = 11, 11÷9=1 나머지 2

✔ 열두째 칸 丑 = 辰4 + 未3 + 戌9 = 16, 16÷9=1 나머지 7

| 戊寅(03시30분~05시30분) | 己卯(05시30분~07시30분) | 庚辰(07시30분~09시30분) |
|---|---|---|
| 1 | 3 | 4 |
| 辛巳(09시30분~11시30분) | 壬午(11시30분~13시30분) | 癸未(13시30분~15시30분) |
| 5 | 7 | 3 |
| 甲申(15시30분~17시30분) | 乙酉(17시30분~19시30분) | 丙戌(19시30분~21시30분) |
| 8 | 1 | 9 |
| 丁亥(21시30분~23시30분) | 戊子(23시30분~01시30분) | 己丑(01시30분~03시30분) |
| 5 | 2 | 7 |

2020년 7월 6일(음력 2020년 5월 16일)의 寅時가 戊寅이면 포국도의 첫째 칸 寅자리에 戊寅을 붙여 넣고 그다음 칸부터 60甲子 順으로 붙여 나간다.

사주팔자원국의 일주를 기준으로 12칸과 대비하여 천간은 天干合 天干 沖剋의 관계를, 지지는 合(三合 및 六合) 沖-刑-破-亥-元嗔의 관계를 따져서 풀이한다.


▶ 日辰 해설

포국도가 완성되면 아래의 기준으로 풀이한다.


첫째, 일진의 풀이 방법은 세운의 풀이 방법과 같다.

둘째, 사주팔자 日支의 천을귀인(天乙貴人)에 해당하는 시간에는 길함 이 더해진다. 본인 또는 내담자가 이 시간대에 서로 만나면 목적사가 좋 은 일에 해당하며 상담이 한층 수월하게 진행된다. 또한 내담자의 천을귀 인(天乙貴人)에 해당하는 시간에는 무슨 일이든 대체로 좋은 방향으로 운 이 흐른다.

셋째, 사주팔자 일주의 공망(空亡)에 해당하는 시간에는 아무것도 채워 지지 않는다. 무슨 일을 해도 제대로 이루어지지 않는다. 다만 공망(空亡) 에 해당하는 시간에는 오랫동안 해결하지 못한 일들이 성사된다.

# 5강 ✍ 평생기본수

## 1. 신생(新生)

> ▶ 1수리 숫자의 특징

1수리 숫자의 의미는 신생(新生)과 귀인(貴人)을 뜻한다.

新生은 새로운 일이다. 새로운 일이 생기거나 소망해 오던 일이 성사되며 마음의 상태나 생활이 전(前)과는 다르게 새로이 갖추어지는 형상이다. 새로운 일은 새로운 시험 합격, 직장 취업, 사업 개시, 선거 출마, 결혼, 분가, 임신 등을 의미한다.

귀인(貴人)은 새로운 사람이다. 새로운 사람은 여태까지 인간관계가 없었던 사람을 새로 만나는 것을 의미한다. 새로운 친구, 이성, 동료, 배우자, 동업자 등 모든 인간관계를 의미한다.

1수리는 合 또는 刑, 沖, 破, 亥, 元嗔에 따라서 서로 반대되는 현상이 나타난다. 合이 되면 새로운 일의 시작, 새로운 귀인과의 만남, 이성 교제, 결혼, 임신 등을 의미하고 刑, 沖, 破, 亥, 元嗔이 되면 새롭게 시작한 일의 중단, 새로운 사람과의 이별, 이혼, 유산, 배신 등을 의미한다.

✔ 合이 되면 새로운 일의 시작, 귀인과의 만남
✔ 沖이 되면 상대와 부딪히는 사건, 사고, 망신(亡身)

✔ 刑이 되면 고소, 고발, 수술, 유산

✔ 破가 되면 관재구설, 상신(傷身)

✔ 害가 되면 사기, 횡령, 배임

✔ 元嗔이 되면 이별을 뜻한다.


▶ **1수리 사람의 성품**

평생 기본수 1수리인 사람의 성품 중 장점은 총명함, 독립심, 창의력, 리더십 등이다. 단점은 자기중심적, 오만함, 독단성, 유시무종, 바람기 등이다. 일간이 甲-丙-戊-庚-壬 등의 陽干이면 긍정적이고 적극적이며, 일간이 乙-丁-己-辛-癸 등의 陰干이면 소극적이고 내성적이다.


여자의 경우 비교적 공주과에 속하며 맵시가 있고 섹시하며 자기과시욕이 많다. 오지랖이 넓고 푼수 기질이 있다. 이별, 이혼, 사별 등으로 배우자와의 인연이 좋지 못하다.


사주팔자의 일간 갑목(甲木)과 비슷하다. 블라디미르 푸틴, 반기문, 선동렬, 조수미 등이 이에 속한다.


① 총명함: 머리가 좋고 알고 있는 지식과 정보가 많다.

② 독립심: 의지력과 결단성이 강한 성품으로 독립심과 자립심이 강하다.

③ 창의력: 새로운 시작에 대하여 끊임없이 노력하며 새로운 도전에 주저하지 않는다.

④ 리더십: 남을 따라 하기보다는 남을 이끌려고 한다. 대인관계가 원

만하여 많은 사람을 이끌고 나아간다. 윗사람과는 충돌이 잦으며 아랫사람에게는 인기가 많다.

⑤ 자기중심적: 자기중심적이다. 미래에 대한 도전과 집념이 강하며 쉽게 타인에게 도움을 바라지 않는다. 먹고사는 데에 지장이 없다.

⑥ 오만함: 남에게 쉽게 고개 숙이지 아니하고 타인의 의견이나 구속을 잘 받아들이지 않는다.

⑦ 독단성: 자존심이 강하고 고집이 세다. 상사나 주위 사람과 의견 충돌이 잦다.

⑧ 유시무종(有始無終): 한 가지 일을 하면 먹고사는 데 아무 지장이 없지만 한 가지에 만족하지 못하고 이것저것 여러 가지 일을 벌이며, 중도에 쉽게 싫증을 느끼고 포기한다.

⑨ 바람기: 남녀 共히 다른 이성을 향한 바람기가 있다.

# 2. 변화(變化)

▶ 2수리 숫자의 특징

2수리 숫자의 의미는 변화(變化), 변동(變動), 망설임을 뜻한다.

변화란 사물이 어떤 상태에서 다른 상태로 바뀌는 것이며 변동이란 사물이 바뀌어져 달라지는 형상이다.

망설임은 이리저리 생각만 하고 태도를 결정하지 못하는 것이다. 變化·變動의 대상은 사람과 일이다. 이사, 이전, 이동, 유학, 이민, 개보수, 직장 전변, 사업 변경 등을 의미한다.

2수리는 合 또는 刑, 沖, 破, 害, 元嗔에 따라서 반대되는 현상이 나타난다. 合이 되면 이사, 이전, 이동, 유학, 이민, 개보수, 직장 전변, 사업 변경 등 변화 변동이 吉하다. 반면 刑, 沖, 破, 亥, 元嗔이 되면 변화 변동이 不利하거나 凶하게 작용하여 정신적 심리적 불안 우울 초조 등의 스트레스와 갈등상태에 이르기 때문에 현재 그대로의 상태를 유지하여야 한다.

▶ 2수리 사람의 성품

평생 기본수가 2수리인 사람의 성품 중 장점은 완벽 추구, 참모형, 상상력, 사교성, 낭만 등이다. 단점은 내성적, 예민함, 우유부단, 타인 불신, 소심함 등이다. 남자는 배우자의 바깥 활동을 꺼리며, 완벽하기 때문에 가족들이 피로하다.

여자의 경우 생각이 깊고 사교적이며 자상한 현모양처형이다. 9가지 수리 중에서 여자에게는 가장 좋은 수리다.

사주팔자의 일간 정화(丁火)와 비슷하다. 전두환, 김정은, 시진핑, 역도산, 류현진, 최동원, 유관순, 아이유 등이 이에 속한다.

① 완벽 추구: 매사에 정확하고 완벽하며 책임감이 강하다. 예를 들어 문서를 검토할 때에는 자를 대고 한 자 한 자 읽어 내려갈 만큼 꼼꼼하게 일을 처리한다. 실수가 없기 때문에 상사로부터는 인정을 받지만 부하로부터는 인기가 없다.

② 참모형: 업무 처리가 합리적이고 완벽하며 충성심이 강하기 때문에 조직사회에서 핵심적인 참모로 안성맞춤이다. 정직하기 때문에 평생 법 없이 사는 스타일이다.

③ 상상력: 호기심이 많으며 상상력이 뛰어나고 여러 가지 재주가 많다.

④ 사교성: 인간관계에서 균형을 잘 맞추고, 사람을 잘 다루어 서로 협력하면서 무엇인가 배움을 터득한다.

⑤ 낭만적: 사려가 깊으며 감수성이 많은 낭만적인 사람이다.

⑥ 내성적: 속마음을 겉으로 드러내지 아니하고 마음속으로만 생각한다. 표현을 할 때에는 똑소리가 날 만큼 잘하지만 평소에는 마음을 드러내지 않는다. 소심하고 비밀이 많으며 포용력이 부족하여 주변에 친구가 적다.

⑦ 예민함: 활달하고 쾌활한 양(陽)적인 성품보다는 늘 긴장하고 초조하며 불안정한 음(陰)적인 심리이기 때문에 주변의 자극에 즉각적으로

반응하는 예민함을 지닌다.

⑧ 우유부단(優柔不斷): 과감성과 실행력이 부족하다. 조심성이 많으며 쉽게 결단을 하지 못 한다

⑨ 타인 불신: 남을 완전히 믿지 않기 때문에 항상 경계하고 조심스러워 한다. 비교적 가정적이지만 남녀 공히 의처증 또는 의부증이 있다. 돌다리도 두드려 가는 성품이라 가족 간에도 차용증을 쓰고 돈을 빌려준다.

⑩ 소심함: 남에게 지적은 잘하지만 자신이 먼저 나서지는 못하며, 리더십 및 독립심, 과감성, 결단성이 부족하여 오너로서는 자질이 부족하다.

# 3. 귀신(鬼神)

▶ 3수리 숫자의 특징

3수리 숫자의 의미는 귀신(鬼神) 또는 亡한다를 뜻한다.

鬼神은 한국인의 의식심층에 간직된 신화적 원형이다. 鬼神은 그 신비한 힘이나 괴이한 힘으로 자연의 순리와 변고, 인간사의 길흉을 거느리고 제어하고 조절한다. 우리가 흔히 '귀신에 홀리다', '귀신이 곡하다'라는 표현을 쓰는데, 이치에 닿지 않은 신기하고 기묘한 일이 벌어져서 정신을 차리지 못하는 상황을 말한다.

亡한다는 의미는 사업의 폐업 부도 위기, 가정파산(家庭破散) 또는 질병 (疾病), 사망(死亡)을 말한다.

3수리는 合 또는 刑, 沖, 破, 害, 元嗔에 따라서 반대되는 현상이 나타난다. 合이 되면 조상의 도움으로 일이 잘 풀리고 재능을 발휘하거나 학문 또는 종교에 심취한다. 刑, 沖, 破, 亥, 元嗔이 되면 심리적 불안과 정신적 고통에 처해지고, 귀신이 곡할 만큼 기이한 일들이 일어나는 불안정한 상태를 뜻한다. 각종 사고를 당하고 시험 불합격, 퇴사, 이혼 등등 하는 일마다 잘 풀리지 않는다.

▶ 3수리 사람의 성품

평생 기본수가 3수리 사람의 성품 중 장점은 열정적, 예의, 총명함, 다정함, 영적 능력이다. 단점은 자기중심적, 다혈질, 경솔함, 편협성, 과장성, 의심이다.

여자의 경우 감성적 충동성으로 쉽게 사랑에 빠지며 요리 솜씨가 좋다. 사회성이 좋고 활동적이어서 직업 활동을 해야 한다.

사주팔자의 일간 병화(丙火)와 비슷하다. 이승만, 도널드 트럼프, 정주영, 송해, 엄앵란, 최순실 등이 이에 속한다.

① 열정적: 밝고 긍정적이며 진취적이다. 흥이 많으며 열정적이다. 맺고 끊음이 정확하다. 일에 대하여 앞뒤를 가리지 않고 용기 있게 도전하고 처리한다. 오늘 할 일을 내일로 미루지 않으며 화끈하고 뒤끝이 없다. 매사에 열정적이어서 나이가 들어도 젊은이 못지않은 활동을 한다. 동적이며 대중적이다.

② 예의: 예의가 바르고 경우가 밝으며 판단이 빠르다. 불의와 타협하지 않는다.

③ 총명함: 총명하고 재능이 많다. 자기 표현력이 강하며 다재다능하고 자유분방하며 섬세하다.

④ 다정함: 수리 중에서 가장 情이 많다. 경우가 밝고 사교적이고 친화적인 사람이다. 인간적인 측면에서 남을 도와주고 이끌어 주기를 좋아한다.

⑤ 영적 능력: 남녀 공히 직관력이 강하며 영적(靈的)인 힘이 있다. 특히 지지가 戌, 亥, 子, 丑인 사람은 역학계 또는 종교계에서 활동하여 크게 성공한다.

⑥ 자기중심적: 자기중심적이어서 자존심과 고집이 있다. 자기 과신이 심하며 상대의 의견을 일축하거나 상대를 무시하는 경향이 있다. 남에게 지기 싫어하며 아부와 아첨을 하지 못한다.

⑦ 다혈질: 성격이 급하다. 재치가 있고 말재주가 좋지만 직선적인 언행 때문에 융통성과 유연성이 떨어진다. 건드리면 폭발한다.

⑧ 경솔함: 입이 가볍고 입바른 소리를 잘한다. 타인과 마찰을 자주 빚으며 말실수로 인하여 구설이 발생한다.

⑨ 편협성: 편협하며 쉽게 낙담한다. 자기 마음에 들지 않거나 소외감을 느끼면 쉽게 돌아서고 인간관계를 끊어 버린다.

⑩ 과장성: 사실보다 지나치게 떠벌리고 자랑하며 목소리가 크다. 현실성이 떨어지는 일을 그럴듯하게 포장하는 사기성마저 드러날 때가 있다. 언제 어디로 튈지 모른다. 행동이 앞서며 실속을 차리지 못한다.

⑪ 의심: 사람에 대하여 지나치게 불신하는 습관이 있다. 아랫사람이 자기보다 더 나아지는 것을 시기하며 불신으로 이어진다.

# 4. 안정(安定)

▶ 4수리 숫자의 특징

4수리 숫자의 의미는 안정(安定)과 여유를 뜻한다.

안정은 의식주의 질과 양의 정도가 바뀌어 달라지지 아니하고 일정한 상태를 유지하는 것이다. 정신적 또는 육체적으로 편안하고 고요한 상태로서 평온, 편안과 같은 의미이다.

긍정적인 의미는 삶의 문제가 잘 풀리고 여유롭고 편안한 상태이며, 부정적인 의미는 심리적 갈등과 불안함으로 여유로움이 없어지는 것이다.


4수리는 合 또는 刑, 沖, 破, 害, 元嗔에 따라서 서로 반대되는 현상이 나타난다. 合이 되면 모든 일들이 긍정적이고 명예롭고 안정된 상태가 되며, 刑, 沖, 破, 害, 元嗔이 되면 여러 방면에서 불안한 상태에 놓이므로 조심하여야 한다.


▶ 4수리 사람의 성품

평생 기본수 4수리 사람의 성품 중 장점은 군자형, 조정형, 실리적, 근면성실이다. 단점은 편인성, 독단성, 일중독, 내성적이다. 남녀 共히 효자·효녀가 많다.


여자의 경우 생활력과 활동성이 강하여 가정경제를 이끌어 나간다. 절제가 부족하여 남자를 낮추어 보는 경향이 있다. 양(陽) 일간, 월지 상관(傷官)은 이별, 이혼, 사별의 운이 따르고 솔로(solo)가 많다.

사주팔자의 일간 임수(壬水)와 비슷하다. 박정희, 김일성, 윤석열, 이재명, 이미자, 이금희 등이 이에 속한다.

① 군자형: 조용하고 침착하며 이해심과 동정심이 많다. 유연성과 융통성이 있으며 유머와 재치가 있다. 타인에 대한 이해와 배려가 깊다. 참을성이 강하다.

② 조정형: 좌우로 치우치지 않는 성품으로서 중립적 입장을 취한다. 중간 조정을 잘하며 원만하다. 꼼꼼하고 치밀하여 무엇을 이루려는 방법과 수단을 잘 알고 있다.

③ 실리적: 현실에 충실하다. 명예와 안정 체면을 중시한다. 자기 이익이 없으면 나서지 않고, 이익이 없는 곳에는 가지 않는다. 이기적으로 보이기도 한다.

④ 근면성실: 성실하고 정직하며 매사 열심히 산다. 부지런하게 애써 노력하며 일에 참되고 정성을 다한다.

⑤ 편인성: 예민하고 까탈스럽고 외골수 적이다. 혼자 있기를 좋아하고 고독을 즐긴다. 남들이 잘 하지 않는 분야, 종교, 철학, 역학에 심취하기도 한다. 건드리면 폭발하는 성격이다.

⑥ 독단성: 남에게 쉽게 고개 숙이지 않고 남의 의견을 잘 받아들이지 않는다. 자존심이 세고 독단적이다.

⑦ 일중독: 시키는 일도 잘하지만 시키지 않는 일도 잘한다. 기획력이 있고 추진력도 있다. 상사로부터 인정을 받으며 동료로부터 같이 일하고 싶은 사람으로 평가받고, 부하로부터는 부러움과 존경을 받는다. 일을 좋아하는 스타일이기 때문에 쉬지 않고 일한다.

⑧ 내성적: 성품이 내성적이며 소극적이다. 맺고 끊음이 약하고 생각이 많고 깊기 때문에 우유부단할 때가 있다. 속마음을 잘 드러내지 않기 때문에 주위 사람들이 답답하게 느낀다.

평생기본수 4수리의 남자는 좀 더 적극적이며 긍정적이고 미래지향적인 사고를 가져야 하고, 여자는 타인에 대한 이해와 배려심을 기르고 절제해야 한다.

# 5. 경파(驚破)

## ▶ 5수리 숫자의 특징

5수리 숫자의 의미는 경파(驚破)다.

크게 놀란다는 뜻과 과격한 행동을 뜻한다. 驚은 '놀라다, 당황하다, 동요하다, 허둥대다, 빠르다'는 뜻이며 破는 '깨다, 파괴하다, 망치다, 다하다, 무너지다'라는 뜻이다. 한자의 뜻 그대로 정신적 물질적으로 별안간 충격을 받아 타격을 받고 깜짝 놀란다는 뜻이다. 또한 경파는 큰 재물(財物)로 풀이한다. 사주명리학의 십성 중 편재(偏財)를 말하는 것이다.

긍정적인 의미는 좋은 일로 놀라운 현상이 생기는 것이며, 부정적인 의미는 나쁜 일로 놀라운 현상이 생기는 것이다.


5수리는 合 또는 刑, 沖, 破, 害, 元嗔에 따라서 서로 반대되는 현상이 나타난다.

合이 되면 주식, 부동산 등의 투자로 큰돈을 버는 것이다. 刑, 沖, 破, 害, 元嗔이 되면 이성 교제 중단, 친구와의 다툼, 이혼, 사별, 직장 퇴사, 사업 부도, 교통사고, 도난, 사기 등 여러 방면에서 갑자기 충격을 받고 놀라운 상태에 빠지므로 매우 조심하여야 한다.

5수리는 30% 정도는 잘살고, 70% 정도는 못산다.


## ▶ 5수리 사람의 성품

평생 기본수가 5수리 사람의 성품 중 장점은 순수함, 결단성, 민첩성, 솔직 담백, 책임감, 집념이다. 단점은 충동적, 폭력성, 융통성 부족, 자유분방하다는 점이다. 자기 관념에 사로잡혀 고전한다. 신체장애자가 많다. 협동하여 일을 하기보다는 혼자서 하는 개인 사업이 제격이다.

여자의 경우 따뜻한 정이 없기 때문에 집안의 분위기가 썰렁하다. 건드리면 끝까지 복수하려고 한다. 특히 陰 일간은 따뜻한 정이 없으며 냉혹하다.

사주팔자의 일간 경금(庚金)과 비슷하다. 김대중, 이명박, 문재인, 조 바이든, 이병철, 조영남, 노사연, 강호동, 허재, 유재석이 이에 속한다.

① 순수함: 순수하고 순진하며 영악하지 않다.
② 결단성: 원칙과 소신이 있으며 결단성이 강하다, 결심이 서면 단호하게 행동한다. 카리스마가 있다.
③ 민첩성: 집중력이 있고 기민하고 빈틈이 없다. 자극에 빠르게 반응하며 사명감과 충성심이 뛰어나다.
④ 솔직 담백: 거짓이나 숨김이 없으며 욕심이 없고 마음이 깨끗하다.
⑤ 책임감: 본인이 맡아서 해야 할 임무나 의무에 최선을 다한다. 어떤 일에 관련되어 그 결과에 대하여 책임과 의무나 부담이 명확하며 또는 그 결과로 받는 제재를 감수한다.
⑥ 집념: 목표 또는 이익에 대한 마음이나 생각이 많으며 전력투구한다. 또한 살고자 하는 의지가 강하다.
⑦ 충동적: 의리를 중시하며 충동적이며 행동적이다. 경솔하여 주위와 자주 충동이 발생하며 원하지 않는 손해를 입는 편이다.

⑧ 폭력성: 성품이 급하고 건드리면 폭발하는 기질이 있다. 과격하며 비타협적이고 잔인성마저 지닌다.

⑨ 융통성 부족: 지나치게 원칙과 소신을 추구하기 때문에 융통성, 유연성이 부족하고 냉소적이다. 추진력이 앞서므로 남자다운 기질은 있으나 자기중심적이고 타인과의 융화가 어렵기 때문에 쉽게 접근하기 어려운 성품이다.

⑩ 자유분방: 외부적인 구속이나 무엇에 얽매이지 아니하고 자기 마음대로 할 수 있는 상태를 추구한다. 끈기는 있으나 쉽게 싫증을 내고 일관성이 부족하다.

# 6. 관(官)

### ▶ 6수리 숫자의 특징

6수리 숫자의 특징은 관(官)이다.

官은 명예, 안정, 행운, 품격(品格), 엘리트, 직업, 관청을 뜻한다.

긍정적인 의미는 합격, 취업, 승진, 결혼, 계약, 승소, 행운 등이며, 부정적인 의미는 불합격, 퇴사, 좌천, 이혼, 관재구설, 패소 등을 뜻한다.

6수리는 合 또는 刑, 沖, 破, 害, 元嗔에 따라서 서로 반대되는 현상이 나타난다. 合이 되면 학업, 가정, 직업, 직장, 사업체, 관청(官廳)과 관계되는 일이 吉하고 刑, 沖, 破, 害, 元嗔이 되면 위와 관련된 일이 凶한 결과를 초래하는 것이다. 이럴 경우는 편관칠살(偏官七殺)과 같은 작용을 한다.

### ▶ 6수리 사람의 성품

평생 기본수가 6수리 사람의 성품 중 장점은 명예 지향, 논리적, 보수적, 완벽성이다. 단점은 고압적, 명예욕, 무관용, 융통성 부족이다.

여자의 경우 남자 못지않게 완벽함을 추구하고 결벽증이 있다. 가정적이며 정조관념이 강하다. 매사에 따지고 들어 남편을 피로하게 만들기 때문에 가끔 매 맞고 사는 여성이 있다. 특히 陰 일간은 너무 주도면밀하다 보니 남편의 사랑이 식는다.

사주팔자의 일간 무토(戊土)와 비슷하다. 최규하, 노태우, 노무현, 안철수, 심상정, 신성일, 차범근, 조용필, 김건희 등이 이에 속한다.

① 명예 지향: 평소의 성품이나 행동 특징이 명예와 안정을 중시하며 법과 규정을 따른다. 합리적 합법적인 생활 태도를 지향하고 책임감이 있다.

② 논리적: 이론과 이치에 밝고 사고나 추리에 능하다. 말이나 글에서 사고나 추리 따위를 이치에 맞게 이끌어 가는 과정이나 원리가 뛰어나다. 본인의 느낌에 따라 삶을 판단하며 말솜씨가 좋고 이론을 바탕으로 한다.

③ 보수적: 새로운 것이나 변화를 적극적으로 받아들이기보다는 전통적인 것을 옹호하며 유지하려 한다. 현실을 중시하고 현상을 유지하려 하며 안정 위주의 생활 태도를 보인다. 가정적이고 세속적이며 공동체에 관여하는 것을 즐긴다.

④ 완벽성: 다른 사람으로부터 인정받으려는 마음이 강하다. 실수를 용납하지 않기 때문에 남에게 도움을 받으려 하지 않으며, 또한 도움을 잘 주지도 않는다.

⑤ 고압적: 지나치게 보수적이며 비판적인 성향을 띤다. 이론과 문서에 대해 남과 따지기를 좋아한다.

⑥ 명예욕: 감투에 대한 욕심이 많다. 자리를 차지하기 위해서 의리를 저버리고 온갖 꼼수를 쓰기도 한다. 세상을 살아가는 요령이 많다.

⑦ 무관용(無寬容): 겉으로는 타인에 대한 이해와 배려가 있어 보이지만 실수에 대한 용서와 관용이 부족하다.

⑧ 융통성 부족: 뒤에서 사람을 잘 조정하여 사람들이 본인을 따르게 하는 타입이다. 본인이 리더십을 발휘하고 남에게 일을 시키는 스타일이며 논리적이기 때문에 주변 사람들이 피로해한다.

# 7. 병/퇴식(病/退食)

▶ 7수리 숫자의 특징

7수리 숫자의 의미는 병(病) 또는 퇴식(退食)이다.

7수리는 사주명리학의 십성 중에서 편인(偏印)을 뜻한다.

긍정적인 의미는 첫째 현상 유지, 답보 상태, 정체·정지 등을 뜻하며, 둘째 경미한 건강불안과 정신적 갈등을 뜻한다. 부정적인 의미는 의식주 불안정, 손재수, 시행착오, 실패, 심각한 건강 상실과 의욕·욕구 상실을 뜻한다.

7수리의 해석은 나이에 따라 달리해야 한다. 대체로 40세 이상은 병(病)의 의미를 重하게 해설 통변하고, 40세 미만은 퇴식(退食)의 의미를 重하게 해설 통변해야 한다.

7수리는 刑, 沖, 破, 害, 元嗔에 따라서 서로 반대되는 현상이 나타난다. 合이 되면 학업, 가정, 직업, 직장, 사업 등이 현상을 유지하는 정도이며, 또한 가벼운 감기몸살이라도 앓는다. 刑, 沖, 破, 害, 元嗔이 되면 하는 일마다 이루어지지 아니하고 되는 일이 없으며 또한 질병에 노출되어 입원·수술·사망 등 매우 凶한 일들이 끊임없이 계속된다.

평생기본수 7수리는 성장기에는 잔병치레가 많고 고질병(持病)을 안고 살아간다(평생기본수 7의 사람들은 자신도 모르는 고질병이 있다고 하지만, 이 부분은 실제 실관에서 정확도가 떨어지며 잘 맞지 않는다). 관운(官運)이 부족하여 조직사회에서 크게 출세하지 못하고 설령 출세를 해도 단명에 그친다. 항상 다른 사람을 이해라고 배려하며 베풀고 살아야 한다. 사람의 목숨과 관련되는 역술, 의사 등 활인업(活人業)에 종사하는 사람이 많다

▶ **7수리 사람의 성품**

평생 기본수가 7수리 사람의 성품 중 장점은 집념과 끈기, 친화력, 분석적, 정의로움이다. 단점은 고집, 비판적, 인덕 부족, 냉정하다는 점이다. 순간적으로 일을 저지르고 건드리면 부모 형제도 안중에 없다.

여자의 경우 고집이 세고 극성맞으며 양보가 없다. 사귀어 보면 의리가 있고 괜찮은 편이지만, 여자로서의 매력은 적다.

사주팔자의 일간 신금(辛金)과 비슷하다. 아베 신타로, 이재용, 노회찬, 박도사, 최불암, 박세리, 손흥민 등이 이에 속한다.

① 집념과 끈기: 자수성가형으로 오로지 인내로써 버틴다. 대장부다운 기질로 의리와 신의를 중시하며 배짱이 있다. 리더십이 있으며 혁명가적 기질이 있다.
② 친화력: 비교적 일을 잘하는 편이다. 사람 사귀기를 좋아하고 잘 어울린다.
③ 분석적: 분석적이고 사려가 깊으며 사색적이다. 직관적이고 합리적이다.
④ 정의로움: 선(善)과 악(惡), 공(公)과 사(私)를 분명히 하며 정의롭다. 먼저 승복하고 훗날 잘잘못을 따진다. '나중에 두고 보자'고 하면 언

젠가는 실행하고야 만다.

⑤ 고집: 9가지 수리 중에서 가장 고집이 세다. 자기중심적이며 융통성과 유연성이 부족하다. 때때로 고립되기도 한다.

⑥ 비판적: 지나치게 비판적인 입장을 내세운다. 상사 또는 주변과 마찰을 자주 빚으며 인덕이 부족하여 평판이 나쁘다. 직장에서는 승진운이 없다.

⑦ 인덕 부족: 부모 형제와의 인연과 정과 덕이 없다. 가족에 대한 이해와 배려가 부족하고 집안을 망하게 하기도 한다.

⑧ 냉정함: 일을 하면 끝장을 볼 만큼 확실하게 마무리를 하는 편이다. 자기 분석을 잘하고 자기 인식을 추구하는 면은 좋으나, 반대로 무심함과 냉정함을 드러내기도 한다.

# 8. 재물(財物)

▶ 8수리 숫자의 특징

8수리 숫자의 의미는 재물(財物)이다.

8수리는 사주명리학의 십성 중 정재(正財)를 뜻한다.

긍정적인 의미는 재물에 대한 기회와 욕구가 생기며 재물 운이 좋아지므로 모든 경제적인 일을 과감하게 실천하여야 한다. 부정적인 의미는 돈때문에 놀랄 일이 생기고 경제 상황이 나빠지며 뜻밖의 소비 지출이 늘어난다.

평생기본수 8수리는 이재(理財)에 밝고 민첩하다. 그러나 노후가 외롭고질병에 노출이 잘된다.


8수리는 合 또는 刑, 沖, 破, 害, 元嗔에 따라서 반대되는 현상이 일어난다. 合이 되면 수입이 늘어나고, 투자·투기에서 이익이 발생하며뜻밖에 횡재(橫財)수가 생기는 등 돈이 들어온다. 刑, 沖, 破, 害, 元嗔은 모든 이유가 재물 때문에 발생하며 돈이 나간다.


✔ 일지와 刑이 되면 돈 문제로 관재구설이 발생한다.

✔ 일지와 沖이 되면 빌려준 돈을 떼인다.

✔ 일지와 破가 되면 파산당한다.

✔ 일지와 害가 되면 사기당하고 정신이상자가 되기도 한다.

▶ 8수리 사람의 성품

　평생 기본수가 8수리 사람의 성품 중 장점은 물질 추구, 실리적, 판단력, 근면성이다. 단점은 재물 욕심, 융통성 부족, 사리사욕 추구다. 평생 기본수 8수리는 陽干의 경우 통이 크고 돈을 쓸 줄은 알지만, 陰干의 경우 수전노 같으며 짠돌이다.

　여자의 경우 재물 욕심이 많고 활동적이며 적극적이다.

　사주팔자의 일간 기토(己土)와 비슷하다. 윤보선, 김영삼, 이건희, 거스 히딩크, 최진실 등이 이에 속한다.

　① 물질 추구: 정력적이며 물질적인 힘이 강하다. 이재에 대해서 집착하고 욕심이 많으며 돈을 잘 모은다.

　② 실리적: 겉보기와는 달리 매사에 이익을 따지며 현실적 · 실리적이다. 안정과 현상 유지를 바라며 또한 권세와 물질적인 성공에 대한 야망이 있다.

　③ 판단력: 의욕이 넘치고 단호하며 권위가 있다. 어려움을 헤쳐 나가는 지혜가 있다. 천부적인 사업 감각으로 조직력과 실행 능력을 발휘한다. 또한 검소하고 근면하다. 인내심과 관용으로 부하를 너그럽게 이해하고 배려한다.

　④ 근면성: 성실하고 근면하다. 긍정적인 사고방식과 강한 확신이 있다. 예의가 바르며 가정적이다.

　⑤ 재물욕심: 재물 욕심이 대단하여 작은 돈에도 목숨을 건다. 벌 줄만

알고 쓸 줄을 모른다. 이해타산적이며 계산적이고 이기적이다. 돈이 없으면 집 밖으로 나가지 않는다.

⑥ 융통성 부족: 고집이 세다. 자기 틀 안에서 살아간다.

⑦ 사리사욕 추구: 개인의 이익이나 욕심에 따라 움직인다. 이익이 우선이기 때문에 의리를 저버리고 등을 돌린다. 직장인의 경우 다른 곳에서 돈을 더 주겠다고 하면 미련 없이 자리를 옮긴다. 돈 때문에 일을 그르치기도 한다. 파란만장한 인생을 살 수 있다.

# 9. 문서(文書)

9수리 숫자의 의미는 문서(文書)와 학문(學問)이다.

문서는 문자나 기호를 사용하여 실무상 필요한 사항을 구체적으로 기록하고 표시한 것으로 이력서, 합격증, 사직서, 사업자등록증, 증명서, 위임장, 차용증, 계약서, 고소장, 판결문, 서약서, 보고서, 진단서, 사망서, 상속서, 여권 등이다. 9수리는 6수리와 동일하게 적용한다.

긍정적인 의미는 각종 문서가 수반되는 일에서 吉함을 뜻하며, 부정적인 의미는 각종 문서가 수반되는 일에서 凶함을 뜻한다.


9수리는 합 또는 刑, 沖, 破, 害, 元嗔에 따라서 서로 반대되는 현상이 일어난다. 合이 되면 시험합격, 취업, 승진, 사업 개시, 부동산 매매, 결혼, 임신, 출산, 재판 승소, 해외여행 등 좋은 일이 생기고 刑, 沖, 破, 害, 元嗔은 시험 불합격, 퇴사, 해고, 사업 중단, 부동산 매매 실패, 이혼, 재판 패소, 여행 사고, 입원, 사망 등 나쁜 일이 생긴다.


▶ 9수리 사람의 성품

평생 기본수가 9수리 사람의 성품 중 장점은 철학적 이상주의, 영적 능력, 전문성, 자수성가 등이다. 단점은 자존심, 타산적, 포기 · 좌절, 초조 · 불안이다. 평생기본수 9수리는 일생에 한 번은 문서로 인하여 크게 놀라고 어려움에 놓인다.

여자의 경우 평생기본수 4수리 여자와 비슷하다. 여자로서는 매력이 없고 무뚝뚝하다. 활동성이 강하고 지기 싫어하며 극성맞다. 남편에게 지기 싫어하므로 가정불화가 생기고 자녀가 탈선하는 경우도 많다. 살림은 잘하지만 과부가 많다.

사주팔자의 일간 계수(癸水)와 비슷하다. 박근혜, 구인회, 박원순 등이 이에 속한다.

① 철학적 이상주의: 온순하고 감수성이 많다. 인생의 義意를 도덕적·사회적 이상의 실현에 둔다. 현실적 가능성을 무시하는 공상적인 경향이 있다.

② 영적 능력: 통찰력과 직관력이 강하고 예감이 잘 맞는다. 우주 전체에 관심이 많으며 철학, 종교에 심취하기도 한다.

③ 전문성: 어떤 영역에서 보통 사람이 흔히 할 수 없는 수준 이상의 수행 능력을 보인다. 전문직, 자격증 직업, 작가 등 사(士)자가 붙는 직업이다. 특히 운수업에 종사하는 사람들이 많다.

④ 자수성가: 남의 도움이나 부모의 도움 없이 스스로 집안을 일으켜 세운다. 부모로부터 물려받은 재산 없이 혼자 자기 재산을 축적한다. 맨 주먹으로 일구어 내는 집념의 소유자다.

⑤ 지존심: 자기의 의견을 바꾸거나 고치지 않고 굳게 버틴다. 자신의 논리가 틀렸음을 인식해도 자기주장을 굽히지 않는다. 남의 충고를 무시하고 배타적이며 독선적이다.

⑥ 타산적: 자신에게 도움이 되는지를 따져 헤아린다. 남의 일에 나서

지 않는다.

⑦ 포기 · 좌절: 목적을 위해서는 수단과 방법을 가리지 않는다. 그러나 진행하는 일이 조금이라도 난관에 부딪히면 쉽게 포기하고 좌절한다.

⑧ 초조 · 불안: 남들은 아무렇지도 않은 일에 열등감을 느끼고 걱정을 한다. 쉽게 낙담하거나 우울증에 빠지기도 한다.

평생기본수 9수리 사람에게는 따뜻한 情으로 대하라.

# 6강 ～ 특별수리

　수리는 112, 336, 999, 448처럼 세 숫자씩 이어진다. 81개의 포국도에 표시하는 수리는 모두 세 자리씩 이어지는데, 이러한 수리는 1, 2, 3월, 4, 5, 6월, 7, 8, 9월, 10, 11, 12월의 매 분기 또는 연이은 세 달의 운(運)을 나타낸다. 수리 중에서 거듭하여 나오는 숫자를 모아서, 그중에서 특별한 의미를 지닌 것을 특별수리라고 한다. 특별수리는 11가지다.

## ✳ 이별수(離別數) 123, 213

　123 또는 213은 이별수(離別數)라고 한다. 이 수리에 해당하는 시기에는 심리적으로 안정이 되지 않는다. 가족, 동료, 이성, 부부 등 인간관계 사이에 변화가 나타나고 이별이 예상된다. 반면 이 수리가 슴이 될 때에는 오랫동안 서로 연락이 끊어졌던 사람을 다시 만나는 경우가 많다.

## ✳ 안정수(安定數) 145, 415

　145 또는 415는 안정수(安定數)라고 한다. 이 수리에 해당하는 시기에는 안정된 생활 여건 속에서 의식주, 재물, 명예, 학문 등 모든 면에서 목표를 달성할 수 있다.

## ❸ 혁신수(革新數) 156, 516

156 또는 516은 혁신수(革新數)라고 한다. 이 수리에 해당하는 시기에는 혁신적인 변화 변동이 나타난다. 귀인의 도움으로 명예가 상승하며 승진, 고시 합격, 경매 낙찰, 당선, 복권 당첨 등 큰 행운이 따른다.

## ❸ 대길수(大吉數) 189, 819

189 또는 819는 대길수(大吉數)라고 한다. 수리역학매화역수에서 가장 좋은 수리이다. 이 수리에 해당하는 시기에는 나를 도와줄 귀인이 나타나고, 재물과 문서적인 측면에서 큰 변화와 발전을 한다. 시험 합격, 취업, 당선, 결혼, 승진, 계약 체결, 매매, 재판 승소 등 거의 모든 면에서 목표를 달성하는 최적기이다.

## ❸ 오방산신 난동수(五方山神 亂動數) 279, 729

279 또는 729는 오방산신 난동수(五方山神 亂動數)라고 한다. 수리역학매화역수에서 대흉수 다음으로 나쁜 수리이다. 다섯 방향의 악령(岳靈)들이 질서를 어지럽히고 마구 날뛰는 시기다.

이 수리에 해당하는 시기에는 심리적으로 갈등하고 정신적으로 불안하다. 매사 진퇴양난에 빠져 이러지도 저러지도 못하는 상태가 된다. 또한 건강이 무너지고 쉽게 질병에 노출되는 시기이다. 이 시기에는 현상을 유지하고, 이미 발생된 사태에 대해 쉽게 결정하지 않고 다음의 좋은 시기로 결정을 미루어야 한다.

## ❀ 관재구설수(官災口舌數) 369, 639

369 또는 639는 관재구설수(官災口舌數)라고 한다. 수리역학매화역수에서 세 번째로 나쁜 수리이다. 이 시기에는 자칫하면 관재구설이 따른다.

관재는 관계(官界)에 연루된 재앙으로 재판이나 소송에 휘말리는 것을 뜻한다. 구설은 옳고 그름을 따지거나 헐뜯는 말을 의미하는데, 나쁜 일로 남의 입방아에 오르는 것을 뜻한다. 즉, 관재구설은 송사에 얽히는 경우나 남과 시비하거나 다투거나 모함하거나 왕따를 당하는 상황을 이르는 말이다.

이러한 수리는 송사에서 패하고, 심리적인 압박에 못 견디어 회사를 퇴사하며, 학생은 공부를 접고 가출하기도 한다. 특히 이 시기에는 부부가 별거 또는 이별을 하는 경우가 대단히 많다.

## ❀ 상문살(喪門殺) 393, 933

393 또는 933은 상문살(喪門殺)이라고 한다. 이 수리에 해당하는 시기에는 장례식장에 가지 않아야 한다. 귀신이 따라와 본인 또는 본인 주위의

사람을 해친다고 해서 상문살이라고 한다.

상문살을 맞으면 갑자기 병이 나거나 심하면 급사(急死)한다. 이를 예방하기 위하여 喪家에 다녀오면 대문 앞에서 고춧가루와 소금을 섞어서 뿌려 부정을 막는다. 喪家의 물건은 가능한 한 집 안에 들이지 않는다. 부정을 가리는 사람은 喪家 음식을 절대 먹지 않는다.

불가피하게 喪家에 가야 할 때에는 예방책으로 주머니에 붉은 팥 또는 콩 너덧 알을 넣어서 간다. 팥이나 콩은 상가에 들어가기 전에 대문 밖을 향해 흩뿌리거나 초상집에서 나오자마자 먼 곳을 향해 던져 버린다. 옛날에는 초상집에 다녀와 집 안에 들어가기 전에 대문 앞에 서서 짚을 태워 뛰어넘기도 하였다. 특히 집안의 노인이나 환자가 급사할 수 있으므로 조심하여야 한다.

## ❀ 무난수(無難數) 459, 549

459 또는 549는 무난수(無難數)라고 한다. 145 또는 415와 비슷한 의미다. 이 수리에 해당하는 시기에는 비교적 안정되고 편안하며 무난하다. 이익이 발생하고 따르는 시기이므로 매사에 적극적으로 임하여야 한다.

## ❀ 대흉수(大凶數) 573, 753

573 또는 753은 대흉수(大凶數)다. 수리역학매화역수에서 가장 나쁜 수

리다. 이 수리에 해당하는 시기에는 뜻대로 되는 일이 없다.

모든 일이 마음대로 되지 아니하고 막히며, 능력의 한계를 느끼고 자포자기(自暴自棄)할 수 있다. 가정, 직장, 사업 등 주위 환경이 계속 불리하게 진행된다. 학생은 학업을 포기하고 가출하며, 직장인은 퇴사를 당하거나 실직을 하며, 사업자는 사업 중단 또는 파산을 맞이할 수 있다. 따라서 이러한 시기에는 현상을 그대로 유지하고 건강에 유의하며 때를 기다려야 한다.

## ✿ 명예수(名譽數), 행운수(幸運數) 696, 966

696 또는 966은 명예수(名譽數), 행운수(幸運數)라고 한다. 이 수리에 해당하는 시기에는 명예나 문서적으로 크게 발전한다. 시험 합격, 승진, 승급, 당선, 훈·포장 수령 등 명예와 행운이 상승하는 시기이다.

## ✿ 여행수(旅行數) 999

999는 여행수(旅行數)다. 집을 떠나 멀리 지방 또는 해외로 출장이나 여행을 나가거나, 이러한 시기에 외국으로 이민을 가기도 한다.

모든 평생기본수 포국도의 음력 9월은 숫자 9를 나타낸다. 특히 수험생의 경우에는 일지와 대비하여 음력 9월 달의 숫자 9가 합이 되면 수능시험이나 수시시험에서 좋은 결과를 낳으며 그렇지 아니하고 형, 충, 파, 해, 원진이 되면 나쁜 결과를 낳는다.

# 02

# 사주명리학

# 1강 ～ 사주명리학의 이해

　수리역학매화역수는 역학(易學)이다. 역(易) 글자는 일(日) 글자에 월(月) 글자를 습한 것이다. 역(易)은 낮과 밤의 글자가 합쳐진 것처럼 변화와 변동을 뜻한다. 또한 역(易)은 쉽다는 뜻을 포함한다.

　역학은 사주명리학(四柱命理學)이 중심학문(中心學問)이다. 수리역학매화역수는 사주명리학의 이론을 적용한다. 따라서 이 강의에서는 수리역학매화역수를 해설하기 위해 필요한 사주명리학의 기초를 설명하기로 한다.

　한국 사상사에 있어서 역학의 위치는 철학적·윤리적 내지 종교적 차원에서 최고의 원리로 인식되어 왔다. 한국 민족의 역사와 이념을 상징하는 국기가 태극기(太極旗)로 된 것도 역리(易理)를 얼마나 소중히 여겼는가를 단적으로 보여 주는 것이다. 이는 우연한 사실이 아니라 역사적 배경과 사상적 흐름에 있어서 易學 思想이 매우 중요한 위치를 차지하고 있는 증거라 하겠다.

　역(易)이라 하면, 일반적으로 중국의 고전인『주역(周易)』을 지칭하고 중국 사상으로 생각한다. 하지만, 易이란 단순히 주역(周易)만을 지칭하는 것이 아니라, 연산(連山)·귀장(歸藏)·주역(周易)을 3역(三易)이라 하듯이, 여러 가지 易이 있을 수 있으며, 특히 주역이 전래하기 이전부터 내려오는 한국 상대(上代)로부터의 신앙과 사유 방식의 발상이 역리와 관련, 발전해 왔다.

한국 역학은 시대적으로 내용을 달리해 고대의 점술, 중세의 신비주의적 자연론 내지 천문(天文)·역법(曆法)·의약(醫藥) 등의 과학 사상을 볼 수 있으며, 주자학(朱子學) 수용 이후에는 주로 윤리적·철학적 원리로 발전하였다. 이를테면 세종의 훈민정음 창제라든지, 이제마(李濟馬)의 사상 의학(四象醫學) 등은 역리가 한국 민족 문화 창달에 지대한 역할을 한 뚜렷한 사례다.[1]

사주명리학은 사람의 생년·생월·생일·생시를 분석해 나무·불·흙·쇠·물 등 5가지 기운의 상생(相生)·상극(相剋) 관계를 따져 길흉화복(吉凶禍福)을 판단한다. 사람이 출생한 연(年)·월(月)·일(日)·시(時)의 네 간지 여덟 글자에 나타난 음양(陰陽)과 오행(五行)의 배합을 보고, 그 사람의 부모, 형제, 자식, 직업, 결혼, 명예, 재물, 건강 등의 길흉(吉凶)에 대한 제반 사항을 판단하는 것이다. 이처럼 간지(干支) 여덟 글자로 운명(運命)을 추리한다고 해서 팔자학(八字學), 추명학(推命學)이라고도 한다.

십간(十干)과 십이지(十二支)를 조합하여 60주기(周期)로 시간(時間)과 방위(方位), 각도(角度) 등을 나타내는 간지(干支)는 중국의 상(商)나라 시대부터 나타났다. 은허(殷墟)에서 출토된 갑골문(甲骨文)은 이 시기에 간지를 사용하여 기일(紀日)이나 숫자 등을 나타내고 있었음을 보여 준다. 그리고 한(漢) 시대 이후에는 하루 24시간을 12지(十二支)로 구분해 나타내면서 연(年)·월(月)·일(日)·시(時)의 사주(四柱) 구분이 더욱 체계화되었다.

---

1   한국학중앙연구원, 『민족문화대백과』.

이미 주(周)나라 때에도 간지를 근거로 길흉을 판단했지만, 춘추전국시대(春秋戰國時代)에 이르러 간지의 사용이 널리 보급되고, 세계와 자연을 음양(陰陽)과 木, 火, 土, 金, 水의 다섯 가지 요소로 설명하는 음양오행설(陰陽五行說)이 확산되면서 간지와 음양오행설을 결합하여 길흉화복을 점치는 명리학(命理學)이 발달하기 시작했다.[2]

명리학이 현재와 같은 모습으로 체계화된 것은 중국의 당(唐) 나라 이후이다. 당나라 때의 인물인 이허중(李虛中)은 12개의 별, 천귀(天貴)·천액(天厄)·천권(天權)·천파(天破)·천관(天官)·천문(天文)·천복(天福)·천역(天驛)·천고(天孤)·천인(天刃)·천예(天藝)·천수(天壽)를 사람의 사주(四柱: 생년월일시)와 연관하여 명리학을 체계화하였다.

이후 송(宋) 나라 때의 서자평(徐子平)은 사주에 오행의 상생(相生)·상극(相剋) 이론을 결합하여 고대 명리학을 집대성하고 체계를 세웠다. 오늘날 명리학은 대부분 서자평의 명리학 이론에 근거하고 있다. 따라서 사주팔자 명리학을 '자평법(子平法)'이나 '자평팔자학(子平八字學)', '자평명리학(子平命理學)'이라고 한다.


우리나라 역학계의 선구자로 알려져 있는 도계 박재완(陶溪 朴在琓, 1903~1993), 자강 이석영(自彊 李錫暎, 1920~1983), 제산 박재현(霽山 朴宰顯, 1935~2000) 선생들은 한결같이 사주명리학 외에 하나 이상의 비법(秘法)을 사용하였다. 그 비법이 사주명리학의 주변학문 중 하나이다.

오늘날 이러한 주변학문을 연구하고 공부하는 사람들의 대부분은 사주명리학의 부족함을 메꾸려고 한다. 사주명리학의 공부가 제대로 되지 않

---

**2**  동아출판사, 『두산백과』.

으면 주변학문에서 해결 방법을 구하여 그 허결(虛結)함을 보충하거나 완성시키려고 한다. 여기에서 역학 비법이란 단어가 통용되기도 한다.

철학관을 찾는 사람들의 목적사(目的事)는 매우 다양하다. 부모 형제운, 건강운, 직업운, 재물운, 명예 승진운, 애정 부부운, 학업 입시운, 궁합운, 택일운 등 수 십 가지 사연을 안고 찾아온다. 어떠한 도구로써 상담을 해야 할까?

나무를 자르는 방법에는 여러 가지가 있다. 칼로 벨 수도 있고, 톱으로 자를 수도 있고, 삽으로 떠낼 수도 있다. 가장 간단한 방법은 도끼로 한 방에 자르는 방법이다.

수리역학매화역수는 이 중에서 가장 훌륭한 도구에 해당한다. 사주명리학으로 해결할 수 없는 결과를 도출할 수 있는 것이 주변학문이고, 그중 가장 명쾌하고 간단한 것이 수리역학매화역수다.

그러나 결코 잊지 말아야 하는 것은 역학의 중심이 사주명리학이라는 것이다. 인간의 삶을 추정하고 감명하는 이론의 밑바탕은 사주명리학이다. 사주명리학을 공부하고 사주풀이 방법의 체계를 잡지 않은 채 주변학문에 매달려 마치 비법을 전수받는 것처럼 오해해서는 안 된다.

# 2강 ∿ 음양오행(陰陽五行)

사주팔자 여덟 글자는 음양(陰陽)과 木, 火, 土, 金, 水 다섯 가지의 오행(五行)으로 구분할 수 있다. 사주팔자에서 五行을 모두 갖춘 사람은 25% 정도에 불과하다. 이것을 우리는 오복(五福)을 다 갖추었다고 한다. 사주팔자에서 五行 중 한 개 이상 없는 사람은 75%이며, 두 개 이상 없는 사람은 1% 정도다.

각 五行마다 십성(十星)이 다르다. 사주팔자의 여덟 글자는 비겁(比劫), 식상(食傷), 재성(財星), 관성(官星), 인성(印星) 중에서 어느 하나에 속한다. 오행과 십성 중에서 없는 부분이 그 사주팔자의 특징이며 삶의 한계다.

## [예시 1] 火일간의 사주팔자에 水관성이 없다?

- ✓ 규율과 제도를 따르지 아니하고 자유분방한 행동을 나타낸다.
- ✓ 대운의 흐름에서 관성이 늦게 나타난다면 부모와 본인이 바라는 대학이나 사회조직으로 나아가기가 쉽지 않다.
- ✓ 上下가 엄격히 구분되는 조직사회보다는 영업, 무역직 또는 연구직, 교육직 같은 업무 환경이 자유로운 직업군에서 성공할 수 있다.
- ✓ 여자의 경우 연애 기술이 부족하며 남자를 잘 받들지 않는다.

## [예시 2] 사주팔자의 오행 중에서 水가 없다면

- ✓ 비뇨기 계통의 장기(臟器)인 신장, 자궁, 전립선이 약화된다.
- ✓ 지혜가 부족하며 융통성과 유연성이 떨어진다.
- ✓ 무엇이든지 시작은 잘하지만 결과가 없다.
- ✓ 되도록 조기유학을 하거나 水의 직업을 가지거나 水와 가까운 곳에 터를 잡아야 한다.

## ✪ 음양(陰陽)

태초(太初) 이전을 무극(無極)이라 한다. 천지창조(天地創造)를 태극(太極)이라 한다. 천지창조가 될 때에 생긴 이기(理氣)를 음양(陰陽)이라 한다. 음양이 생길 때에 오원소가 생겼으니 이를 오행(五行)이라 한다. 오행은 木, 火, 土, 金, 水의 다섯 가지이다.

음양의 첫 번째 기록은 기원전 1000년경의 전통 시가집 『시경(詩經)』에서 발견된다. 음양이론은 자연현상을 설명하는 중요한 개념이 되면서 음양의 작용을 통해 만물이 생성·변화한다고 생각하였다. 이 같은 전통 아래 자연현상에서 인체에 이르기까지 모든 것을 음양으로 나누었다.

음양은 서로 대립하고 의존하면서 사물을 만들고 성립시키는 생성과 존립의 원리, 서로 순환하고 전화하는 변화의 원리라는 두 개의 원리로서 작용하여 왔다. 하늘과 땅, 해와 달, 육지와 바다, 낮과 밤, 남자와 여자, 동물과 식물, 양과 음으로 구분할 수 있다.

사람의 생로병사(生老病死)도 이와 다를 것이 없다. 부족한 것 같으면서 만족하며 구석이 없는 것 같으면서 구석이 있고, 어두운 것 같으면서 밝고, 물러서는 것 같으면서 나아간다. 천지만상은 모두 이와 같으며, 이러한 모든 것을 우주(宇宙)의 안쪽에서 지배하는 것, 이것이 천리(天理)이고 진리(眞理)이다. 사주에서는 이것을 음양의 이치라 한다.[1]

---

1   임석진, 『철학사전』, 중원문화, 2009.

# ❀ 오행(五行)

오행은 木, 火, 土, 金, 水 등 다섯 가지를 말한다. 이것은 물적 분류로는 木은 초목, 火는 불, 土는 흙, 金은 금석, 水는 물을 의미한다.

① 木: 곡직성(曲直性)이다. 구부러지거나 곧바로 자라는 기운으로, 바람에 흔들리면서 밑으로 자라는 것이 없으며, 나무에 비유한 氣이다.

② 火: 염상성(炎上性)이다. 그 형상이 활활 타면서 올라가기만 한다. 물은 내려오지만 불은 내려오는 법이 없다. 불을 비유한 氣이다.

③ 土: 가색성(稼穡性)이다. 땅을 개간하여 씨앗을 키우는 논과 밭을 이루고, 자연 그대로 두면 만물이 자랄 수 있다. 흙에 비유한 氣이다.

④ 金: 중혁성(中革性)이다. 철이나 연장 등 여러 가지 모양과 형태로 변화할 수 있는 변혁의 본질을 말한다. 쇠에 비유한 氣이다.

⑤ 水: 윤하성(允下性)이다. 땅을 윤활하게 하여 오곡백과를 기르며, 또한 물이 모이면 산천이 되고 흘러가면 큰 바다를 이룬다. 물에 비유한 氣이다.

# :: 오행 조견표 ::

| | 木 | 火 | 土 | 金 | 水 |
|---|---|---|---|---|---|
| 계절 | 春 | 夏 | 長夏 | 秋 | 冬 |
| 자연사물 | 風 | 熱 | 濕 | 燥 | 寒 |
| 방위 | 東 | 南 | 中央 | 西 | 北 |
| 국가 | 동양 | 중동 | 중국 | 서양 | 러시아 |
| 인생 | 소년기 | 청년기 | 사이시간 | 장년기 | 노년기 |
| 후천수 | 3,8 | 2,7 | 5,10 | 4,9 | 1,6 |
| 맛 | 신맛 | 쓴맛 | 단맛 | 매운맛 | 짠맛 |
| 색 | 청색 | 적색 | 황색 | 백색 | 흑색 |
| 종교 | 유교 | 기독교 | 토속신앙 | 불교 | 도교 |
| 혈액형 | A형 | O형 | | AB형 | B형 |
| 오수 | 靑龍 | 朱雀 | 龜洞 | 白狐 | 玄武 |
| 오성 | 인정 | 예의 | 신용 | 의리 | 지혜 |
| | 강직 | 조급 | 후중 | 냉정 | 원만 |
| | 喜 | 樂 | 思 | 怒 | 哀 |
| 장부 | 신경계 | 순환계 | 소화기계 | 호흡기계 | 비뇨기계 |
| | 간,담 | 심장,소장 | 비장,위장 | 폐,대장 | 신장,방광 |
| | 溫 | 熱 | 濕 | 燥 | 寒 |
| | 모발 | 안면 | 허리 | 치아 | 수분 |

# 3강 ∿ 생극제화(生剋制化)

五行은 木, 火, 土, 金, 水로 형성되어 있고 이 기운들이 서로 균형과 조화를 이루며 세상을 형성하고 있다. 이런 기운들은 어느 한쪽이 커지거나 작아져서 균형이 깨지지 않도록 서로 도와주고 제어를 하며 유기적으로 맞추어 돌아간다.

五行들끼리 서로 生하고 剋하는 관계를 五行의 생극제화(生剋制化)라고 한다. 상대방이 성장하도록 도와주는 것을 생(生)이라고 하며, 성장하지 못하도록 죽이는 것을 극(剋)이라고 한다. 또한 상대방이 너무 커지지 않도록 억제해 주는 것을 제(制)라고 하며, 화합과 변화를 통해서 모양이 바뀌는 것을 화(化)라고 한다.

五行의 생극제화는 무질서하고 무차별적으로 이루어지는 것이 아니라 일정한 규칙이 존재하며 어느 五行도 절대적으로 강하지도 절대적으로 약하지도 않다. 모든 五行은 어느 한쪽을 生해 주면서 어느 한쪽에게는 剋을 당하게 된다. 그 작용은 모든 五行에게 공평하게 작용한다.

생극제화를 상생(相生), 상극(相剋), 生의 태과지기(太過之氣), 상모(相侮), 오행의 왕상휴수사(旺相休囚死)로 나누어 설명하기로 한다. 수리역학매화역수에서 주도수와 각 月의 관계, 일주과 각 月의 관계는 모두 생극제화 이론을 적용한다. 따라서 생극제화 이론은 수리역학매화역수에서 매우 중요하다.

## ❆ 상생(相生)

相生이라 함은 서로 生하여 돕는 것을 뜻한다.


- ✔ 목생화(木生火): 木은 火를 生하고
- ✔ 화생토(火生土): 火는 土를 生하고
- ✔ 토생금(土生金): 土는 金을 生하고
- ✔ 금생수(金生水): 金은 水를 生하고
- ✔ 수생목(水生木): 水는 木을 生한다.


相生이란 서로 共生관계로 우주 전체가 서로 도우며 자율운동을 하는 것과 같은 원리이다. 즉 나무가 불을 지피고, 불이 꺼지면 재가 변하여 흙이 되고, 흙이 굳으면 바위가 되고, 바위틈에서 물이 솟아 흐르고, 물은 다시 나무를 생장하게 된다. 이것이 相生의 원리다.

## ❀ 상극(相剋)

相剋이라 함은 서로 剋하여 치는 것을 뜻한다.

- ✓ 목극토(木克土): 木은 土를 극하고
- ✓ 토극수(土克水): 土는 水를 극하고
- ✓ 수극화(水克火): 水는 火를 극하고
- ✓ 화극금(火克金): 火는 金을 극하고
- ✓ 금극목(金克木): 金은 木을 극한다.

相剋이란 서로 모순되고 대립되는 관계로 우주 전체는 相生과 相剋의 조화로서 이루어지는 것이다. 즉 나무는 흙을 뚫고 나와 자라며, 흙은 물의 흐름을 막고

물은 불을 끄고, 불은 쇠를 녹이며, 쇠는 나무를 자르는 것이다. 이것이 相剋의 원리다.

相剋은 서로를 극하니 나쁘게 생각할 수 있지만, 적당한 극은 오히려 도움이 된다. 도끼나 낫으로 나무를 치고 자를 수 있지만, 적당한 가지치기는 오히려 더 크고 곧게 성장할 수 있기 때문이다.

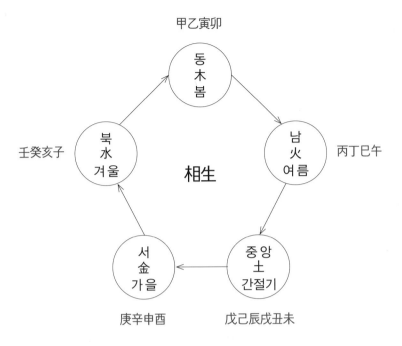

甲乙寅卯

동
木
봄

壬癸亥子

북
水
겨울

相生

남
火
여름

丙丁巳午

서
金
가을

중앙
土
간절기

庚辛申酉

戊己辰戌丑未

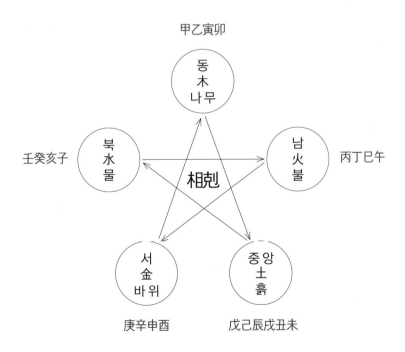

甲乙寅卯

동
木
나무

壬癸亥子

북
水
물

相剋

남
火
불

丙丁巳午

서
金
바위

중앙
土
흙

庚辛申酉

戊己辰戌丑未

# ❀ 생(生)의 태과지기(太過之氣)

생의 太過之氣는 사주팔자의 陰陽五行의 과다 및 강약에 따라서 相生과 相剋이 다르게 작용하는 것을 뜻한다.


① 모자멸자(母慈滅子)

모자멸자(母慈滅子)의 효신작용이라는 것은 극단적인 표현으로는 어머니의 과잉보호, 사랑, 관심은 자식을 망치는 결과로 아이를 자칫 마마보이로 키우게 되고 성장하면서도 모든 것을 엄마에게 의존하는 성향을 보이게 되는 것이다. 이러한 원리와 같이,


- ✔ 목다화식(木多火熄): 나무가 너무 많으면 오히려 불이 꺼진다.
- ✔ 화다토초(火多土焦): 불이 너무 강하면 오히려 흙이 그을린다.
- ✔ 토다금매(土多金埋): 흙이 너무 많으면 오히려 쇠가 묻힌다.
- ✔ 금다수탁(金多水濁): 쇠가 너무 많으면 오히려 물이 탁해진다.
- ✔ 수다목부(水多木浮): 물이 너무 많으면 오히려 나무가 물에 뜬다.


② 자왕모쇠(子旺母衰)

자왕모쇠(子旺母衰)라는 것은 극단적인 표현으로는 자식의 수(數)가 많거나 요구가 많으면 어머니는 거기에 응대하느라 힘이 약해지며 자식이 크면 서방이 싫어지는 성향을 보이게 되는 것이다. 이러한 원리와 같이,


- ✔ 목다수축(木多水縮): 나무가 너무 많으면 오히려 물이 마른다.

✔ 화다목분(火多木焚): 불이 너무 강하면 오히려 나무가 탄다.

✔ 토다화회(土多火晦): 흙이 너무 많으면 오히려 불길이 희미해진다.

✔ 금다토약(金多土弱): 쇠가 너무 많으면 오히려 흙이 약해진다.

✔ 수다금침(水多金沈): 물이 너무 많으면 쇠가 물에 잠긴다.

## ❀ 상모(相侮)

　상모(相侮)는 상극(相剋) 관계에서 극(剋)을 받는 것이 오히려 더 힘이 강하여 발생하는 것이다. 상모는 반극(反克), 반모(反侮)라고도 한다. 오행(五行)의 상극 관계에서 제약을 받던 사물이 반대로 제약하던 사물을 제약하고 억제하는 관계를 이르는 말이다.

　예를 들면 금극목(金克木)의 관계에서 금(金)이 지나치게 편쇠(偏衰)하면 목(木)이 도리어 금을 제약한다고 보는 것 등이다. 옛 의학서에는 상모 관계로 병리기전을 설명하였는데, 금(金)에 속한 폐금(肺金)이 허해서 숙강(肅降) 기능이 약해지면 목(木)에 속한 간(肝)의 승발소설(升發疏泄) 기능이 항진되고 간화(肝火)가 왕성해지면서 폐음(肺陰)을 상하기 때문에 마른기침이 나고 가슴이 답답하며 옆구리가 아프고 입이 마르며 눈이 충혈되는 등 목화형금(木火刑金)의 증상이 나타난다고 하였다.[1]

- ✔ 목견금결(木堅金缺): 나무가 너무 단단하면 오히려 쇠가 부러진다.
- ✔ 화염수작(火炎水灼): 불이 너무 강하면 오히려 물이 말라 버린다.
- ✔ 토중목절(土重木折): 흙이 너무 많고 단단하면 오히려 나무가 부러진다.
- ✔ 금다화식(金多火熄): 쇠가 너무 많으면 오히려 불이 꺼진다.
- ✔ 수다토류(水多土流): 물이 너무 많으면 오히려 흙이 떠내려간다.

---

1　『한의학대사전』, 한의학대사전 편찬위원회, 2001. 6. 15.

## ❀ 오행의 왕상휴수사(旺相休囚死)

| | 봄-木 | 여름-火 | 가을-金 | 겨울-水 | 사계절-土 |
|---|---|---|---|---|---|
| | 1,2,3월 | 4,5,6월 | 7,8,9월 | 10,11,12월 | |
| 목(甲乙) | 왕(寅卯) | 휴(巳午) | 사(申酉) | 상(亥子) | 수(辰戌丑未) |
| 화(丙丁) | 상(寅卯) | 왕(巳午) | 수(申酉) | 사(亥子) | 휴(辰戌丑未) |
| 토(戊己) | 사(寅卯) | 상(巳午) | 휴(申酉) | 수(亥子) | 왕(辰戌丑未) |
| 금(庚辛) | 수(寅卯) | 사(巳午) | 왕(申酉) | 휴(亥子) | 상(辰戌丑未) |
| 수(壬癸) | 휴(寅卯) | 수(巳午) | 상(申酉) | 왕(亥子) | 사(辰戌丑未) |

① 旺은 일간과 오행이 같은 계절로서 生하는 것을 말한다. 木일간이 寅, 卯월에 출생하였다면 旺이 되고 이를 득령(得令)하였다고 하며, 일간이 신강(身强)하게 된다.

② 相은 일간을 生해 주는 것을 말한다. 木일간이 亥, 子월에 출생하여 水生木이 되는 것이다. 이때에도 일간이 生을 받으니 신왕(身旺)하게 된다.

③ 休는 일간이 월지를 生해 주는 것이다. 木일간이 巳, 午월에 출생하여 木生火가 되는 것이다. 이때에는 일간의 기운이 설기(洩氣)되므로 신약(身弱)하게 된다.

④ 囚는 일간이 월지를 剋하는 것이다. 木일간이 土월(辰戌丑未)에 출생하여 木克土가 되는 것이다. 이때에도 일간의 기운이 설기(洩氣)되

므로 신약(身弱)하게 된다.

⑤ 死는 일간이 월지로부터 剋을 받는 것이다. 木일간이 申,酉 월에 출생하여 金克木이 되는 것이다.

⑥ 旺, 相은 일간이 신강하게 된다. 반면 休, 囚, 死는 모두 실령(失令)하여 신약하게 된다.

⑦ 인묘진(寅卯辰) 월은 봄으로서 목왕절(木旺節)이고 동방(東方) 목국(木局)이라고 한다.

⑧ 사오미(巳午未) 월은 여름으로서 화왕절(火旺節)이고 남방(南方) 화국(火局)이라고 한다.

⑨ 신유술(申酉戌) 월은 가을로서 금왕절(金旺節)이고 서방(西方) 금국(金局)이라고 한다.

⑩ 해자축(亥子丑) 월은 겨울로서 수왕절(水旺節)이고 북방(北方) 수국(水國)이라고 한다.

⑪ 진술축미(辰戌丑未) 월은 토왕절(土旺節)이고 각각 사계절 안에 분산되어 있다.

# 4강 ∽ 천간지지(天干地支)

사주팔자 여덟 글자 중에서 위에 놓여 있는 네 글자가 천간(天干)이다. 天干은 甲, 乙, 丙, 丁, 戊, 己, 庚, 辛, 壬, 癸 등 10 글자다.

사주팔자 여덟 글자 중에서 아래에 놓여 있는 네 글자가 지지(地支)다. 地支는 子, 丑, 寅, 卯, 辰, 巳, 午, 未, 申, 酉, 戌, 亥 등 12 글자다.

사주명리학 책마다 앞부분에 나오는 것이 天干과 地支다. 그래서 모두들 쉽게 생각하고 다음 부분으로 넘어가려고 한다.

인천항 국제여객터미널에서 중국행 여객선을 타면 꼬박 하루가 걸려 장쑤성 롄윈강(連雲港)에 도착한다. 롄윈강에서 상하이행 기차를 타면 서쪽으로 30분쯤 떨어진 두 번째 역이 똥하이(東海縣)다. 서자평은 이곳 사람이며 태화(太華)의 서쪽 당봉동(棠峰洞)에 은거하였다.

처음 가본 30년 전 똥하이는 산과 들과 안개로 자욱한 한적한 시골이었다. 자연 그대로의 상태였다. 서자평이 살았던 1100년 전은 어떤 모습이었을까?

내가 여기에서 깨달은 것은 사주명리학을 이해하는 데 가장 중요한 것은 10天干 12地支를 구성하는 글사의 의미라는 것이다. 22개의 글자 한 자 한 자는 대자연(大自然)의 흐름을 나타낸 것이다. 대자연의 원리가 글자에 배어 있다. 중요한 것은 글자가 품고 있는 의미다.

# ✿ 천간(天干)

天干은 甲, 乙, 丙, 丁, 戊, 己, 庚, 辛, 壬, 癸 등이며 十干 또는 十天干이라고 한다. 대자연의 변화 과정을 나타낸 부호로서 木, 火, 土, 金, 水의 오행을 陰과 陽으로 분류한 글자이다.

天干은 하늘을 뜻하며 陽으로 분류한다. 天干은 정신적인 측면과 이상, 사상, 생각, 명예를 드러내는 자리이다. 사주팔자 원국에서 일간은 사주팔자의 주체인 나 자신을 의미한다. 따라서 天干의 해석은 일간을 중심으로 이해하여야 한다.

- ✔ 甲은 一陽의 氣像이다. 만물이 처음으로 땅을 뚫고 나오려는 형상이다.
- ✔ 乙은 二陽의 氣像이다. 땅을 뚫고 나온 만물이 굽어 자라는 형상이다.
- ✔ 丙은 三陽의 氣像이다. 만물을 유하고 부드럽게 하는 기상이다.
- ✔ 丁은 四陽의 氣像이다. 뜨거운 불기운이 활활 타오르는 형상이다.
- ✔ 戊는 五陽의 氣像이다. 만물이 무성한 양기가 팽창한 형상이다.
- ✔ 己는 一陰의 氣像이다. 무성한 양기가 음기로 변화하는 기상이다.
- ✔ 庚은 二陰의 氣像이다. 음기가 점점 많아지는 기상이다.
- ✔ 辛은 三陰의 氣像이다. 씨앗의 고통을 벗고 다시 태어나는 형상이다.
- ✔ 壬은 四陰의 氣像이다. 음기가 너무 강해서 양기가 눌려 있는 기상이다.
- ✔ 癸는 五陰의 氣像이다. 양기가 때를 보아 다시 나오려는 형상이다.

# 갑 (甲木)

## ① 상징

▶ 甲木은 봄철에 씨앗이 껍질을 벗고 땅 위로 솟아오르며 싹이 움트는 형상이다.

▶ 甲木은 크고 곧은 나무, 소나무, 전나무, 원목, 기둥의 형상이다.

▶ 甲木은 처음과 시작을 뜻하고 지도자, 리더, 책임자, 가장을 의미한다.

## ② 의무

▶ 甲木은 성장하여 열매를 맺고 씨앗을 남겨야 한다.

▶ 甲木은 성장을 멈추었을 때에는 재목으로 사용되어야 한다.

▶ 甲木은 丙火와 癸水가 필요하다.

## ③ 속성

▶ 계절: 봄

▶ 방위: 東

▶ 오성: 仁

▸ 장부: 신경계, 머리, 간, 담, 신경, 수족, 모발

▸ 맛: 신맛

▸ 색: 청색

▸ 후천수: 3


④ 성격

▸ 긍정적 의미: 산 위에서 가장 높은 소나무 같은 기상으로 당당하고 곧다. 솔직하고 담백하며 위선적인 거짓을 싫어한다. 자기중심적이며 리더십이 강하여 사람을 이끌고 나아간다. 어질고 착하다. 명예와 안정을 중시하고 체면치레를 잘한다. 직업은 직장, 조직사회보다 자영업 사업이 잘 맞다.

▸ 부정적 의미: 자존심과 고집이 세다. 천간에 같은 글자가 있으면 자존심이 강하고, 지지에 같은 글자가 있으면 고집에 세다. 자기중심적이어서 다른 사람에게 쉽게 굽히거나 고개 숙이지 않는다. 타인의 간섭이나 구속을 잘 받아들이지 않는다. 행동이 까다로워서 인간관계의 폭이 넓지 않다. 무엇이든 시작은 잘하지만 마무리가 약하다. 주변을 의식하지 않는 독단적인 면이 있다.


⑤ 통변비법

▸ 무엇인가 새로 창출한다(新生). 수리역학매화역수의 1과 같다.

▸ 독립심이 강하여 남의 밑에 오래 있지 못한다.

▸ 사주팔자의 木火通明은 주로 교육자가 많다.

▸ 부모 형제의 곁을 떠나 타향(他鄕)에서 자수성가(自手成家)한다.

▶ 부모가 물려준 가업(家業)은 다 망(亡)하고 난 후에 새로 다른 일을 시작한다.

▶ 甲子 일주는 가장 정인답다. 학문에 조예가 깊고 공부를 잘 한다.

▶ 甲寅 일주는 틈만 나면 일을 벌이고 삶의 기복이 심하다. 남녀 共히 부부의 인연이 없다.

▶ 甲辰 일주는 남자의 경우 아내 주위에는 항상 다른 남자가 도사리고 있다. 여자의 경우 남자가 무능해지기 쉽다.

▶ 甲午 일주는 가장 상관답다. 여자의 경우 장사술이 좋으며 70%가 솔로이다.

▶ 甲申 일주는 여자의 경우 집안이 좋고 애교가 많다. 風을 맞기 쉬우며 노후에 서방이 외도를 일삼는다.

▶ 甲戌 일주는 허풍이 세다. 남자의 경우 90%가 외도를 한다. 여자의 경우 간이 크고 情이 없으며 타인을 이용하여 자기 실속을 챙긴다.

# 을 (乙木)

① 상징

▶ 乙木은 싹이 점점 자라며 사방으로 펴지고 뻗어 가는 형상이다.

▶ 乙木은 아름답고 부드러우며 화사함을 의미한다.

▶ 乙木은 풀, 잔디, 넝쿨, 화초, 잡초, 꽃의 형상이다.

② 의무

▶ 乙木은 성장하여 꽃을 피운다.

▶ 乙木은 열매를 맺거나 재목으로 사용되지 않는다.

▶ 乙木은 丙火와 癸水가 필요하다.

③ 속성

▶ 계절: 봄

▶ 방위: 동

▶ 오성: 仁

▶ 장부: 신경계 – 목, 간, 담, 신경, 수족, 모발, 풍

▶ 맛: 신맛

▶ 색: 청색

▶ 후천수: 8

④ 성격

▶ 긍정적 의미: 어떤 환경과 조건에도 순발력을 발휘하며 환경적응력
   이 뛰어나다. 실리적이고 현실적이며 유연성과 융통성이 있다. 부드
   럽고 인자하며 사교성이 좋아 주위에 사람이 많다. 자신을 낮추고 굽
   힐 줄 알며 온순하다. 밝고 명랑하며 긍정적이며 미래지향적이다.

▶ 부정적 의미: 말이 많고 시끄럽게 떠드는 행동을 나타낸다(乙未 일
   주). 이해타산적이며 의리가 부족하다. 의지력이 약하고 타인에게 의
   지하려는 의타심이 있다. 사치와 꾸밈을 좋아하고 멋을 부리는 허영
   심이 있다. 자기의 이익을 위하여 다른 사람을 이용하려는 마음이 강
   하다. 집중력이 약하고 인내심이 부족하다.

⑤ 통변비법

▶ 말을 많이 하고 잘하는 특기를 살려서, 교육, 언론방송, 상담, 영업
   등 말로 먹고사는 직업을 갖는다.

▶ 입이 가볍고 비밀이 없으며 남의 말을 잘하는 편이다.

▶ 乙木의 성공은 대체로 다른 사람의 실패와 희생을 딛고 일어선다.

▶ 運에서 乙木을 만나면 피 흘리는 일이 발생한다.

# 병 (丙火)

## ① 상징

▶ 丙火는 세상천지를 비추는 밝은 태양을 상징하며 강한 빛의 형상이다.

▶ 丙火는 큰 꿈, 희망, 포부, 예의, 미남미녀를 의미한다.

▶ 丙火는 태양, 큰 불, 빛, 광선의 형상이다.

## ② 의무

▶ 丙火는 세상을 밝혀야 한다.

▶ 丙火는 토(土)에게 열기와 온기를 제공하여 木을 배양하고 성장시켜야 한다.

▶ 丙火는 甲木, 乙木과 壬水가 필요하다.

## ③ 속성

▶ 계절: 여름

▶ 방위: 남

▶ 오성: 礼

▶ 장부: 순환계, 눈, 어깨, 소장, 대장

▶ 맛: 쓴맛

▶ 색: 적색

▶ 후천수: 7

④ 성격

▶ 긍정적 의미: 예의범절이 있으며 타의 모범적이다. 밝고 쾌활하며 매사에 긍정적이며 적극적이고 활동적이다. 개성이 강하고 열정적이다. 직선적으로 숨김이 없이 바른말을 잘한다. 불같은 성격으로 화끈하고 뒤끝이 없어서 성격 좋다는 말을 듣는다. 태양이 구석구석을 밝히듯이 공명정대하고 명확하다. 화술(話術)이 좋으며 이성으로부터 인기가 있는 멋쟁이다.

▶ 부정적 의미: 성격이 급하고 자기중심적이며 공격적인 폭력성을 드러낸다. 인내심이 약하고 끈기가 부족하여 어려운 일은 쉽게 포기한다. 주위가 산만하여 실수가 잦다. 다른 사람의 일에 나서기를 좋아하고 쓸데없는 간섭을 한다. 거짓말을 잘 하지 못하여 숨김이 없으며 비밀이 없다.

⑤ 통변비법

▶ 세상을 살아가는 번영과 성공의 因字이다.

▶ 자기를 드러내는 것을 좋아하고 폼생폼시한다.

▶ 인내심이 부족하여 참지 못하며 시시비비를 가리고 넘어가려고 한다.

▶ 다가오는 대운을 5년쯤 미리 당겨 써먹는다.

▶ 여자 丙 일간은 申, 酉 년에 남자를 바꾸려고 한다.

- ▶ 넓은 땅 또는 택지 개발에 관심이 많다.
- ▶ 丙火의 식상은 土다. 물상적으로 구름에 가려진 태양의 모습이다. 따라서 丙火는 식상을 잘 써먹지 못한다.

# 정 (丁火)

## ① 상징

▶ 丁火는 흔히 촛불을 상징하며 뜨거운 열의 형상이다.

▶ 丁火는 온화함, 따뜻함, 잔정을 의미한다.

▶ 丁火는 자기 스스로 몸을 녹여서 불을 지핀다. 희생정신과 봉사정신
을 의미한다.

▶ 丁火는 촛불, 형광등, 달, 별, 화로, 용광로의 형상이다.


## ② 의무

▶ 丁火는 甲木을 태워서 불을 지피거나, 庚金을 녹여서 도구를 만들
어야 한다.

▶ 丁火는 추울 때에는 열을 내어서 따뜻하게 해야 한다.

▶ 丁火는 甲木, 庚金이 필요하다.


## ③ 속성

▶ 계절: 여름

▶ 방위: 남

▶ 오성: 礼

▶ 장부: 순환계, 눈, 어깨, 심장, 소장

▶ 맛: 쓴맛

▶ 색: 적색

▶ 후천수: 2

④ 성격

▶ 긍정적 의미: 丙火처럼 예의가 있으며 따뜻하고 온화한 외유내강형
이다. 몸담고 있는 조직에 대한 충성심이 강하며 도덕성을 지닌다.
희생정신, 봉사정신이 있으며 어려운 일에 솔선수범한다. 여자의 경
우 가정적이며 모성애가 있으며 사교적이다. 화술이 좋다. 丁未 일
주는 말을 많이 하고 잘하는 편이며, 丁丑 일주는 말이 논리적이어
서 회의를 잘 이끈다.

▶ 부정적 의미: 촛불이 바람에 흔들리는 것처럼 변덕이 잦고 감정 변화
가 심하다. 이중성과 양면성을 나타내서 한 입으로 두말하는 스타일
이다. 집중력이 부족하여 산만함을 드러낸다.

⑤ 통변비법

▶ 10 天干 중에서 변화와 변동이 가장 심하고 변덕이 많다.

▶ 남의 비밀을 캐려고 하고 남의 비밀을 지켜 주지 않는다.

▶ 화려함을 좋아하여 풍류를 즐기고 낭비벽이 있다.

▶ 자기 보호 본능이 강하여 위험을 회피하고 도망가는 데 선수다.

# 무 (戊土)

### ① 상징

▸ 戊土는 크고 높은 산, 넓은 땅의 형상이다.

▸ 戊土는 信義, 中庸, 중심, 중앙을 의미한다.

▸ 戊土는 산, 평야, 대지, 오름, 구름의 형상이다.

### ② 의무

▸ 戊土는 木이 뿌리를 내리고 성장하여 결실을 맺게 해 주어야 한다.

▸ 戊土는 광물질(金)을 만들어 주어야 하며, 물(水)을 흐르게 하고 가두어서 공업용수, 농업용수, 식용수로 사용할 수 있어야 한다.

▸ 戊土는 甲木, 丙火, 癸水가 필요하다.

### ③ 속성

▸ 계절: 간절기

▸ 방위: 중앙

▸ 오성: 信

▸ 장부: 소화기계 – 위장, 상복부, 겨드랑이, 옆구리

▸ 맛: 단맛

▸ 색: 황색

▸ 후천수: 5

④ 성격

▸ 긍정적 의미: 신용과 믿음을 중시하며 약속을 잘 지키고 의리를 배신
하지 않는다. 나이가 들수록 인품이 중후하고 좌우로 흔들림 없이 일
희일비하지 않는다. 陽氣가 끝까지 올라간 형상이므로 '한번 한다면
반드시 한다'는 기질이 강하다. 넓은 大地의 형상이므로 스케일이
크고 리더십과 포용력이 있다. 명예와 안정을 중시한다.

▸ 부정적 의미: 자기중심적이어서 자존심과 고집이 세다. 융통성과 유
연성이 부족하며 사물을 보는 시야가 좁고 단순하다. 나이가 들수록
고지식해지고 보수적이며 수구적인 면을 드러낸다. 표현이 없고 속
마음을 잘 드러내지 않는다. 섬세하지 못하고 눈치가 없다.

⑤ 통변비법

▸ 사주팔자 원국 내에 水가 없으면 땅이 바짝 말라 버리듯 성품이 메마
르다.

▸ 목표를 위해서는 수단을 가리지 않고 저돌적이며 양보가 없다.

▸ 水 대운에는 水에 관한 사업(해외무역, 生水유통, 유흥업 등)으로 크게
번창한다.

▸ 水가 필요하고 水를 향한다. 남자는 돈과 여자를 추구하고, 여자는
돈을 추구한다.

▶ 여자는 남편과 가정 때문에 남모를 한(恨)을 안고 살아가는 경우가 많다.

▶ 사주팔자 원국 내에 土가 많으면 연구직, 부동산, 건축토목, 요식업으로 성공한다.

# 기 (己土)

## ① 상징

▶ 己土는 만물이 성장할 수 있는 문전옥답(門前沃畓)의 형상이다.

▶ 己土는 온화함, 따뜻함, 잔정을 의미한다.

▶ 己土는 문전옥답, 화분, 화단, 정원, 논밭, 황사, 먼지다.

## ② 의무

▶ 己土는 木이 성장하여 결실을 맺게 하여야 한다.

▶ 己土는 甲木, 丙火가 필요하다.

## ③ 속성

▶ 계절: 간절기

▶ 방위: 중앙

▶ 오성: 信

▶ 장부: 소화기계 – 비장, 맹장, 췌장, 하복부, 입, 입술

▶ 맛: 단맛

▶ 색: 황색

▸ 후천수: 10

④ 성격

▸ 긍정적 의미: 戊土처럼 신용과 믿음을 중시하며 약속을 잘 지키고 의리를 배신하지 않는다. 한쪽으로 치우치지 않고 항상 중심을 지킨다. 화술(話術)이 뛰어나고 사교성이 좋으며 많은 사람을 이끌고 간다. 리더십과 포용력이 있어서 지도자의 길을 걷는다. 타인을 이해하고 배려하는 마음이 있다. 명예와 안정을 중시한다. 사주팔자에 甲木이 있으면 남들이 인정하는 직업을 가진다.

▸ 부정적 의미: 자기중심적이며 이기적이고 보수적이다. 의심이 많아 남을 잘 믿지 않으며 확인 사살한다. 연애를 하면 이성으로 인한 아픔과 슬픔을 깊이 겪는다. 언행이 일치하지 못하고 어제와 오늘의 말이 다르다. 사업으로 나아가면 반드시 두세 번은 실패한다. 木이 없으면 길거리에 버려진 쓸모없는 화분과 같다.

⑤ 통변비법

▸ 이중성이다. 좋아하는 것인지 싫어하는 것인지, 하자는 것인지 하지 말자는 것인지 의사가 분명하지 않다.

▸ 음성이 굵고 탁하며 교육계에 많다.

▸ 여자는 개성이 없고 생각이 없으며 귀가 얇고 남의 말을 잘 듣는다. 부적(符籍)을 권유하면 십중팔구는 써 달라고 한다.

# 경 (庚金)

## ① 상징

▶ 庚金은 아직 사람의 손길이 닿지 않은 무쇠, 원석, 철광석의 형상이다.

▶ 庚金은 의리, 결단성, 단호함을 의미한다.

▶ 庚金은 바위산, 무쇠덩어리, 광산, 기차, 자동차, 중장비, 톱, 도끼, 낫이다.

## ② 의무

▶ 庚金은 맑고 깨끗한 水를 생성하여 木의 성장을 돕는다.

▶ 庚金은 火로 제련하여 생필품이나 보석을 만든다.

▶ 庚金은 木을 벌목하고 수확하여 생필품, 건축자재 등으로 쓰이게 한다.

▶ 庚金은 甲木, 丁火가 필요하다.

## ③ 속성

▶ 계절: 가을

▶ 방위: 서

▶ 오성: 儀

▶ 장부: 호흡기계 및 근골계 – 뼈, 척추, 대장, 폐

▶ 맛: 매운맛

▶ 색: 백색

▶ 후천수: 9

④ 성격

▶ 긍정적 의미: 순수하고 순진하다. 영악하지 않으며 잔머리를 돌리지
않는다. 金은 義를 뜻한다. 의리와 의협심이 강하다. 강직하며 결단
성이 있으며 과감하여 남자다운 성품이다. 원칙과 소신을 중시한다.
몸을 담은 조직사회에 대하여 충성심이 강하며 상하 위계질서를 잘
지킨다. 군 · 검 · 경 · 법무 등 권력기관에서 성공하거나 반대로 폭력
조직으로 간다.

▶ 부정적 의미: 융통성과 유연성이 부족하여 지시에 대해서 맹목적으
로 임무를 수행한다. 때때로 무모하고 공격적이며 폭력적이다. 가정
보다는 몸담은 조직사회가 우선일 만큼 작은 일이나 가족에 무관심
하다. 애정사가 순탄하지 못해 배우자(配偶者)는 순종적이지만 틈만
나면 도망가려고 한다.

⑤ 통변비법

▶ 10천간 중애서 성격과 개성이 가장 강력하다

▶ 보기와는 다르게 눈물이 많고 인정이 많다. 혼자 드라마를 보면서
운다.

▶ 金은 돈이요 현금 재산이다. 사주팔자 지지에 申, 酉는 성공의 因字다. 金이 없으면 돈을 벌어도 빠져나가는 곳이 많고 돈이 모이지 않는다.

▶ 결실, 결말을 뜻한다. 가을은 수확의 계절이다.

▶ 행동파이며 자기 뜻대로 잘 안되면 포악성을 드러내며 실력 행사를 한다.

# 신 (辛金)

## ① 상징

▶ 辛金은 가공된 보석 금속의 형상이다.

▶ 辛金은 냉정함, 영적 능력을 의미한다.

▶ 辛金은 보석, 시계, 칼, 바늘, 주사기, 서리를 의미한다.

## ② 의무

▶ 辛金은 이미 가공된 보석이나 생필품이기 때문에 변형·변색되지 않고 용도에 맞게 사용되어야 한다.

▶ 辛金은 丙火와 壬水가 필요하다.

## ③ 속성

▶ 계절: 가을

▶ 방위: 서

▶ 오성: 儀

▶ 장부: 호흡기계 및 근골계 – 뼈, 척추, 대장, 폐

▶ 맛: 매운맛

▶ 색: 백색

▶ 후천수: 4

④ 성격

▶ 긍정적 의미: 외유내강(外柔內剛)형이다. 겉으로는 부드럽지만 속으로는 칼 같은 냉정함이 숨어 있다. 정신력이 강하다. 섬세하고 깔끔하며 정리정돈을 잘한다. 집 안이 깨끗하고 청결하다. 지혜롭고 현명하다. 매력이 있으며 섹시해 이성으로부터 인기가 있다. 여자는 미인이며 피부가 희고 고우며 성욕(性欲)이 강하다. 영적(靈的) 능력이 있다.

▶ 부정적 의미: 한번 돌아서면 인연이 끝날 만큼 차갑고 냉정하다. 무시당하면 집요하게 보복하려 한다. 여자 辛일간에게 나쁜 말을 하지 마라. 집착력이 강하여 타인에게 소외당하고 고립될 수 있다.

⑤ 통변비법

▶ 여자는 잘난 체하는 맛에 사는 공주과(公主科)에 속하며 푼수 기질이 있다.

▶ 찢어 버리고 잘라 버리고 구멍을 내고 태워 버린다.

▶ 적과 아군을 확실히 가린다. 辛金 일주를 가까이 두면 손해될 것이 없다.

▶ 辛金은 보석이기 때문에 자신을 빛나게 해 주는 丙火를 반긴다. 丁火가 옆에 있으면 그을음만 날 뿐이다.

▶ 통신, 의사, 간호사, 침술원(鍼術員), 무당(巫堂) 등의 직업이 많다.

# 임 (壬水)

① 상징

▶ 壬水는 유유히 흐르는 넓은 강물의 형상이다.

▶ 壬水는 정신세계, 지혜를 의미한다.

▶ 壬水는 강물, 바닷물, 호수를 뜻한다.


② 의무

▶ 壬水는 木이 성장할 수 있도록 생명수의 역할을 한다.

▶ 壬水는 火의 불길을 끈다.

▶ 壬水는 금은보석(金銀寶石)을 깨끗하게 세척한다.

▶ 壬水는 甲木, 丙火가 필요하다.


③ 속성

▶ 계설: 겨울

▶ 방위: 북

▶ 오성: 智

▶ 장부: 비뇨기계 – 신장, 자궁, 생식기, 방광, 전립선

▶ 맛: 짠맛

▶ 색: 흑색

▶ 후천수: 1

④ 성격

▶ 긍정적 의미: 군자형(君子形) 또는 사대부(士大夫) 선비형이다. 유유히 흐르는 강물처럼 성품이 비교적 조용하고 차분하다. 강물이 山을 만나면 휘돌아 흐르듯이 융통성과 유연성이 좋다. 마음이 넓고 생각이 많으며 혼자 고민하고 혼자 해결한다. 유머와 재치가 있으며 머리가 비상(飛上)하다.

▶ 부정적 의미: 강물의 바닥이 보이지 않듯이 속마음을 잘 드러내지 않으니 답답하다. 색정이 강하고 음란하다. 특히 壬일간이 옆에 丁火가 있을 때는 더 그렇다.

⑤ 통변비법

▶ 壬이 3개이면 대부호(大富豪)의 인자요 2개 있으면 富豪의 인자다.

▶ 아이큐는 전교(全校)에서 1% 이내에 속하지만 공부는 그만큼 잘하지 못한다.

▶ 야심이 크고 실현되지 못하는 공상(空想)을 많이 한다.

▶ 속을 알기 어렵고 비밀이 많으며 엉큼하기도 하다.

▶ 화가 나면 쓰나미처럼 모든 것을 뒤집어 버린다.

# 계 (癸水)

## ① 상징

▶ 癸水는 차가운 계곡물의 형상이다.

▶ 癸水는 깨끗함, 순수, 아집을 의미한다.

▶ 癸水는 눈, 비, 이슬, 얼음물, 안개를 뜻한다.

## ② 의무

▶ 癸水는 木이 성장할 수 있도록 생명수의 역할을 한다.

▶ 癸水는 火의 불길을 끈다.

▶ 癸水는 甲木, 丙火가 필요하다.

## ③ 속성

▶ 계절: 겨울

▶ 방위: 북

▶ 오성: 智

▶ 장부: 비뇨기계 – 신장, 자궁, 생식기, 방광, 전립선

▶ 맛: 짠맛

▶ 색: 흑색

▶ 후천수: 6

④ 성격

▶ 긍정적 의미: 마음이 착하고 여리며 모질지 못하다. 총명하고 영리하다. 내성적이며 섬세하고 디테일하다. 순종적이며 눈물이 많다. 평정심, 균형감각, 시시비비의 판단력이 강하다. 법조계(法曹界)에 많다.

▶ 부정적 의미: 자기가 생각하는 것이 늘 옳다는 생각이 있으며 고집이 세다. 목적 달성을 위해 수단과 방법을 가리지 않으며 야비한 면이 있다. 항상 주변을 의식하고 환경 변화에 민감하게 반응한다. 辛金처럼 피해를 받거나 마음의 상처를 입으면 끝까지 보복하려 한다. 乙木처럼 타인을 이용하려고 한다. 일은 잘 벌이지만 수습이 잘 안 된다.

⑤ 통변비법

▶ 상대의 마음을 파고 들어가는 습성이 있다. 연애를 잘한다. 정보(情報) 수사기관(搜査機關)에 많다.

▶ 내성적이고 소심하여 너무 오래 자를 재다가 기회를 놓친다.

▶ 때로는 얼음같이 차가운 계곡물이다. 비정할 만큼 냉정하기도 하다.

▶ 마무리를 잘하고 집착이 강하다.

▶ 남녀 共히 나이 차가 많은 이성을 좋아한다.

▶ 癸일간에게는 좋은 말만 해 줘라. 하대(下待)하면 철학관 앞에서 손님을 내쫓는다.

## ❀ 지지(地支)

地支는 子, 丑, 寅, 卯, 辰, 巳, 午, 未, 申, 酉, 戌, 亥 등이며 십이지(十二支)라고 한다. 十二支는 천간의 물적 인간적 측면을 나타내는 자리이다.

地支는 땅을 뜻하며 陰으로 분류한다. 天干은 정신적인 측면과 이상, 사상, 뜻, 명예를 드러내는 자리이며, 地支는 물적인 측면과 행동, 환경, 능력, 실체를 드러내는 자리이다.

사주팔자 원국에서 월지는 일간의 출생 계절과 생월을 나타내며 일간의 성장 환경을 말한다. 일지는 일간의 행동 특징이나 생활 태도를 나타내며 일간의 출생 일진을 말한다. 따라서 사주팔자 원국의 해석은 일간을 중심으로 월지와 일지를 이해하여야 한다.

▶ 子는 음양이 혼재(混在)하여 陽이 고통을 받는 형상이다.

▶ 丑은 음지에 陽氣가 서서히 오니 陰이 陽을 극복하는 형상이다.

▶ 寅은 만물에 양기가 시작하니 陰이 시기하는 형상이다.

▶ 卯는 만물이 양기와 더불어 무성하게 자라는 형상이다.

▶ 辰은 만물이 生하여 양기가 점점 넘치는 기상이다.

▶ 巳는 양기가 권력을 잡고 陰을 제거하는 형상이다.

▶ 午는 만물이 무성하여 양기가 넘치는 기상이다.

▶ 未는 양의 기운이 떨어지고 음기가 旺해지는 형상이다.

▶ 申은 음양이 서로 균형을 맞추어 化合하는 기상이다.

▶ 酉는 만물이 모형을 갖추어 정비되어 가는 형상이다.

▶ 戌은 늙어서 죽음 직전에 기력이 빠져 있는 기상이다.

▶ 亥는 양기가 음기에 눌려서 변모하려는 형상이다.

# 자 (子水)

① 상징

▶ 子水는 동물 중에서 쥐를 가리킨다.

▶ 子水는 계곡 사이로 흐르는 맑고 깨끗한 물의 형상이다.

▶ 子水는 일양오음(一陽五陰) 시작을 의미하며 생명을 창조하는 근원이다.

② 의미

▶ 子水는 모든 생명의 시작을 의미한다.

▶ 子水는 정자, 난자, 자궁을 의미한다. 성적 욕구와 생식 능력을 나타낸다.

③ 속성

▶ 시각: 23:30 ~ 01:30

▶ 달: 음력 11월

▶ 절기: 동지(冬至)

▶ 동물: 쥐

▶ 방향: 정북쪽

▶ 색: 흑색

▶ 후천수: 6

④ 성격

▶ 사람이 발을 집어넣으면 금방 흙탕물로 변하는 맑은 계곡물의 형상
으로서 깨끗함을 추구한다.

▶ 자신을 지키기 위해서 예민하고 까다롭다.

▶ 주변을 의식하며 눈치가 재빠르다.

▶ 쥐가 무리를 이루는 집단사회 동물인 만큼 사교적이다.

▶ 잠자는 형태는 바른 자세로 잔다.

⑤ 직업

▶ 전자, 전기, 원자, 분자, 미생물, 기초과학 분야가 주종을 이룬다.

⑥ 통변비법

▶ 子는 어둠을 뜻하며 인체의 생식기를 뜻한다.

▶ 子는 남들이 모르는 남녀 간의 애정 사연, 비밀 사연이다.

▶ 사주팔자 지지의 申 子 辰은 비밀스러운 애정사를 뜻한다.

▶ 눈에 보이지 않는 분야(전자, 전기, 원자, 분자, 미생물 등)를 전공한다.

▶ 甲은 생물이요, 子는 종자(種子)이다.

▶ 子時는 오후 11시 30분부터 새벽 1시 30분까지다. 오후 11시 30분
부터 새벽 0시 30분까지는 야자시(夜子時)가 되고, 새벽 0시 30분부

터 새벽 1시 30분까지는 조자시(朝子時)가 된다. 야자시에 태어난 사
람은 그 앞날의 야자시로 사주를 세운다.

**[예시 1] 2021년 12월 5일 새벽 0시 25분에 태어난 아기의 사주**

2021년 12월 4일 야자시(夜子時)로 사주를 세운다.

| 庚 | 丙 | 己 | 辛 |
|---|---|---|---|
| 子 | 戌 | 亥 | 丑 |

**[예시 2] 2021년 12월 5일에 새벽 0시 35분에 태어난 아기의 사주**

2021년 12월 5일 조자시(朝子時)로 사주를 세운다.

| 庚 | 丁 | 己 | 辛 |
|---|---|---|---|
| 子 | 亥 | 亥 | 丑 |

# 축 (丑土)

## ① 상징

▶ 丑土는 동물 중에서 소를 가리킨다.

▶ 丑土는 꽁꽁 얼어붙은 한랭한 습토, 논밭의 형상이다.

▶ 丑土는 이양사음(二陽四陰) 씨앗이 서서히 자라며 숙성되는 것을 의미한다.

## ② 의미

▶ 丑土는 여자의 자궁, 양수를 의미한다.

## ③ 속성

▶ 시각: 01:30 ~ 03:30

▶ 달: 음력 12월

▶ 절기: 대한(大寒)

▶ 동물: 소

▶ 방향: 동북쪽

▶ 색: 황흑색

▶ 후천수: 10

## ④ 성격

▶ 성미가 느리고 무던하고 유순한 사람을 흔히 '소'에 비유한다.

▶ 소처럼 우직하고 고집이 세다.

▶ 근면 성실하며 노력형이다.

▶ 내성적이며 속마음을 잘 드러내지 않는다.

▶ 丑은 庚金과 丁火, 己土의 묘지(墓地)다.

▶ 잠자는 형태는 바른 자세로 자며 엎어져 자기도 한다.

## ⑤ 직업

▶ 농축산업, 건축토목, 부동산, 요리, 연구직

## ⑥ 통변비법

▶ 年支에 丑이 놓이면 대가나 보상을 못 받고 소처럼 봉사하며 살아온 조상을 뜻한다.

▶ 月支에 丑이 놓이면 파란만장하게 산다.

▶ 月支의 丑이 놓이면 日干의 부모는 자식을 위해 최선을 다하는 사람을 뜻한다.

▶ 말을 논리적으로 조리 있게 잘한다(丁丑).

▶ 여자 팔자에 丑土가 많으면 가정을 위해서 소처럼 희생하며 산다.

▶ 남자는 丑大運에서 변화 없는 세월을 보낸다.

▶ 여자는 丑大運에서 애정 또는 가정의 굴곡사가 생긴다.

▶ 일지에 丑이 놓이는 일주는 거의 점수가 없다. 특히 乙丑 일주는 서방 덕이 없다.

▶ 丑年에 시집가는 여자는 평생 소처럼 시가(媤家)에 봉사한다.

# 인 (寅木)

### ① 상징

▶ 寅木은 동물 중에서 호랑이, 범을 가리킨다.

▶ 寅木은 소나무, 전나무, 고목의 형상이다.

▶ 寅木은 삼양삼음(三陽三陰) 새싹이 땅바닥을 뚫고 나오며 돋아남을 의미한다.

### ② 의미

▶ 寅木은 하루가 시작되는 새벽이다.

▶ 寅木은 인생의 시작을 뜻하는 출생이다.

### ③ 속성

▶ 시각: 03:30 ~ 05:30

▶ 달: 음력 1월

▶ 절기: 입춘(立春)

▶ 동물: 호랑이

▶ 방향: 동북쪽

▶ 색: 황흑색

▶ 후천수: 3

④ 성격

▶ 소나무의 기상처럼 솔직담백하고 당당하다.

▶ 소나무는 산 위에서 가장 높은 나무다. 다른 나무를 쳐다볼 때에는 아래로 내려다본다. 타인에게 굽히고 고개 숙이거나 지기 싫어한다.

▶ 리더십, 승부욕, 추진력이 강하다.

▶ 내가 최고라는 우월감으로 점잖게 있다가 갑자기 한 성질 한다.

▶ 잠자는 형태는 바로 자다가 옆으로 잔다.

⑤ 직업

▶ 역마성(驛馬性) 직업(운수, 영업, 무역, 관광)을 가진다.

▶ 편관(偏官) 직업에 속하는 군, 검찰, 경찰, 건축 등으로 간다.

⑥ 통변비법

▶ 寅, 申, 巳, 亥는 역마성이다.

▶ 역마성이 있거나, 충(沖)이 있는 사주는 역마성 직업을 가져야 한다.

▶ 寅, 申, 巳, 戌은 사람을 해칠 수 있는 맹독성(猛毒性)을 가진 동물이다.

▶ 寅, 申, 巳, 戌은 프로의 글자다.

▶ 프로의 글자는 言辯이 뛰어나다는 뜻이다.

▶ 년지 월지에 寅이 놓이면 몸에 흉터가 있다.

▶ 寅申沖은 가장 강력한 충으로서 혁명성이며 활동성이다.

▶ 여자 사주의 寅申沖은 갈아엎어 뒤집어 버리는 기질을 가진다.

# 묘 (卯木)

① 상징

▶ 卯木은 동물 중에서 토끼를 가리킨다.

▶ 卯木은 잔디, 화초, 덩굴의 형상이다.

▶ 卯木은 사양이음(四陽二陰) 새싹이 구불구불 자라는 것을 의미한다.


② 의미

▶ 卯木은 성장을 의미한다.


③ 속성

▶ 시각: 05:30 ~ 07:30

▶ 달: 음력 2월

▶ 절기: 경칩(驚蟄)

▶ 동물: 토끼

▶ 방향: 동쪽

▶ 색: 청색

▶ 후천수: 8

④ 성격

▶ 머리가 좋고 총명하다.

▶ 토끼처럼 생기가 있고 활발하다.

▶ 어디에 가도 환경 적응력이 강하다. 그래서 대인관계가 좋고 사람을 잘 사귄다.

▶ 현실적이며 재물에 대한 욕심이 많다.

▶ 잠자는 형태는 바로 잔다.


⑤ 직업

▶ 꾸미고 가꾸는 습성을 살려 직업을 형성한다.

▶ 건축설계, 디자인, 인테리어, 패션, 조경, 프로그래머, 광고, 부동산


⑥ 통변비법

▶ 토끼는 활동성이 많다. 그 반면 수명이 짧다. 대표적인 일주는 己卯일주다.

▶ 사고파는 매매 능력이 뛰어나다. 부동산 귀재(鬼才)들에게서 많이 나타난다.

▶ 예술적 감각이 뛰어나고 꾸미고 가꾸는 것을 좋아한다.

▶ 子, 午, 卯, 酉는 旺地이며 도화살(桃花殺)이다. 도화의 4글자 中에서 子는 성욕(性慾), 午는 섹스가 맛있다. 卯는 바람기, 酉는 미인을 뜻한다.

▶ 남자의 일지 卯는 자기도 바람나고 아내도 바람난다.

▶ 여자의 일지 卯는 한 남자와 오래가지 않는다.

▶ 卯 大運에는 이사 · 이동을 자주 한다.

▶ 天干에 金이 있으면 발육이 부족하고 키가 작다.

# 진 (辰土)

## ① 상징

▶ 辰土는 동물 중에서 용(龍)을 가리킨다.

▶ 辰土는 나무가 성장하기에 가장 알맞은 문전옥답, 건물의 형상이다.

▶ 辰土는 오양일음(五陽一陰) 만물이 기지개를 켜고 꽃을 피우려는 발전과 변화를 의미한다.

## ② 의미

▶ 辰土는 유소년기를 거친 사춘기를 의미한다.

## ③ 속성

▶ 시각: 07:30 ～ 09:30

▶ 달: 음력 3월

▶ 질기: 청명(淸明)

▶ 동물: 용

▶ 방향: 동남쪽

▶ 색: 황색

▶ 후천수: 5

④ 성격

▶ 용은 하늘을 자유롭게 날아다니지만 날개를 가지고 있지는 않다. 서양에서는 박쥐와 비슷한 날개와 가시가 달린 꼬리를 지닌 존재로 묘사된다. 그래서 변화무쌍함을 의미한다.

▶ 용은 동·서양의 신화나 전설에 등장하는 상상의 동물이다. 비현실적이며 변덕이 많다.

▶ 여러 가지를 잘 다루고 재주가 많으며 마치 만물상과 같다. 유통업에 능하다.

▶ 건드리면 폭발하는 성질을 가진다( 일지 未, 辰).

▶ 辰은 壬水와 辛金의 묘지(墓地, 庫地)다.

▶ 잠자는 형태는 바른 자세로 자며 엎어져 자기도 한다.

⑤ 직업

▶ 건축토목, 유통, 잡화, 무역

⑥ 통변비법

▶ 건드리면 욱하고 성질이 폭발한다.

▶ 여자는 목욕, 세탁, 설거지를 할 때에 물을 많이 사용한다.

▶ 이상주의자가 많다.

▶ 근엄한 척하며 얼굴에 웃음기가 별로 없다.

▶ 申, 子는 드러내고 연애를 하며, 반면 辰은 숨어서 연애를 한다.

▸ 년지 월지에 놓이면 좋은 運이 와도 기회를 놓쳐 버린다.

▸ 일지에 辰이 놓이면 폭력성을 드러낸다.

▸ 일지에 辰이 놓이는 일주는 거의 점수가 없다.

# 사 (巳火)

### ① 상징

▶ 巳火는 동물 중에서 뱀을 가리킨다.

▶ 巳火는 태양, 용광로, 뜨거운 열기의 형상이다.

▶ 巳火는 육양(六陽) 오곡백화가 무르익고 나무가 꽃을 피우기 시작한다.

### ② 의미

▶ 巳火는 사춘기를 거친 청년기를 의미한다.

### ③ 속성

▶ 시각: 09:30 ~ 11:30

▶ 달: 음력 4월

▶ 절기: 입하(立夏)

▶ 동물: 뱀

▶ 방향: 동남쪽

▶ 색: 적색

▶ 후천수: 7

④ 성격

▶ 영리함, 남을 해하려는 성격, 옛사람들이 뱀 하면 떠올린 이미지다.

▶ 욕심이 많다. 뱀의 커다란 입은 제 몸 크기의 네 배가 넘는 먹이도 거 뜬히 삼킨다.

▶ 자립심과 독립심이 강하다. 뱀은 대체로 혼자 나다닌다.

▶ 활동력과 승부욕을 드러낸다.

▶ 말을 잘한다. 뱀의 혀는 두 가닥이다.

▶ 년지 또는 월지에 巳가 놓이면 일찍 부모 곁을 떠난다.

▶ 잠자는 형태는 바로 자다가 옆으로 잔다.


⑤ 직업

▶ 언론방송, 역마성 직업, 금융, 전자, 전기


⑥ 통변비법

▶ 寅, 申, 巳, 亥는 역마성이다.

▶ 역마성이 있거나, 충(沖)이 있는 사주는 역마성 직업을 가져야 한다.

▶ 寅, 申, 巳, 戌은 사람을 해칠 수 있는 맹독성(猛毒性)을 가진 동물 이다.

▶ 寅, 申, 巳, 戌은 프로의 글자다.

▶ 프로의 글자는 언변(言辯)이 뛰어나다는 뜻이다.

▶ 매사에 바쁘게 산다. 특히 일지에 편재(偏財)가 놓이면 행동이 민첩 하고 바쁘게 산다.

▶ 사업을 할 경우 지지에 巳가 있으면 사통팔방(四通八方)이 뚫린 중심

지에 터를 잡아라.

▶ 내방객 사주에 巳가 있으면 거짓말을 하지 마라. 금방 알아차린다.

▶ 일지에 巳가 놓이는 일주 중에서 癸巳 일주는 100점짜리다. 재관쌍
미격(財官雙美格)으로서 60甲子 중에서 단연 으뜸이다.

# 오 (午火)

## ① 상징

▶ 午火는 동물 중에서 말(馬)을 가리킨다.

▶ 午火는 온화하고 따뜻한 촛불, 등불의 형상이다.

▶ 午火는 오양일음(五陽一陰) 陽의 기운이 가득하지만 一陰이 시작하며, 꽃이 만발한다.

## ② 의미

▶ 午火는 인생의 최고 절정기를 의미한다.

## ③ 속성

▶ 시각: 11:30 ～ 13:30

▶ 달: 음력 5월

▶ 절기: 망종(芒種)

▶ 동물: 말

▶ 방향: 동남쪽

▶ 색: 적색

▶ 후천수: 2

④ 성격
▶ 온순하다. 말은 사람이 길들이면 타고 다닐 수 있다.
▶ 말을 잘하고 예의가 바르다.
▶ 독립심이 강하며 자신의 뜻과 맞지 않으면 성질을 부리는 다혈질이다.
▶ 평생 일복이 많다.
▶ 남에게 쉽게 고개 숙이지 않는다. 말(馬)은 장애물이 가로놓이면 위로 뛰어넘고 아래로 머리를 숙여 들어가지 않는다.
▶ 잠자는 형태는 바른 자세로 잔다.

⑤ 직업
▶ 언론방송, 의료, 전자, 전기, 통신 ,인터넷

⑥ 통변비법
▶ 午는 말(馬)이다. 말이 고개를 숙이지 않듯이 자존심이 세다.
▶ 말을 잘한다(庚午).
▶ 여자는 고집이 세어서 부부궁이 나쁘고 독신녀가 많다.
▶ 언론, 방송, 통신, 의료 등 공공성 직업이 잘 맞다.
▶ 午가 時支에 놓이고 子가 月支에 놓일 경우 의사가 많다.
▶ 沖이 되는 해에 심뇌혈관 질병에 노출된다.
▶ 일지에 午가 놓이는 일주 중에서 壬午 일주는 100점짜리다.

# 미 (未土)

## ① 상징

▶ 未土는 동물 중에서 양(羊)을 가리킨다.

▶ 未土는 메마른 땅, 고층건물의 형상이다.

▶ 未土는 (四陽二陰) 양의 기운이 쇠퇴하기 시작하며 나무의 성장이 중지되고 단풍이 들기 시작한다.

## ② 의미

▶ 未土는 청년기를 거친 중년기를 의미한다.

## ③ 속성

▶ 시각: 13:30 ~ 15:30

▶ 달: 음력 6월

▶ 절기: 소서(小暑)

▶ 동물: 양

▶ 방향: 남서쪽

▶ 색: 황색

▶ 후천수: 10

## ④ 성격

- ▶ 겉으로는 조용하고 차분하게 보이지만 건드리면 폭발한다.
- ▶ 말을 잘하고 사교적이다(乙未, 丁未).
- ▶ 나돌아 다니기를 싫어한다(辰, 戌, 丑, 未).
- ▶ 未는 甲木, 癸水의 묘지(墓地)다.

## ⑤ 직업

- ▶ 건축 토목, 음식업

## ⑥ 통변비법

- ▶ 未는 木 글자 위에 가로 방향으로 작대기를 그은 모습이다. "나무야 그만 자라라"는 뜻이다.
- ▶ 건드리면 욱하고 성질이 폭발한다(未, 辰).
- ▶ 가족 중에 조금 모자라는 사람이 있다.
- ▶ 未 대운은 잘되는 일도 없고 잘 안되는 일도 없다.
- ▶ 未 대운은 어제 같은 오늘, 오늘 같은 내일처럼 변화가 없다.
- ▶ 남자는 亥卯未 寅午戌 대운을 잘 써먹지 못한다.
- ▶ 여자는 亥卯未 寅午戌 대운을 잘 써먹는다.
- ▶ 남녀 공히 음주(飲酒)를 즐기며 한가로운 휴식(休息)을 좋아한다.
- ▶ 부동산 매매는 10층 이상의 높은 건물을 선호한다.

# 신 (申金)

### ① 상징

▶ 申金은 동물 중에서 원숭이를 가리킨다.

▶ 申金은 사람의 손길이 닿지 않은 바위, 자연 그대로의 무쇠의 형상이다.

▶ 申金은 삼양삼음(三陽三陰) 陽과 陰의 기운이 반반으로 균형을 이루며, 나무의 수분과 영양분이 소비되고 응고하여 결실을 맺는 형상이다.

### ② 의미

▶ 申金은 청년기를 거친 중년기를 의미한다.

### ③ 속성

▶ 시각: 15:30 ~ 17:30

▶ 달: 음력 7월

▶ 절기: 입추(入秋)

▶ 동물: 원숭이

▶ 방향: 서남쪽

▶ 색: 백색

▶ 후천수: 9


④ 성격

▶ 원숭이처럼 재주가 많다.

▶ 영리하며 사고력이 깊으며 유머와 재치가 있다.

▶ 나돌아 다니기를 좋아한다.


⑤ 직업

▶ 공업, 금속, 기계, 금융, 역마성 직업


⑥ 통변비법

▶ 寅, 申, 巳, 亥는 역마성이다.

▶ 역마성이 있거나, 충이 있는 사주는 역마성 직업을 가져야 한다.

▶ 寅, 申, 巳, 戌은 사람을 해칠 수 있는 맹독성(猛毒性)을 가진 동물
이다.

▶ 寅, 申, 巳, 戌은 프로의 글자다.

▶ 사주에 申 酉가 있으면 일등 사주다.

▶ 현금 금융을 뜻한다.

▶ 사람들은 申 대운에서 승부수를 던지며 申, 酉 대운에서 부귀빈천이
바뀐다.

▶ 여자는 申 대운에서 예상외의 돈이 생긴다.

▶ 일지에 申이 놓이는 일주는 戊申 일주가 최고다. 평생 의식주의 어려움이 없으며 UN 사무총장을 지낸 반기문이 그러하다.

▶ 일지에 申이 놓이는 일주는 총명하다. 壬申 일주가 60甲子 중에서 가장 머리가 좋다.

▶ 공망(公亡)이 申酉이면 노래를 잘한다.

# 유 (酉金)

## ① 상징

▶ 酉金은 동물 중에서 닭을 가리킨다.

▶ 酉金은 가공된 쇠, 금은보석, 칼, 돌의 형상이다.

▶ 酉金은 (二陽四陰) 陰의 기운이 陽의 기운보다 많아지며, 나무의 수분과 영양분이 소멸되고 응고하여 결실을 맺는 형상이다.

## ② 의미

▶ 酉金은 중년기를 거친 장년기를 의미한다.

## ③ 속성

▶ 시각: 17:30 ~ 19:30

▶ 달: 음력 8월

▶ 절기: 백로(白露)

▶ 동물: 닭

▶ 방향: 서쪽

▶ 색: 백색

▶ 후천수: 4

④ **성격**

▶ 인물이 좋고 깔끔하며 외유내강형이다.

▶ 과시욕이 있으며 냉정하고 정신력이 강하다.

▶ 시작과 끝이 분명하다.

⑤ **직업**

▶ 연예계, 의약, 화학

▶ 卯, 酉, 戌 중 두 글자가 있으면 의약·화학 분야에 종사한다.

⑥ **통변비법**

▶ 용모가 수려하다.

▶ 현금, 금융을 뜻한다.

▶ 子酉는 오리지널 도화다. 지지에 두 글자가 있으면 연예계에서 성공한다. 탤런트 이예춘, 이덕화 父子가 그러하다.

▶ 모든 사람들은 申, 酉 대운에서 부귀빈천(富貴貧賤)이 바뀐다.

▶ 여자 닭띠는 사주 점수에서 −30점을 줄 만큼 인생이 잘 펼쳐지지 않는다. 닭이 앉은 자리를 자꾸 파고 헤치듯이 남자를 못살게 군다.

▶ 辛, 酉가 財星인 사람은 금융계에 많다.

▶ 일지에 酉가 놓이는 일주 중에서 己酉 일주가 최고다. 다른 사람에 대한 이해와 배려심이 깊으며 정승댁(政丞宅) 맏며느리 사주다.

# 술 (戌土)

## ① 상징

▶ 戌土는 동물 중에서 개를 가리킨다.

▶ 戌土는 땅, 야산, 깊은 산 계곡의 형상이다.

▶ 戌土는 일양오음(一陽五陰) 陰의 기운이 陽의 기운보다 압도적으로
많으며 만물의 성장이 완전히 멈추어진 형상이다.

## ② 의미

▶ 戌土는 장년기를 거친 노년기를 의미한다.

## ③ 속성

▶ 시각: 19:30 ~ 21:30

▶ 달: 음력 9월

▶ 절기: 한로(寒露)

▶ 동물: 개

▶ 방향: 서북쪽

▶ 색: 황색

▶ 후천수: 5

④ 성격

▶ 자존심과 고집이 강하며 유연성과 융통성이 떨어진다.

▶ 속마음을 잘 드러내지 않는다.

▶ 예능, 예술 분야의 재능이 있다.

▶ 있어도 없는 척, 없어도 있는 척하며 살아간다.

⑤ 직업

▶ 연구직, 음식업, 건축 토목, 부동산

⑥ 통변비법

▶ 寅, 申, 巳, 戌은 사람을 해칠 수 있는 맹독성(猛毒性)을 가진 동물이다.

▶ 寅, 申, 巳, 戌은 프로의 글자다.

▶ 戌은 도문(道門)의 시간이다. 이때부터 귀신이 활동한다. 지지에 戌, 亥, 子, 丑 중 2글자 이상이 있으면 역학으로 성공한다.

▶ 戌은 천예성(天藝星)으로 예술 분야에 관심이 많다.

▶ 戌亥는 천문성(天門星)으로 종교·철학·윤리 분야에 관심이 많다.

▶ 남자 개띠의 운세는 −30점을 줄 만큼 인생이 잘 펼쳐지지 않는다.

▶ 戌土는 丙火, 戊土, 乙木의 묘지(墓地)다.

▶ 戌이 2글자 이상이면 술을 잘 마신다. 3글자 이상이면 술고래다.

▶ 時地에 놓이면 노후에 조용한 곳에서 살고 싶어 한다.

▶ 공망(空亡)이 戌亥인 사람은 역학으로 성공한다.

# 해 (亥水)

① 상징

▶ 亥水는 동물 중에서 돼지를 가리킨다.

▶ 亥水는 바다, 강, 호수의 형상이다.

▶ 亥水는 육음(六陰) 陰의 기운으로만 채워진 상태로서 만물의 형체가 사라지고 새로운 생명을 위한 수정을 준비하는 형상이다.

② 의미

▶ 亥水는 장년기를 거친 노년기를 의미한다.

③ 속성

▶ 시각: 21:30 ~ 23:30

▶ 달: 음력 10월

▶ 절기: 입동(立冬)

▶ 동물: 돼지

▶ 방향: 북서쪽

▶ 색: 흑색

▶ 후천수: 1

④ 성격

▶ 陰의 기운이 강하여 머리가 영리하고 기획력이 뛰어나다.

▶ 사색적이고 유연성과 융통성이 많으며 유머가 있고 재치가 있다.

▶ 경제 개념이 약하고 재물 관리 능력이 부족하다.

▶ 이것저것 모으기를 좋아한다.

▶ 戌亥은 天門星으로 종교 · 철학 · 윤리 분야에 관심이 많다.

⑤ 직업

▶ 亥는 역마성으로 해운, 무역 분야가 좋다.

⑥ 통변비법

▶ 모으는 수집 취미가 있다. 우표 수집, 보석 수집 등 수집광(收集狂)
이다.

▶ 돼지우리처럼 뒤죽박죽되어 관리가 제대로 되지 않는다. 특히 여자
辛亥 일주는 집 안 정리 정돈이 잘 안 된다.

▶ 돈 관리를 잘해야 한다. 돈을 벌어도 새 나가는 돈이 많다.

▶ 현실에 적응하지 못하고 속세(俗世)를 떠나려 하는 생각이 많다. 스
님 중에서 많이 찾아볼 수 있다.

▶ 일지에 亥가 놓이는 일주 중에서 乙亥 일주가 최고다. 공부 하나는
똑 소리 나게 잘한다. 60甲子 중에서 가장 공부를 잘한다. 문재인
대통령이 그러하다.

▶ 일지에 亥가 놓이는 일주 중에서 丁亥 일주는 乙亥 일주 다음으로 괜찮다. 일지가 정관(正官)이며 천을귀인이다.

▶ 戌亥 공망이며, 時支에 亥가 놓이면 역학으로 성공한다.

▶ 수학, 숫자, 연산(演算) 분야에 특기가 있어 회계사가 많다.

▶ 亥가 많으면 식복을 타고났다.

# 5강 〰 합충(合沖)

## ❀ 천간합(天干合)

### ① 의미

천간합은 십천간 중에서 陽天干(甲, 丙, 戊, 庚, 壬)과 陰天干(乙, 丁, 己, 辛, 癸)이 각각 합하여 새로운 五行으로 변화하는 것을 말한다.

### ② 종류

- 甲己 합화 土: 甲木과 己土가 서로 합하여 土로 化한다.
- 乙庚 합화 金: 乙木과 庚金이 서로 합하여 金으로 化한다.
- 丙辛 합화 水: 丙火와 辛金이 서로 합하여 水로 化한다.
- 丁壬 합화 木: 丁火와 壬水가 서로 합하여 木으로 化한다.
- 戊癸 합화 火: 戊土와 癸水가 서로 합하여 火로 化한다.

### ③ 기본 개념

천간합을 간합(干合) 또는 오합(五合)이라고 한다. 양천간과 음천간이 합을 하기 때문에 음양지합(陰陽之合)이라고 하며, 양과 음의 합이기 때문에 부부합(夫婦合)이라고 한다. 합은 정(情)을 의미한다. 합이 많은 사람은 정(情)이 많은 사람이다. 합을 하는 육친(六親) 간에는 정이 많고 좋은 사이, 서로 떨어지기 어려운 사이다.

## ❀ 천간충극(天干沖剋)

### ① 의미

沖은 '부딪히다, 충돌하다'는 의미로 사주원국에서 두 기운이 서로 충돌하여 불안정한 상태를 나타낸다. 천간의 두 기운이 서로 충돌하고 극하기 때문에 천간충극이라고 한다.

### ② 종류

- 甲庚 沖: 甲木과 庚金이 서로 충돌하여 불안정하다.
- 乙辛 沖: 乙木과 辛金이 서로 충돌하여 불안정하다.
- 丙壬 沖: 丙火와 壬水가 서로 충돌하여 불안정하다.
- 丁癸 沖: 丁火와 癸水가 서로 충돌하여 불안정하다.
- 甲戊 剋: 甲木이 戊土를 극하여 불안정하다.
- 乙己 剋: 乙木이 己土를 극하여 불안정하다.
- 丙庚 剋: 丙火가 庚金을 극하여 불안정하다.
- 丁辛 剋: 丁火가 辛金을 극하여 불안정하다.
- 戊壬 剋: 戊土가 壬水를 극하여 불안정하다.
- 己癸 剋: 己土가 癸水를 극하여 불안정하다.

### ③ 기본 개념

천간충극을 간충(干沖), 천충(天沖) 또는 칠충(七沖)이라고 한다. 천간충극은 십천간 중에서 두 개의 천간이 서로 충돌하여 불안정한 상태를 말한다. 楊干 대 楊干, 陰干 대 陰干끼리의 충이며 극관계이기 때문에 충극

(沖克)이라고 한다. 일간이 충극되면 정신적 여유가 없고 불안정하며 피해의식이 심하다. 충을 하는 육친 간에는 정신적 갈등이나 심리적 불안정, 자존심 손상 등이 나타난다.

## ❀ 지지합(地支合)

　지지합은 십이지지 중에서 두 개 또는 세 개씩 합을 하여 새로운 오행으로 변화하는 것을 말한다. 지지합에는 육합(六合), 삼합(三合), 방합(方合)이 있다.


### ① 육합(六合)

▶ 종류

子丑 합화 土 : 子水와 丑土가 서로 합하여 土로 化한다.

寅亥 합화 木 : 寅木과 亥水가 서로 합하여 木으로 化한다.

卯戌 합화 火 : 卯木과 戌土가 서로 합하여 火로 化한다.

辰酉 합화 金 : 辰土와 酉金이 서로 합하여 金으로 化한다.

午未 합화 火 : 午火와 未土가 서로 합하여 火로 化한다.

巳申 합화 水 : 巳火와 申金이 서로 합하여 水로 化한다.


▶ 기본 개념

　육합은 십이지지 중에서 두 개의 지지가 나란히 붙어서 서로 합하여 새로운 오행으로 변화하는 것이다. 합을 하는 육친 간에는 정이 많고 좋은 사이이며 서로 합하고 싶은 마음이 간절하다.


### ② 삼합(三合)

▶ 종류

亥卯未 합화 木 : 亥, 卯, 未가 합하여 木으로 化한다.

寅午戌 합화 火 : 寅, 午, 戌이 합하여 火로 化한다.

巳酉丑 합화 金 : 巳, 酉, 丑이 합하여 金으로 化한다.

申子辰 합화 水 : 申, 子, 辰이 합하여 水로 化한다.

▶ 기본 개념

삼합은 십이지 중에서 세 개의 지지가 나란히 붙어서 서로 합하여 새로운 오행으로 변화하는 것이다. 합을 하는 지지의 세 글자는 나란히 붙어 있어야 하며, 다른 오행이 합을 하려는 글자 사이에 끼어 있으면 합이 성립되지 않는다. 합을 하는 육친 간에는 정이 많고 좋은 사이, 서로 합하고 싶은 마음이 간절하다.

三合은 수리역학매화역수에서 대단히 重하게 取用한다.

③ 방합(方合)

▶ 종류

寅卯辰 동방 木局 : 寅, 卯, 辰이 나란히 하여 木局을 형성한다.

巳午未 남방 火局 : 巳, 午, 未가 나란히 하여 火局을 형성한다.

申酉戌 서방 金局 : 申, 酉, 戌이 나란히 하여 金局을 형성한다.

亥子丑 북방 水國 : 亥, 子, 丑이 나란히 하여 水局을 형성한다.

▶ 기본 개념

방합은 십이지 중에서 세 개의 지지가 나란히 붙어서 서로 합하여 같은 방향을 나타내는 의미의 합이다. 붕합(朋合)이라고도 하며 같은 기운끼리의 합, 즉 친구 간의 합이다. 방합은 가정지합으로 끈끈한 정으로 합화가 쉽다. 그러나 합화의 개념이 아니고 힘을 합치는 의미에 한정하기 때문에 운에 의한 변화가 심하게 나타난다.

方合은 수리역학매화역수에서 取用하지 않는다.

## ❀ 지지충(地支沖)

### ① 의미

충은 '부딪히다, 충돌하다'는 의미로 사주원국에서 두 기운이 서로 충돌하여 불안정한 상태를 나타낸다. 지지의 두 기운이 서로 충돌하기 때문에 지지충이라고 한다.

### ② 종류

| | |
|---|---|
| 寅申 충 | 生地충, 驛馬충 |
| 巳亥 충 | |
| 子午 충 | 旺地충, 桃花충 |
| 卯酉 충 | |
| 辰戌 충 | 庫地충, 墓地충, 地震충 |
| 丑未 충 | |

### ③ 기본 개념

천간충을 지충(支沖), 육충(六沖)이라고 한다. 지지충은 십이지지 중에서 두 개의 지지가 서로 충돌하여 불안정한 상태를 말한다. 천간충은 정신적 불안정을 나타내고 지지충은 실제적 불안정을 나타낸다.

✔ 생지충은 陽과 陽끼리의 충이다.

✔ 왕지충은 陰과 陰끼리의 충이다.

✔ 고지충, 묘지충은 土와 土끼리의 충이다.

✔ 月支충은 성장 환경이 불안하고 변화가 심하여 학업에 전념하기 어렵고 부모와의 정과 인연이나 덕이 부족하다.

✔ 日支충은 가정이 불안정하고 직업이나 주거의 이동·변동이 잦으며 부부간의 정과 인연이나 덕이 부족하다.

✔ 時支충은 일간의 노년기가 불안정하여 말년이 힘들고 자식과의 정과 인연이나 덕이 부족하여 말년이 고독하다.

# 6강 ～ 형(刑) · 파(破) · 해(害) · 원진(元嗔)

## ❀ 형살(刑殺)

### ① 삼형살(三刑殺)

삼형살은 사주팔자 원국의 지지 중에서 흉한 작용을 하는 세 가지의 형살이다. 삼형살이 흉한 작용을 할 때에는 관재, 송사, 구설이 따르고 납치, 감금, 파괴, 건강 문제가 발생한다. 이롭게 작용할 경우에는 편관공직인 군인, 경찰, 검찰 및 의료 계통에서 성공을 거두지만, 거의 해롭게 작용한다.

- ✔ 무은지형(無恩之刑): 寅, 巳, 申
- ✔ 지세지형(持勢之刑): 丑, 戌, 未
- ✔ 무례지형(無禮之刑): 子, 卯

### ② 자형살(自刑殺)

자형살은 사주팔자 원국의 지지 중에서 흉한 작용을 하는 네 가지의 형살이다. 자형살이 흉한 작용을 할 때에는 자신의 역할을 타인에게 미루어 자신이 하지 않는다는 의미이기 때문에, 의타심이 강하고 독립심이 없으며 의지가 박약하고 우유부단하다.

- ✔ 辰辰, 午午, 酉酉, 亥亥

## ❀ 파살(破殺)

파살은 사주팔자 원국의 지지 중에서 흉한 작용을 하는 여섯 가지이다. 파살이 흉한 작용을 할 때에는 흔들리고 파괴되어서 제 역할을 할 수 없다.

✔ 子酉 丑辰 寅亥 卯午 巳申 未戌

## ❀ 해살(害殺)

해살은 사주팔자 원국의 지지 중에서 흉한 작용을 하는 여섯 가지이다. 해살이 흉한 작용을 할 때에는 육친 간의 정이 없으며 서로 해치는 의미가 있으므로 인연이 없다.

✔ 子未 丑午 寅巳 卯辰 申亥 酉戌

## ❀ 원진살(元嗔煞)

원진살은 사주팔자 원국의 지지 중에서 흉한 작용을 하는 여섯 기지의 흉살이다. 원진살은 민간풍속 또는 당사주(唐四柱)의 남녀 간 궁합이론 중에서 띠와 띠를 대조하여 좋은 인연과 나쁜 인연을 판단하는 띠궁합에서 주로 적용하여 왔다.

말띠와 소띠가 서로 만나면 서로 미워하고 원망하며 멀리한다는 흉살이다. 부부 외 다른 육친끼리도 서로 만나면 같은 현상이 발생하여 정이나 인연이 부족하다.

| 년지<br>일지 | 子 | 丑 | 寅 | 卯 | 辰 | 巳 | 午 | 未 | 申 | 酉 | 戌 | 亥 |
|---|---|---|---|---|---|---|---|---|---|---|---|---|
| 원진 | 未 | 午 | 酉 | 申 | 亥 | 戌 | 丑 | 子 | 卯 | 寅 | 巳 | 辰 |

원진살은 육친 간의 불화를 본다. 즉 부모 자식 간, 형제간, 부부간, 고부간의 심리적 갈등과 불협화음으로 보는 것이다. 특히 辰亥, 巳戌 원진이 강하게 작용한다.

# 7강 ～ 사주풀이방법론

사주명리학을 배운 역학인(易學人)이 약 100만 명에 이르고 전국의 철학관 작명소는 약 10,000개소에 이른다. 학문을 습득한 역학인 중에서 1% 정도만 개업을 하고 있으며, 개업한 철학관 작명소의 90%가 한 달 평균 수입 200만 원 미만인 실정이다.

역학을 가르치고 배우는 곳은 평생교육원(平生敎育院), 사이버대학(大學), 대학원(大學院) 등의 제도권이나 문화(文化)센터, 학원(學院), 사찰(寺刹), 개인교습(個人敎習) 등 매우 다양하다. 이런 곳에서는 수료증 또는 졸업장을 발급하지만 정작 나라에서 인정하는 국가인정 자격증(國家認證 資格證)은 없다.

역학계(易學界)는 무속인(巫俗人)들의 권익 옹호와 회원 상호 간의 친목을 도모하기 위하여 설립된 대한경신연합회 같은 단체도 없다. 역학인의 학문과 실관(實觀) 및 통변(通辯) 능력이 어느 정도인지 평가하고 검증받을 수단이 없으며 권익을 보호받을 방법도 없다. 이러다 보니 역학인의 실력은 천차만별(千差萬別)이다. 고객들이 "여기 가면 이 말하고 저기 가면 저 말한다."고 신뢰를 하지 않는 대상이 역학인이다.

교습소에서 역학을 배우더라도 돌아서서 혼자 사주풀이를 하려고 하면 잘 안 되는 것이 실상(實狀)이다. 그 이유는 실관과 통변을 주로 하는 강호파(江湖派)에게 배운 것이 아니라, 이론과 강의를 주로 하는 강단파(講壇派)에게 배운 까닭이라고 생각한다. 사주명리학을 1년을 배우고도 써

먹지 못한다면 가르친 선생은 장사꾼에 불과하다. 역학인들이 학문에 정진하지 못하는 것은 자기 나름대로 사주풀이 방법론을 정립하지 못하는 이유다.

사주풀이 방법론은 학문의 체계를 잡을 수 있고, 상담(相談)을 일목요연(一目瞭然)하게 할 수 있으며, 내담자를 다시 만나더라도 같은 목적사에 대해서 색다른 풀이를 하지 않기 때문에 신뢰를 받을 수 있다. 사주풀이 방법론이 정립(正立)되지 않으면 통변(通辯)이 혼란스럽고 뒤죽박죽이 될 수 있다.

# ❈ 사주팔자(四柱八字)

사람의 태어난 年月日時를 기준으로 연주(年柱), 월주(月柱), 일주(日柱), 시주(時柱)가 구성되어 사주(四柱)라고 하며, 四柱는 각 柱마다 두 글자로 구성되어 팔자(八字)라고 한다.

사람의 사주팔자는 모두 561,600가지다. 年 60종류 × 月 12종류 × 日 60종류 × 時 13종류다. 남자와 여자의 대운(大運)의 흐름이 서로 다르기 때문에 남여를 구분하면 모두 1,123,200가지다.

사주를 세우는 데는 흔히 만세력(萬歲曆)을 이용한다. 만세력은 약 100년에 걸쳐 태세(太歲)·월건(月建)·일진(日辰)이 육갑(六甲)으로 적혀 있어 찾아보기에 편리하다.

사주명리학에서 새해는 입춘(立春)을 기점으로 시작된다. 따라서, 설을 지났더라도 입춘 전이면 지난해의 태세로 연주(年柱)를 삼는다. 예를 들어 2022년은 육갑으로 임인(壬寅)년인데, 입춘은 2022년(壬寅년) 2월 4일에 들었다. 이날 卯時부터 새해가 시작되므로 2022년 2월 3일생(陰曆 1월 3일생)의 사주는 壬寅년 壬寅월생이 아니라 지난해인 辛丑년 辛丑월생이 된다.

월주(月柱)는 인월(寅月, 1월)부터 지지 차례대로 축월(丑月, 12월)까지의 해당 월의 지지의 법식에 따라 천간을 붙인다. 月은 1일 기준이 아니라, 그 절기(節氣)의 시작을 기준으로 바뀌므로 1월생이라고 반드시 寅月이 되는 것이 아니다.

일주(日柱)는 만세력의 일진(日辰)을 그대로 쓴다. 일주는 연도나 절기와는 무관한 고유의 일진을 가지고 있기 때문이다.

시주(時柱)는 하루를 12시각으로 나눈 자시(子時)에서부터 지지 순으로 해시(亥時)까지 해당시의 地支의 법식에 따라 天干을 붙인다.

# ❀ 일주(日柱)와 월지(月支)

사주팔자를 감명할 때에는, 내담자의 성격(性格)과 행동양식(行動樣式)을 나타내는 일주(日柱)를 중심으로 전체를 파악한다. 어떤 목적사든 "당신은 어떤 사람이다"라는 주체를 파악하는 것이 중요하다.

일간과 일지를 日柱라고 한다. 日柱는 체신(體神)이라고도 하여 자신을 대표하는 자리다. 일간은 신왕(身旺), 신약(身弱)을 간명하는 요소다. 日柱를 보면 운명을 대체로 파악할 수 있다.

일주는 일지의 지장간(地藏干)을 포함한다. 일간의 종류는 60개로서 60 갑자(甲子)라고 한다. 天干과 地支의 모든 종류를 합쳐서 60甲子가 되므로 태어난 간지(干支)의 해가 다시 돌아왔음을 뜻하는 61세가 되는 생일을 회갑(回甲)·화갑(華甲/花甲)·주갑(周甲)이라고 한다.

사주팔자를 보는 순서는 첫 번째로 일간(日干)을 보고 두 번째로 월지(月支)를 보며 세 번째로 일지(日支)를 본다.

일간(日干)은 그 사람의 성격을 나타낸다. 월지(月支)는 그 사람의 태어난 계절(季節)과 성장환경(成長環境)을 나타낸다. 일지(日支)는 그 사람의 행동양식(行動樣式)을 나타내며 일간의 배우자(配偶者) 자리다.

사주 중에서 월간(月干) 또는 일지의 작용에 의해서 부부(夫婦)의 길흉을 알게 된다. 월간 또는 일지에서 일간에 대하여 길(吉)하게 작용하고 있는 경우는 배우자가 사주팔자의 주체인 나에 대해서 이롭게 작용하며, 반대

로 흉(凶)하게 작용할 때에는 부부가 서로 다투게 되고 지나치면 구설풍파
(口舌風破)와 이별(離別)을 하게 되어 배우자운이 좋지 못하다.

# ❀ 십성(十星)

십성(十星)은 日干을 중심으로 타 간지와의 관계를 상생(相生)과 상극(相克)으로 분류한 용어다. 십성은 비견(比肩), 겁재(劫財), 식신(食神), 상관(傷官), 편재(偏財), 정재(正財), 편관(偏官), 정관(正官), 편인(偏印), 정인(正印)으로 구분한다.

육친(六親)은 日干을 중심으로 타 간지와의 관계를 부모, 자식, 형제, 배우자 등의 가족관계로 구분한 것이다.

수리역학매화역수는 숫자를 중심으로 해설과 통변을 하기 때문에 십성의 의미를 적용하지 않는다. 이 책에서는 십성 중의 하나인 식신(食神)에 대하여 논하기로 한다. 食神은 일간이 生하는 오행으로 음양이 같은 간지를 말한다.

① 食神은 사주팔자의 오행 중에서 일간과 음양이 같은 간지로서 일간이 도움을 주는 관계이기 때문에 일간의 자식이다. 또한 일간이 도와주거나 살펴야 할 대상으로서 부하 직원, 종업원, 후배 등을 뜻한다.
② 食神은 긍정적 미래 지향적인 사고와 행동 특징을 지니며, 타인에 대한 따뜻한 이해와 배려의 마음이다. 지적이며 정적인 정신적 활동의 직업을 선호한다.
③ 食神은 기본적인 의식주를 추구하며, 직업 활동을 중시하고 한 분야에 몰두한다.
④ 남자의 경우, 食神이 많으면 헛짓을 잘한다. 여러 사람 가운데 자기

가 먼저 식사비를 지불하면서 헛돈을 쓴다. 食神이 과다하면 백수건 달이 될 수도 있다. 여자의 경우, 食神이 많으면 자식이 많다는 의미로서 연애 기질이 다분(多分)하고 조혼(早婚)을 하는 편이다. 또한 자식이 장성하면 남편을 멀리한다.

⑤ 食神은 새로운 것을 선호하고 상관은 오래된 것을 선호한다. 부동산을 구입하더라도 食神이 있는 사람은 새로 분양하는 신건물(新建物)을 선호하고 상관이 있는 사람은 오래된 구건물(旧建物)을 선호한다.

⑥ 食神이 있는 사람은 제조, 유통 등 종업원 數가 많은 사업을 할 수 있지만 식신이 없는 사람은 그러하지 못하다.

⑦ 십성 중에서 인성(印星)은 학문, 학업을 뜻한다. 사주팔자 내에 印星이 없거나 부족한 경우에는 食神이 印星을 대용(代用)한다.

⑧ 食神은 재성(財星)의 밭이다. 財星이 꽃을 피우기 위해서는 食神이 있어야 한다. 식신은 십성 중에서 가장 중요하고 좋은 것이다.

## ❈ 관인사주(官印四柱), 식재사주(食財四柱)

　사람이 살아가는 방법은 남녀 共히 세 가지다. 조직사회(組織社會)·직장(職場)에 몸을 담아 살아가는 방법, 자영업(自營業)·사업(事業)으로 살아가는 방법, 그리고 이것도 저것도 여의치 않으면 배우자(配偶者)를 잘 만나서 살아가는 방법이다. 이 세 가지 속에서 직업의 종류와 사업의 업태 종목이 나뉜다.

　사주팔자는 관성(官星)과 인성(印星)으로 흐르는 사주와, 식상(食傷)과 재성(財星)으로 흐르는 사주 두 가지로 크게 분류된다. 大運의 흐름도 마찬가지다. 조직사회로 나아갈 때에는 官星과 印星이 작용하고, 사업으로 나아갈 때에는 食傷과 財星이 작용한다.

　사주팔자가 官星과 印星이 강하고 대운이 官星과 印星으로 흐르면 조직사회로 나아가는 팔자이며, 사주팔자가 食傷과 財星이 강하고 食傷과 財星으로 흐르는 팔자는 사업으로 나아가는 팔자다.

　사주팔자와 대운이 官星과 印星으로 흐르는데 자영업이나 사업으로 살아간다든가, 사주팔자와 대운이 食傷과 財星으로 흐르는데 조직사회에서 살아간다면 성공을 장담(壯談)하지 못한다.

　대부분의 사주팔자는 官星과 印星, 食傷과 財星이 뒤섞인 모습이며 하나 이상의 십성이 부족한 사주팔자도 많다. 이러한 비빔밥 사주팔자는 대체로 격국(格局)을 세우지 못하거나 용신(用神)을 구하기 어렵다.

　사주팔자 풀이는 이론만 가지고 풀어지는 것이 아니다. 최소한 1,000명

정도의 실관을 해 보라. 학문과 실력의 부족함을 느낄 것이다. 그리고 사주명리학만으로 사람의 운(運)을 풀이하기에는 한계가 있음을 알 수 있을 것이다.

_____ 비법 수리역학매화역수

# ❀ 용신(用神), 격국(格局)

용신(用紳)은 사주팔자의 주체인 일간(日干)을 기준으로 陰陽의 불균형과 五行의 과다(過多), 불급(不及) 등으로 일간이 제 역할을 다할 수 없을 때에 일간에 도움을 주는 五行 또는 일간이 필요한 五行을 말한다.

용신은 기본적으로 사주팔자 내에 자리한 간지 중에서 정한다. 용신은 정격사주(正格四柱)의 용신취용법(用紳取用法)과 편격사주(偏格四柱)의 용신취용법(用紳取用法)이 있다.

정격사주(正格四柱)의 용신취용법(用紳取用法)은 억부용신법(抑扶用紳法), 조후용신법(調候用紳法), 통관용신법(通關用紳法), 병약용신법(病藥用紳法)으로 구분하고, 편격사주(偏格四柱)의 용신취용법은 일행득기격(一行得氣格), 양신성상격(兩神成象格), 종격(從格), 합화기격(合化氣格)으로 구분한다.

이 중에서 억부용신법이 사주팔자 중에서 약 90~95%이다. 또한, 사오미(巳午未)월이나 해자축(亥子丑)월에 태어난 사람은 조후용신법을 취용하여야 한다.

日干을 중심으로 財星과 官星은 日干의 반대편에 놓여 있다. 日干은 財星을 剋하고, 官星은 日干을 剋한다.

남자는 사주팔자의 財星이 어떤 모습을 하고 있느냐가 그 사람의 운명이며, 여자는 사주팔자의 官星이 어떤 모습을 하고 있느냐가 그 사람의 운명이다. 용신은 財星과 官星뿐이다.

격국(格局)은 사주팔자를 구성하고 있는 음양오행의 일정한 형식이나 틀을 格局이라 하며, 십성격(十星格), 용신격(用神格), 잡격(雜格) 등으로 분류한다. 格局은 그 사람의 품격을 나타낸다. 격이 있는 사람은 제아무리 못해도 중상층 이상의 삶을 살아간다.

## ❀ 신살(神殺)

살(殺)은 '죽이다, 죽다, 베다, 없애다, 깨뜨리다, 마르다, 사냥하다, 잡다, 무시무시하다'는 뜻이다.

사주명리학에서 殺은 일반 신살(一般 神殺)과 십이신살(十二神殺)로 나뉜다. 신살(神殺)은 현대명리학의 이론과는 달리 사술적(詐術的) 의미가 강하며 당사주(唐四柱)에 근거를 둔 고전이론이다.

### ① 일반 신살(一般 神殺)

사주팔자 원국의 간지(干支) 중에서 일간 또는 원국에 이롭게 작용하는 간지와 해롭게 작용하는 간지로 구분하여 길흉(吉凶)을 판단하는 방법이다. 대부분이 사주팔자의 연지(年支)를 기준으로 판단하며 일간(日干)이나 월지(月支), 일지(日支)를 기준으로 판단하기도 한다.

이롭게 작용하는 길신(吉神)은 천을귀인(天乙貴人), 천덕귀인(天德貴人), 천주귀인(天廚貴人), 월덕귀인(月德貴人), 태극귀인(太極貴人), 천사성(天赦星), 금여성(金輿星), 천예성(天藝星), 천의성(天醫星), 문곡(文曲), 문창(文昌), 학당귀인(學堂貴人), 관귀학관(官貴學官) 등이다.

해롭게 작용하는 흉신(凶神)은 삼재(三災), 공망(空亡), 원진(元嗔), 양인(羊刃), 백호대살(白虎大殺), 괴강(魁罡), 귀문관살(鬼門關殺), 고란살(孤鸞殺), 고신과숙살(孤身寡宿殺), 홍염살(紅艷殺), 탕화살(湯火殺), 역마(驛馬), 도화(桃花) 등이다.

② 십이신살(十二神殺)

현재에도 많이 적용하는 이론으로서 생년지(生年支)을 기준으로 적용한다. 겁살(劫殺), 재살(災殺), 천살(天殺), 지살(地殺), 연살(年殺), 월살(月殺), 망신살(亡身殺), 장성(將星), 반안(攀鞍), 역마살(驛馬殺), 육해살(六害殺), 화개살(華蓋殺) 등 12가지다.

십이신살(十二神殺)은 삼합(三合)의 이론을 적용하며, 생년지가 삼합으로 化한 오행과 상충(相沖)이 되는 오행의 陽의 지지를 겁살(劫殺)로 한다. 예를 들어 亥 卯 未 年生은 삼합으로 化한 木오행과 相沖이 되는 金오행의 陽의 지지인 申자리가 겁살(劫殺)에 해당한다.

# ❀ 십이운성(十二運星)

십이운성(十二運星)은 大自然의 변화를 12단계로 나눈 이론이다. 天干이 地支와 결합하여 陰陽을 이루다가 그 세력이 다하면 소멸(消滅)하는 이치로서 인간사의 생노병사(生老病死)에 관련한 것이다.

天干은 하늘이다. 10개의 天干은 쉬지 않고 움직인다. 地支는 땅이다. 정지된 속에서 12개의 地支로 나누어져 10개의 天干과의 만남을 기다린다. 天干은 순차적으로 12地支를 만나서 돌고 돌아 생왕묘절(生旺墓絶)을 만들어 낸다.

모든 만물은 봄에 싹이 돋아나서 자라며 여름이면 왕성한 기운과 무성한 숲을 만들어 내고 가을이면 낙엽이 지고 열매를 맺으며 겨울이면 앙상한 가지만 남게 된다. 봄·여름·가을·겨울의 사계절과 동서남북의 사방을 기준으로 펼쳐지는 大自然의 변화 속에서 12운성법이 만들어지게 되는 것이다.

12운성은 장생(長生), 목욕(沐浴), 관대(冠帶), 건록(建祿), 제왕(帝旺), 쇠(衰), 병(病), 사(死), 묘(墓), 절(絶), 태(胎), 양(養)의 12단계로 분류한다. 사주팔자 운세풀이에서,

- ✓ 질병(疾病), 장수(長壽) 등의 건강은 비겁(比劫)과 식상(食傷)의 12운성을 본다.
- ✓ 사업(社業), 매매(賣買) 등의 재물과 부인운(夫人運)은 재성(財星)의 12운성을 본다.
- ✓ 합격(合格), 승진(昇進) 등의 명예와 남편운(男便運)은 관성(官星)의

12운성을 본다.

수리역학매화역수가 역학의 꽃이라고 하면, 십이운성은 사주명리학의 꽃이다.

15년 전쯤 10년 이상 강의를 하는 지방의 모 동양철학대학원 교수를 만났는데, 그는 여태 십이운성을 학생들에게 중요하게 강의한 적이 없다며 "맞지 않는 이론은 안 가르칩니다."라고 했다. 실관과 통변을 많이 해보지 않는 안타까운 사람이다.

# 8강 ∽ 수리풀이와 사주명리학의 적용

수리역학매화역수 풀이에서 적용하는 사주명리학의 이론은 아래와
같다.


## ❀ 월건(月建)

사주팔자는 사람의 음력 생년월일시를 기준으로 사주의 간지(干支)가 되
는 여덟 글자를 뜻한다. 사주팔자는 연간과 연지로 이루어지는 연주, 월
간과 월지로 이루어지는 월주, 일간과 일지로 이루어지는 일주, 시간과
시지로 이루어지는 시주로 구성된다. 사주팔자는 생년월일시에 해당되는
간지(干支)의 상생 · 상극과 오행의 강약, 대운(大運)과 세운(歲運)의 순환
에 따라 길흉이 결정된다.


年柱는 입춘(立春)일과 立春 절입시간을 기준으로 정하며, 月柱는 절입
(節入)일과 절입(節入)시간을 기준으로 정한다. 寅月은 立春부터 驚蟄 전
(前)까지이며. 卯月은 驚蟄부터 淸明 前까지다.


월건(月建)은 월(月)에 부여되는 간지를 말한다. 예를 들어 음력 2022년
1월의 월건은 壬寅이다. 월건은 음력으로 11, 12, 1, 2, …, 8, 9, 10월
에 각각 자(子), 축(丑), 인(寅), 묘(卯), …, 유(酉), 술(戌), 해(亥)월로 부여

한다.

    사주명리학은 월건(月建)을 취한다.

    그런데 수리역학매화역수는 월건에 대하여 중국과 한국의 이론이 서로 다르다. 중국의 易數는 월건을 취하는 반면, 한국의 수리역학매화역수는 學說이 나누어져 있는데 월건을 취하는 것이 다수설이다.

    사주명리학으로 사주를 풀 때에는 월건을 세우고, 수리역학매화역수로 사주를 풀 때에는 월건을 세우지 않는 것은 오류를 범하는 것이다. 월건을 세우지 않을 시에는 사주팔자의 신강신약(身强身弱), 용신격국(用神格局), 성장환경(成長環境), 부모궁(父母宮) 등 여러 가지가 달라진다.

## ✵ 일주(日柱)

수리역학매화역수는 사주명리학과 마찬가지로 年柱, 月柱, 日柱, 時柱 중에서 日柱를 가장 중히 여기며 일주를 기준으로 숫자와 같이 해석한다. 日干과 日支를 모두 보는 방식, 日支만 보는 방식 등 두 종류로 나누어지는데, 다수설은 日干과 日支를 같이 보는 방식이다.

천간은 정신적인 측면과 의지, 사상, 생각, 명예를 나타내고 지지는 물적인 측면과 행동, 환경, 능력, 실체를 뜻한다. 지지는 현실이며 결과다. 따라서 간지의 세력은 천간이 25%이며 지지가 75% 정도로써 1:3이다.

일간과 일지를 모두 적용하는 것은 이론상 타당하지만, 실관을 주로 하며 3~5초 내에 사주를 판단하는 수리역학매화역수에서는 日支만 적용해도 충분하다. 즉 이론과 강의를 主로 하려면 일간과 일지를 모두 보고, 반면 짧은 상담 시간 안에 실관을 主로 하려면 日支만 보라.

고수(高手)들은 지지만 보고 직업을 알아맞힌다. 사주팔자의 地支 네 글자를 보고 운세를 판단하는 능력을 길러야 한다.

# ❀ 일지(日支)의 생극제화(生剋制化)

수리역학매화역수는 사주명리학의 이론 중에서 생극제화, 육합, 삼합, 형, 충, 파, 해, 원진을 적용한다. 이것을 편리하게 本書에서는 합을 生이라고 하고, 형, 충, 파, 해, 원진 등을 剋이라고 칭한다.

日柱에서 日干은 천간합 천간충극을 보고, 日支는 육합, 삼합, 형, 충, 파, 해, 원진을 본다. 일간의 生剋은 사주명리학의 이론을 그대로 적용하며, 일지의 生剋은 다음의 이론대로 적용한다.

특히 3, 4, 6, 9수리는 천간이 剋이 될 때에 더 위험하고, 1, 2, 5, 7, 8 수리는 지지가 剋이 될 때에 더 위험하다.

▶ 甲寅, 丙寅, 戊寅, 庚寅, 壬寅 일주

60甲子 중에서 일지에 寅이 자리하는 일주는 甲寅, 丙寅, 戊寅, 庚寅, 壬寅 등 다섯 종류다.

일지 寅이 生이 되는 달은 六合은 10월, 三合은 1월, 5월, 9월이 해당하여 1월, 5월, 9월, 10월 등 총 네 달이다.

일지 寅이 剋이 되는 달은 害는 4월, 沖은 7월, 三刑은 1월 4월 7월, 원진은 8월, 破는 10월이 해당하여 1월, 4월, 7월, 8월, 10월 등 총 다섯 달이다.

이 중에서 1월은 三合과 三刑이 동시에 형성된다. 수리역학매화역수는 사주명리학과 달리 비견을 吉하게 본다.

일지 寅이 寅月(음력 1월)을 만나면 比肩이다. 따라서 이러할 때에는 比肩

이 우선시되어 吉月로 간주한다. 또한 이 중에서 10월은 六合과 破가 동시에 형성된다. 이러할 때에는 凶이 吉보다 우선시되어 凶月로 간주한다.

따라서 일지 寅은 吉月이 1월, 5월, 9월 등 세 달이며 凶月은 4월, 7월, 8월, 10월 등 네 달이다. 凶月 중에서 가장 나쁜 달은 凶이 연이어 발생하는 7월과 8월 두 달이다.

▶ 乙卯, 丁卯, 己卯, 辛卯, 癸卯 일주

60甲子 중에서 일지에 卯가 자리하는 일주는 乙卯, 丁卯, 己卯, 辛卯, 癸卯 등 다섯 종류다.

일지 卯가 生이 되는 달은 六合은 9월, 三合은 2월, 6월, 10월이 해당하여 2월 · 6월 · 9월 · 10월 등 총 네 달이다.

일지 卯가 剋이 되는 달은 害는 3월, 破는 5월, 원진은 7월, 沖은 8월, 刑은 11월이 해당하여 3월, 5월, 7월, 8월, 11월 등 총 다섯 달이다.

따라서 일지 卯는 吉月이 2월, 6월, 9월, 10월 등 네 달이며 凶月은 3월, 5월, 7월, 8월, 11월 등 다섯 달이다. 凶月 중에서 가장 나쁜 달은 凶이 연이어 발생하는 7월과 8월 두 달이다.

▶ 甲辰, 丙辰, 戊辰, 庚辰, 壬辰 일주

60甲子 중에서 일지에 辰이 자리하는 일주는 甲辰, 丙辰, 戊辰, 庚

辰, 壬辰 등 다섯 종류다.

　일지 辰이 生이 되는 달은 六合은 8월, 三合은 3월, 7월, 11월이 해당하여 3월, 7월, 8월, 11월 총 네 달이다.

　일지 辰이 剋이 되는 달은 害는 2월, 自刑은 3월, 沖은 9월, 원진은 10월, 破는 12월이 해당하여 2월, 3월, 9월, 10월, 12월 등 총 다섯 달이다.

　이 중에서 3월은 三合과 自刑이 동시에 형성된다. 수리역학매화역수는 사주명리학과 달리 비견을 吉하게 본다. 일지 辰이 辰月(음력 3월)을 만나면 比肩이다. 따라서 이러할 때에는 比肩이 우선시되어 吉月로 간주한다.

　따라서 일지 辰은 吉月이 3월, 7월, 8월, 11월 등 네 달이며 凶月은 2월, 9월, 10월, 12월 등 네 달이다. 凶月 중에서 가장 나쁜 달은 凶이 연이어 발생하는 9월과 10월 두 달이다.


### ▶ 乙巳, 丁巳, 己巳, 辛巳, 癸巳 일주

　60甲子 중에서 일지에 巳가 자리하는 일주는 乙巳, 丁巳, 己巳, 辛巳, 癸巳 등 다섯 종류다.

　일지 巳가 生이 되는 달은 六合은 7월, 三合은 4월, 8월, 12월이 해당하여 4월, 7월, 8월, 12월 총 네 달이다.

　일지 巳가 剋이 되는 달은 害는 1월, 三刑은 1월, 4월, 7월, 破는 7월, 원진은 9월, 沖은 10월이 해당하여 1월, 4월, 7월, 9월, 10월 등 총 다섯 달이다.

　이 중에서 4월은 三合과 三刑이 동시에 형성된다. 수리역학매화역수는 사주명리학과 달리 비견을 吉하게 본다. 일지 巳가 巳月(음력 4월)을 만나면 比肩이다. 따라서 이러할 때에는 比肩이 우선시되어 吉月로 간주한다. 또한 이 중에서 7월은 六合과 三刑, 破가 동시에 형성된다. 이러할 때에는 凶이 吉보다 우선시되어 凶月로 간주한다.

따라서 일지 巳는 吉月이 4월, 8월, 12월 등 세 달이며 凶月은 1월, 7월, 9월, 10월 등 네 달이다. 凶月 중에서 가장 나쁜 달은 凶이 연이어 발생하는 9월과 10월 두 달이다.

▶ 甲午, 丙午, 戊午, 庚午, 壬午 일주

60甲子 중에서 일지에 午가 자리하는 일주는 甲午, 丙午, 戊午, 庚午, 壬午 등 다섯 종류다.

일지 午가 生이 되는 달은 六合은 6월, 三合은 1월, 5월, 9월이 해당하여 1월, 5월, 6월, 9월 등 총 네 달이다.

일지 午가 剋이 되는 달은 破는 2월, 自刑은 5월, 沖은 11월, 害와 원진은 12월이 해당하여 2월, 5월, 11월, 12월 등 총 네 달이다.

이 중에서 5월은 三合과 自刑이 동시에 형성된다. 수리역학매화역수는 사주명리학과 달리 비견을 吉하게 본다. 일지 午가 午月(음력 5월)을 만나면 比肩이다. 따라서 이러할 때에는 比肩이 우선시되어 吉月로 간주한다.

따라서 일지 午는 吉月이 1월, 5월, 6월, 9월 등 네 달이며 凶月은 2월, 11월, 12월 등 세 달이다. 凶月 중에서 가장 나쁜 달은 凶이 연이어 발생하는 11월과 12월 두 달이다.

▶ 乙未, 丁未, 己未, 辛未, 癸未 일주

60甲子 중에서 일지에 未가 자리하는 일주는 乙未, 丁未, 己未, 辛未, 癸未 등 다섯 종류다.

일지 未가 生이 되는 달은 六合은 5월, 三合은 2월, 6월, 10월이 해당하여 2월, 5월, 6월, 10월 등 총 네 달이다.

일지 未가 剋이 되는 달은 三刑은 6월, 9월, 12월, 破는 9월, 害와 원진은 11월, 沖은 12월이 해당하여 6월, 9월, 11월, 12월 등 총 네 달이다.

이 중에서 6월은 三合과 三刑이 동시에 형성된다. 수리역학매화역수는 사주명리학과 달리 비견을 吉하게 본다. 일지 午가 午月(음력 5월)을 만나면 比肩이다. 따라서 이러할 때에는 比肩이 우선시되어 吉月로 간주한다.

따라서 일지 未는 吉月이 2월, 5월, 6월, 10월 등 네 달이며 凶月은 9월, 11월, 12월 등 세 달이다. 凶月 중에서 가장 나쁜 달은 凶이 연이어 발생하는 11월과 12월 두 달이다.


▶ 甲申, 丙申, 戊申, 庚申, 壬申 일주

60甲子 중에서 일지에 申이 자리하는 일주는 甲申, 丙申, 戊申, 庚申, 壬申 등 다섯 종류다.

일지 申이 生이 되는 달은 六合은 4월, 三合은 3월, 7월, 11월이 해당하여 3월, 4월, 7월, 11월 등 총 네 달이다.

일지 申이 剋이 되는 달은 沖은 1월, 三刑은 1월, 4월, 7월, 원진은 2

월, 破는 4월, 害는 10월이 해당되어 1월, 2월, 4월, 7월, 10월 등 총 다섯 달이다.

이 중에서 7월은 三合과 三刑이 동시에 형성된다. 수리역학매화역수는 사주명리학과 달리 비견을 吉하게 본다. 일지 申이 申月(음력 7월)을 만나면 比肩이다. 따라서 이러할 때에는 比肩이 우선시되어 吉月로 간주한다. 또한 이 중에서 4월은 육합과 三刑과 破가 동시에 형성된다. 이러할 때에는 凶이 吉보다 우선시되어 凶月로 간주한다.

따라서 일지 申은 吉月이 3월, 7월, 11월 등 세 달이며 凶月은 1월, 2월, 4월, 10월 등 네 달이다. 凶月 중에서 가장 나쁜 달은 흉월이 연이어 발생하는 1월과 2월 두 달이다.

▶ 乙酉, 丁酉, 己酉, 辛酉, 癸酉 일주

60甲子 중에서 일지에 酉가 자리하는 일주는 乙酉, 丁酉, 己酉, 辛酉, 癸酉 등 다섯 종류다.

일지 酉가 生이 되는 달은 六合 3월, 三合 4월, 8월, 12월이 해당하여 3월, 4월, 8월, 12월 등 총 네 달이다.

일지 酉가 剋이 되는 달은 원진은 1월, 沖은 2월, 自刑은 8월, 害는 9월, 破는 11월이 해당되어 1월, 2월, 8월, 9월, 11월 등 총 다섯 달이다.

이 중에서 8월은 三合과 自刑이 동시에 형성된다. 수리역학매화역수는 사주명리학과 달리 비견을 吉하게 본다. 일지 酉가 酉月(음력 8월)을 만나면 比肩이다. 따라서 이러할 때에는 比肩이 우선시되어 吉月로 간주한다.

따라서 일지 酉는 吉月이 3월, 4월, 8월, 12월 등 네 달이며 凶月은 1월, 2월, 9월, 11월 등 네 달이다. 凶月 중에서 가장 나쁜 달은 흉월이 연이어 발생하는 1월과 2월 두 달이다.


▸ 甲戌, 丙戌, 戊戌, 庚戌, 壬戌 일주


60甲子 중에서 일지에 戌이 자리하는 일주는 甲戌, 丙戌, 戊戌, 庚戌, 壬戌 등 다섯 종류다.

일지 戌이 生이 되는 달은 六合은 2월, 三合은 1월, 5월, 9월이 해당하여 1월, 2월, 5월, 9월 등 총 네 달이다.

일지 戌이 剋이 되는 달은 沖은 3월, 원진은 4월, 三刑은 6월, 9월, 12월, 破는 6월, 害는 8월이 해당되어 3월, 4월, 6월, 8월, 9월, 12월 등 총 여섯 달이다.

이 중에서 9월은 三合과 三刑이 동시에 형성된다. 수리역학매화역수는 사주명리학과 달리 비견을 吉하게 본다. 일지 戌이 戌月(음력 9월)을 만나면 比肩이다. 따라서 이러할 때에는 比肩이 우선시되어 吉月로 간주한다.

따라서 일지 戌은 吉月이 1월, 2월, 5월, 9월 등 네 달이며 凶月은 3월, 4월, 6월, 8월, 12월 등 다섯 달이다. 凶月 중에서 가장 나쁜 달은 흉월이 연이어 발생하는 3월과 4월 두 달이다.

▸ 乙亥, 丁亥, 己亥, 辛亥, 癸亥 일주

60甲子 중에서 일지에 亥가 자리하는 일주는 乙亥, 丁亥, 己亥, 辛亥, 癸亥 등 다섯 종류다.

일지 亥가 生이 되는 달은 六合은 1월, 三合은 2월, 6월, 10월이 해당하여 1월, 2월, 6월, 10월 등 총 네 달이다.

일지 亥가 剋이 되는 달은 破는 1월, 원진은 3월, 沖은 4월, 害는 7월, 自刑은 10월이 해당되어 1월, 3월, 4월, 7월, 10월 등 총 다섯 달이다.

이 중에서 10월은 三合과 自刑이 동시에 형성된다. 수리역학매화역수는 사주명리학과 달리 비견을 吉하게 본다. 일지 亥가 亥月(음력 10월)을 만나면 比肩이다. 따라서 이러할 때에는 比肩이 우선시되어 吉月로 간주한다. 또한 이 중에서 1월은 六合과 破가 동시에 형성된다. 이러할 때에는 凶이 吉보다 우선시되어 凶月로 간주한다.

따라서 일지 寅은 吉月이 2월, 6월, 10월 등 세 달이며 凶月은 1월, 3월, 4월, 7월 등 네 달이다. 凶月 중에서 가장 나쁜 달은 흉월이 연이어 발생하는 3월과 4월 두 달이다.


▸ 甲子, 丙子, 戊子, 庚子, 壬子 일주

60甲子 중에서 일지에 子가 자리하는 일주는 甲子, 丙子, 戊子, 庚子, 壬子 등 다섯 종류다.

일지 子가 生이 되는 달은 六合은 12월, 三合은 3월, 7월, 11월이 해당하여 3월, 7월, 11월, 12월 등 총 네 달이다.

일지 子가 魁이 되는 달은 刑은 2월 沖은 5월, 害는 6월, 원진은 6월, 破는 8월이 해당되어 2월, 5월, 6월, 8월 등 총 네 달이다.

따라서 일지 子는 吉月이 3월, 7월, 11월, 12월 등 네 달이며 凶月은 2월, 5월, 6월, 8월 등 네 달이다. 凶月 중에서 가장 나쁜 달은 흉월이 연이어 발생하는 5월과 6월 두 달이다.


▶ 乙丑, 丁丑, 己丑, 辛丑, 癸丑 일주

60甲子 중에서 일지에 丑이 자리하는 일주는 乙丑, 丁丑, 己丑, 辛丑, 癸丑 등 다섯 종류다.

일지 丑이 生이 되는 달은 六合은 11월, 三合은 4월, 8월, 12월이 해당하여 4월, 8월, 11월, 12월 등 총 네 달이다.

일지 丑이 魁이 되는 달은 破는 3월, 害는 5월, 원진은 5월, 沖은 6월, 三刑은 6월, 9월, 12월이 해당되어 3월, 5월, 6월, 9월, 12월 등 총 다섯 달이다.

이 중에서 12월은 三合과 三刑이 동시에 형성된다. 수리역학매화역수는 사주명리학과 달리 비견을 吉하게 본다. 일지 丑이 丑月(음력 12월)을 만나면 比肩이다. 따라서 이러할 때에는 比肩이 우선시되어 吉月로 간주한다.

따라서 일지 丑은 吉月이 4월, 8월, 11월, 12월 등 네 달이며 凶月은 3월, 5월, 6월, 9월 등 네 달이다. 凶月 중에서 가장 나쁜 달은 흉월이 연이어 발생하는 5월과 6월 두 달이다.

## [예시] 일지를 중심으로 하는 생극제화

1955년 1월 11일생(음력 1954년 12월 18일생)의 2020년 포국도는 아래와 같다.

| 1월(寅) | 2월(卯) | 3월(辰) |
|:---:|:---:|:---:|
| 4 | 7 | 2 |
| 金 | 火 | 火 |
| 4월(巳) | 5월(午) | 6월(未) |
| 6 | 9 | 6 |
| 水 | 金 | 水 |
| 7월(申) | 8월(酉) | 9월(戌) |
| 3 | 6 | 9 |
| 木 | 水 | 金 |
| 10월(亥) | 11월(子) | 12월(丑) |
| 4 | 4 | 8 |
| 金 | 金 | 木 |

기본수는 4, 주도수는 7이며 일지는 申이다.

일지 申과 生이 되는 달은 육합은 巳申이므로 4월, 삼합은 申子辰이므로 3월, 7월, 11월이므로 生이 되는 달은 3월, 4월, 7월, 11월 등 네 달이다.

일지 申과 剋이 되는 달은 형과 충은 寅申이므로 1월, 파는 巳申이므로 4월, 해는 申亥이므로 10월, 원진은 卯申이므로 2월, 따라서 극이 되는 달은 1월, 2월, 4월, 10월 등 네 달이다.

이 중에서 4월은 일지와 육합이 되어 생이 되고, 또한 파가 되므로 서로 生과 剋이 교차하여 반길 반흉으로 본다.

따라서 길한 달은 3월, 7월, 11월 등 세 달, 흉한 달은 1월, 2월, 4월, 10월 등 네 달, 길 · 흉 · 반길 · 반흉을 제외한 나머지 5월, 6월, 8월, 9월, 12월 등 다섯 달은 평달이다.

# ✿ 주도수의 생극제화

일지를 기준으로 각각의 12개월과 대비하여 합, 형, 충, 파, 해, 원진의 상호작용에 따라서 吉과 凶으로 나눈 후에는 주도수의 오행을 기준으로 각각의 12개월과 대비하여 생과 극의 상호작용에 따라서 吉과 凶으로 나눈다.

오행은 그 본질에서 상생오행의 관계와 상극오행의 관계로 분류되고 어느 하나도 단독의 존재는 있을 수 없다. 적당한 상생관계와 상극관계가 있어야 오행이 균형을 이룬다. 生尅은 오행의 후천수를 적용한다.

- ✔ 오행 중 木의 후천수는 3, 8이다.
- ✔ 오행 중 火의 후천수는 2, 7이다.
- ✔ 오행 중 土의 후천수는 5이다.
- ✔ 오행 중 金의 후천수는 4, 9이다.
- ✔ 오행 중 水의 후천수는 1, 6이다.

| 오 행 | 木 | 火 | 土 | 金 | 水 |
|---|---|---|---|---|---|
| 후천수 | 3, 8 | 2, 7 | 5 | 4, 9 | 1, 6 |

**[예시] 주도수를 중심으로 하는 생극제화**

1955년 1월 11일생(음력 1954년 12월 18일생)의 2020년 포국도는 아래와 같다.

| 1월 | 2월 | 3월 |
|---|---|---|
| 4 | 7 | 2 |
| 金 | 火 | 火 |
| **4월** | **5월** | **6월** |
| 6 | 9 | 6 |
| 水 | 金 | 水 |
| **7월** | **8월** | **9월** |
| 3 | 6 | 9 |
| 木 | 水 | 金 |
| **10월** | **11월** | **12월** |
| 4 | 4 | 8 |
| 金 | 金 | 木 |

기본수는 4, 주도수는 7이며 주도수의 오행은 火이다.

주도수의 오행 火가 生을 하는 오행은 같은 오행 火 또는 土(火生土)다. 해당
월은 2월, 3월 두 달이다.

주도수의 오행 火가 극을 하는 오행은 金(火剋金)이다. 해당 월은 1월, 5월, 9
월, 10월, 11월 다섯 달이다.

수리역학매화역수의 해설에서 가장 중요한 것은 숫자의 의미다.

두 번째는 日柱와 12칸 干支와의 相生相剋이다.

세 번째는 주도수와 12칸 干支와의 相生相剋이다. 주도수의 相生相剋는 日
柱와 12칸 간지와의 相生相剋 결과를 가감(加減)한다.

# ❀ 일지별 生剋 조견표(1)

| 월<br>일지 | 1<br>寅 | 2<br>卯 | 3<br>辰 | 4<br>巳 | 5<br>午 | 6<br>未 | 7<br>申 | 8<br>酉 | 9<br>戌 | 10<br>亥 | 11<br>子 | 12<br>丑 |
|---|---|---|---|---|---|---|---|---|---|---|---|---|
| 寅 | 3합<br>3형 | | | 3형<br>해 | 3합 | | 충<br>3형 | 원진 | 3합 | 파<br>6합 | | |
| 卯 | | 3합 | 해 | | 파 | 3합 | 원진 | 충 | 6합 | 3합 | 형 | |
| 辰 | | 해 | 자형<br>3합 | | | | 3합 | 6합 | 충 | 원진 | 3합 | 파 |
| 巳 | 3형<br>해 | | | 3합<br>3형 | | | 3형<br>파,6 | 3합 | 원진 | 충 | | 3합 |
| 午 | 3합 | 파 | | | 자형<br>3합 | 6합 | | | 3합 | | 충 | 해<br>원진 |
| 未 | | 3합 | | | 6합 | 3합<br>3형 | | | 3형<br>파 | 3합 | 해<br>원진 | 충<br>3형 |
| 申 | 충<br>3형 | 원진 | 3합 | 3형<br>파,6합 | | | 3합<br>3형 | | | 해 | 3합 | |
| 酉 | 원진 | 충 | 6합 | 3합 | | | | 자형<br>3합 | 해 | | 파 | 3합 |
| 戌 | 3합 | 6합 | 충 | 원진 | 3합 | 3형<br>파 | | 해 | 3합<br>3형 | | | 3형 |
| 亥 | 파<br>6합 | 3합 | 원진 | 충 | | 3합 | 해 | | | 자형<br>3합 | | |
| 子 | | 3형 | 3합 | | 충 | 해<br>원진 | 3합 | 파 | | | 3합 | 6합 |
| 丑 | | | 파 | 3합 | 해<br>원진 | 충<br>3형 | | 3합 | 3형 | | 6합 | 3합<br>3형 |

비법 수리역학매화역수

# ✿ 일지별 生剋 조견표(2)

| 일지 | 寅 | 卯 | 辰 |
|---|---|---|---|
| 生하는 달 | 1-5-9 | 2-6-9-10 | 3-7-8-11 |
| 剋하는 달 | 4-7-8-10 | 3-5-7-8-11 | 2-9-10-12 |
| 일지 | 巳 | 午 | 未 |
| 生하는 달 | 4-8-12 | 1-5-6-9 | 2-5-6-10 |
| 剋하는 달 | 1-7-9-10 | 2-11-12 | 9-11-12 |
| 일지 | 申 | 酉 | 戌 |
| 生하는 달 | 3-7-11 | 3-4-8-12 | 1-2-5-9 |
| 剋하는 달 | 1-2-4-10 | 1-2-9-11 | 3-4-6-8-12 |
| 일지 | 亥 | 子 | 丑 |
| 生하는 달 | 2-6-10 | 3-7-11-12 | 4-8-11-12 |
| 剋하는 달 | 1-3-4-7 | 2-5-6-8 | 3-5-6-9 |

# 03

# 81 수리 해설

# 1강 ⁓ 평생기본수 1수리

평생기본수 1수리는 태어난 생년월일 중에서 '음력 생월의 숫자 + 음력 생일의 숫자 + 1'을 9진법으로 계산하여 나머지가 1이 되는 사람의 운명이다.

평생기본수 1수리는 주도수에 따라서 112, 123, 134, 145, 156, 167, 178, 189, 191 등 아홉 가지로 분류되며, 대운 9년 기간 내에서 주기적으로 운세가 변화한다.

평생기본수 1수리는 189일 때가 운세가 최고로 상승한 때이며, 123일 때가 운세가 최저로 하락한 때다. 따라서 평생기본수 1수리는 최고점 189와 최저점 123 사이를 오르내리며 운세가 변화한다.

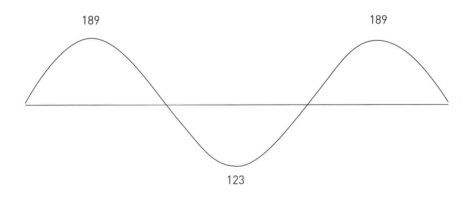

| 수리 | 112 | 123 | 134 | 145 | 156 | 167 | 178 | 189 | 191 |
|------|-----|-----|-----|-----|-----|-----|-----|-----|-----|
| 등급 | A | CC | C | A | B | B | B | AA | C |

AA 가장 좋음, A 좋음, B 보통, C 나쁨, CC 가장 나쁨

# ❀ 1-1-2(新生-新生-變化)

주도수 1은 신생(新生)이다. 수리의 등급은 A급이다. 평생기본수 1인 사람이 그해를 주도하는 숫자 1은 새로운 일 또는 새로운 사람을 뜻한다.

이해에는 무엇인가 하고자 하는 의욕과 욕구가 강해진다. 학생은 이성 교제를 시작하여 마음을 빼앗기고 학업 성적이 떨어진다. 처녀 총각은 새로운 이성을 알게 되고 결혼을 하려는 마음이 생긴다.

직장이 없는 사람은 원하는 새로운 직장을 얻게 된다. 직장인은 인사이동으로 인하여 새로운 보직을 갖게 된다.

사업자는 새로운 사업의 시작을 뜻한다. 새로이 사업을 시작하거나 재개업한다. 기존 사업자는 사세 확장으로 인하여 새로운 직원들을 모집·충원하게 되고, 새로운 업태 종목을 추가하여 사세를 확장하게 된다.

1-1-2는 모든 것이 새로운 일 또는 새로운 사람으로 인하여 발생하는 해이다. 그러나 다음 해의 수리가 1-2-3으로서 9년의 대운 기간 중에서 가장 나쁜 한 해인 만큼, 올해의 목표를 다음 해로 미루지 않아야 한다.

## 목적사(目的者)

내담자(來談者)의 모든 목적사를 수리역학매화역수로 풀 수 있다. 상담 과정에서 가장 중요한 것은 내담자의 질문 내용이다.

예를 들어서 "내 인생 전부를 봐 주세요." 또는 "어느 회사가 좋을지? 그리고 건강 등등을 봐 주세요."라는 질문은 목적사가 분명하지 않다. 목적사가 분명하지 않으면 어느 숫자를 적용해야 할지가 불분명해진다.

| A1 | | 1 | | 2 | |
|---|---|---|---|---|---|
| 新生 | 水 | 新生 | 水 | 變化 | 火 |
| **3** | | **3** | | **6** | |
| 鬼神 | 木 | 鬼神 | 木 | 官 | 水 |
| **9** | | **9** | | **9** | |
| 文書 | 金 | 文書 | 金 | 文書 | 金 |
| **4** | | **4** | | **8** | |
| 安定 | 金 | 安定 | 金 | 財物 | 木 |

## 日支別 吉凶月

| 寅 | | 卯 | | 辰 | |
|---|---|---|---|---|---|
| 吉 | 凶 | 吉 | 凶 | 吉 | 凶 |
| 1-5-9 | 4-7-8-10 | 2-6-9-10 | 3-5-7-8-11 | 3-7-8-11 | 2-9-10-12 |
| 巳 | | 午 | | 未 | |
| 吉 | 凶 | 吉 | 凶 | 吉 | 凶 |
| 4-8-12 | 1-7-9-10 | 1-5-6-9 | 2-11-12 | 2-5-6-10 | 9-11-12 |
| 申 | | 酉 | | 戌 | |
| 吉 | 凶 | 吉 | 凶 | 吉 | 凶 |
| 3-7-11 | 1-2-4-10 | 3-4-8-12 | 1-2-9-11 | 1-2-5-9 | 3-4-6-8-12 |
| 亥 | | 子 | | 丑 | |
| 吉 | 凶 | 吉 | 凶 | 吉 | 凶 |
| 2-6-10 | 1-3-4-7 | 3-7-11-12 | 2-5-6-8 | 4-8-11-12 | 3-5-6-9 |

◈ 112

新生-新生-變化.

두 달 연속 새로운 일과 貴人이 나타나므로 生이 되는 달에 일을 추진하라.

生이 되면 개업, 취업 등 새로운 일이 생기며 또한 새로운 사람을 만난다.

生이 되면 임신, 결혼이 가능하며, 훼이 되면 낙태할 수도 있다.

훼이 되면 주위가 원수로 변하고 부부는 서로 갈등한다.

1월 2월에 훼이 되는 申, 酉 일주는 주위로부터 배신을 당한다.

2月에 生이 되는 卯, 未, 亥 일주는 새로운 사람을 만나서 6月에 결혼한다.

3월 4월이 훼이 되는 戌, 亥 일주는 2월에 새집을 사거나 이사하면 안 된다. 3月에 시빗거리가 발생한다.


◈ 336

鬼神-鬼神-官. 주도수 1 때문에 불안과 갈등이 생긴다. 주도수와 相生이므로 生이 되면 조상덕이요, 훼이 되어도 크게 나쁘지 않다. 33이 연속할 때에는 7과 같은 작용을 일으켜 정신적으로 불안하고 질병에 노출된다. 두 달 연속 심리적으로 불안하다. 子, 丑 일주는 관재구설이 올 수 있다. 학생은 이성 문제로 학업 성적이 떨어지고 가출을 할 수도 있다. 이러할 때에는 칭찬하고 격려해 주며 가족 동반 여행을 하는 것이 좋다.

## ◈ 999

文書-文書-文書. 여행수다.

원거리 지방 또는 해외로 떠날 수 있다. 生이 되면 외국 또는 멀리 여행을 가게 되거나, 승진 등 기쁜 일이 생긴다. 주도수 1의 999는 이성과 함께 여행을 가게 된다. 7, 8월에 헨이 되는 寅, 卯 일주는 새로운 일 또는 새로운 사람을 조심하라. 숫자 6에 연이은 999가 헨이 되면 관재구설이 발생하므로 조심해야 한다.

## ◈ 448

安定-安定-財物. 안정된 상태에서 모든 일을 적극적으로 처리해 나가야 한다. 8이 生이 되면 들어오는 돈이며 헨이 되면 나가는 돈이다.

앞으로 2년 동안은 C급이므로 이 시기에는 내년을 잘 대비해야 한다.

## ❀ 1-2-3(新生-變化-鬼神)

주도수 2는 변화(變化)이다. 수리의 등급은 CC급이다. 평생기본수 1인 사람의 그해를 주도하는 숫자 2는 변화와 변동을 뜻한다.

이해에는 무엇인가 변화·변동하고자 하는 의욕과 욕구가 생긴다. 가장 많이 적용하는 것은 이사, 이전 등이다. 사주명리학에서 卯 대운에서 이사를 자주 다니듯이, 수리역학매화역수에서는 주도수가 2일 때 이사를 자주 다닌다.

이해는 대운 9년 중 운세가 가장 나쁘다. 生이 되어도 운이 잘 따라 주지 않는다. 어지간하면 生이 되는 달에만 움직이는 것이 좋다.

다음 해 1-3-4는 수리의 등급이 C급이다. 2년 연속 흉운이므로 이런 때에는 좋은 운으로 바꾸기 위해서 이름 개명, 상호 변경, 직장 또는 직업 변화, 이사 등의 開運 방법을 모색해 보아야 한다.

1-2-3은 변화 변동으로 인하여 새로운 일 또는 귀인이 나타나고 귀신이 발동한다는 뜻이며, 2-1-3은 새로운 일 또는 귀인으로 인하여 변화가 오고 귀신이 발동한다는 뜻이다.

---

**[예시] 여자 양력 1965년 3월 9일 庚子時 生. 스님**

✓ 목적사: 사찰 운영 문제 상담.

✓ 해설: 壬戌 일주 상관격(傷官格) 평생기본수 1, 주도수 2, 상담 시 수리는 123. 올해는 CC급으로 大凶年이다. 편재 丙火가 養地에 놓인다. 다음 해 6월까지 아주 흉하다. 몸을 추스르고 때를 기다려야 한다.

✓ 결과: 다음 해 134의 5월에 희귀병이 발견되어 절을 팔고 장기요양 중이다.

\* 상세한 사주 및 수리풀이는 〈나는 역학이다〉 강의 동영상을 참조하십시오.

| CC1 | | 2 | | 3 | |
|---|---|---|---|---|---|
| 新生 | 水 | 變化 | 火 | 鬼神 | 木 |
| 4 | | 5 | | 9 | |
| 安定 | 金 | 驚破 | 土 | 文書 | 金 |
| 4 | | 5 | | 9 | |
| 安定 | 金 | 驚破 | 土 | 文書 | 金 |
| 9 | | 3 | | 3 | |
| 文書 | 金 | 鬼神 | 木 | 鬼神 | 木 |

| 日支別 吉凶月 | | | | | |
|---|---|---|---|---|---|
| 寅 | | 卯 | | 辰 | |
| 吉 1-5-9 | 凶 4-7-8-10 | 吉 2-6-9-10 | 凶 3-5-7-8-11 | 吉 3-7-8-11 | 凶 2-9-10-12 |
| 巳 | | 午 | | 未 | |
| 吉 4-8-12 | 凶 1-7-9-10 | 吉 1-5-6-9 | 凶 2-11-12 | 吉 2-5-6-10 | 凶 9-11-12 |
| 申 | | 酉 | | 戌 | |
| 吉 3-7-11 | 凶 1-2-4-10 | 吉 3-4-8-12 | 凶 1-2-9-11 | 吉 1-2-5-9 | 凶 3-4-6-8-12 |
| 亥 | | 子 | | 丑 | |
| 吉 2-6-10 | 凶 1-3-4-7 | 吉 3-7-11-12 | 凶 2-5-6-8 | 吉 4-8-11-12 | 凶 3-5-6-9 |

## ◈ 123

新生-變化-鬼神. 이별수(離別數)다.

123은 매우 불길(不吉)한 숫자다. 123 또는 213은 가출, 이별, 이혼, 해고(解雇), 사망을 뜻한다.

사람 때문에 급격한 변화가 오고 심리적으로 불안하다.

生이 되면 헤어진 사람을 다시 만나거나 재결합한다. 生이 되면 직장 전변도 吉하다.

剋이 되면 주위가 원수로 변한다. 부부는 가출, 별거, 이혼할 수 있다. 직장인은 직장을 잃게 된다. 노약자는 질병에 노출되어 뚜렷한 병명(病名)도 없이 앓다가 사망할 수 있다.

辰, 申 일주가 작년 112에 결혼하면 올해 123에 이혼할 수 있다.


## ◈ 459

安定-驚破-文書. 무난수(無難數)다.

주도수 2(火)의 4(金), 9(金)는 相剋이 되므로 변화, 변동을 하지 마라.

生이 되면 대단히 길하다. 오랫동안 팔리지 않던 집이 매매된다.

剋이 되면 매매를 한 후 법적 문제가 발생하거나 손실을 본다.


## ◈ 459

安定-驚破-文書. 무난수(無難數)다.

일지가 子 午 卯 酉인 사람은 5(驚破)로 인하여 어떤 일이든 나쁘게 작용한다.

◈ 933

文書-鬼神-鬼神. 상문살(喪门煞)이다.

933은 사망 문서다. 33이 연속하면 7과 같은 작용을 한다.

喪門이 오기 때문에 喪家에 가지 않아야 한다. 특히 午, 未 일주는 11월, 12월의 33이 魁이 되므로 喪門을 금하여야 한다.

상문살로 인해 병이 생기면 병원에 가도 차도가 없다. 주부가 객귀물리기를 하듯이 의례를 하거나 심하면 무당을 찾아가 굿을 하거나 절에 가서 살풀이를 해야 효험을 본다. 환자의 증상도 여러 가지다.

## ❀ 1-3-4(新生-鬼神-安定)

주도수 3은 귀신(鬼神)이다. 수리의 등급은 C급이다. 평생기본수 1인 사람의 그해를 주도하는 숫자 3은 鬼神이 발동한다는 뜻이다.

이해에는 심리적으로 갈등하고 정신적으로 불안하다. 매우 혼란스러우며 진퇴난양(進退難羊)에 빠진다. 건강마저 상실할 수 있다. 4월, 5월, 6월의 573은 大凶數다. 따라서 상반기 6개월 동안은 되는 일이 없을 정도다.

어떤 사람은 주도수 3일 때에 신앙생활을 시작하고 역학이나 무속 생활로 접어들기도 한다. 이러한 때에 역학 공부를 하면 의외로 학업이 빠르게 증진(增進)된다.

가장 많이 적용하는 것은 사고(事故), 폐업, 질병, 학업 성적 하락이다. 사고로 인하여 재산상 큰 손실을 입게 되고, 사업자는 귀신 곡하듯 자기 꾀에 빠져 부도 폐업까지 당할 수 있다.

2년 연속 흉운이므로 이런 때에는 중요한 문제 해결을 다음 해로 미루어야 한다. 다음 해 1-4-5는 수리의 등급이 A급이다.

---

**[예시] 남자 음력 1956년 7월 29일 寅時 生. 한의원 원장**

- ✔ 목적사: 한방병원 창업 상담차 2021년에 내방.
- ✔ 해설: 癸酉 일주 평생기본수 1, 주도수 3, 상담 시 수리는 134. 경남 거제에서 한의원 운영 중. 한방병원으로 확장 개업을 상담하러 왔다.
- ✔ 결과: 수리가 나쁘고 재성의 12운성이 養地에 놓였다. 올해는 병원 부지를 매입하고 2023년에 개업하도록 권유하였다.

\* 상세한 사주 및 수리풀이는 〈나는 역학이다〉 강의 동영상을 참조하십시오.

| C1 | | 3 | | 4 | |
|---|---|---|---|---|---|
| 新生 | 水 | 鬼神 | 木 | 安定 | 金 |
| 5 | | 7 | | 3 | |
| 驚破 | 土 | 病(退食) | 火 | 鬼神 | 木 |
| 8 | | 1 | | 9 | |
| 財物 | 木 | 新生 | 水 | 文書 | 金 |
| 5 | | 2 | | 7 | |
| 驚破 | 土 | 變化 | 火 | 病(退食) | 火 |

| 日支別 吉凶月 | | | | | |
|---|---|---|---|---|---|
| 寅 | | 卯 | | 辰 | |
| 吉 | 凶 | 吉 | 凶 | 吉 | 凶 |
| 1-5-9 | 4-7-8-10 | 2-6-9-10 | 3-5-7-8-11 | 3-7-8-11 | 2-9-10-12 |
| 巳 | | 午 | | 未 | |
| 吉 | 凶 | 吉 | 凶 | 吉 | 凶 |
| 4-8-12 | 1-7-9-10 | 1-5-6-9 | 2-11-12 | 2-5-6-10 | 9-11-12 |
| 申 | | 酉 | | 戌 | |
| 吉 | 凶 | 吉 | 凶 | 吉 | 凶 |
| 3-7-11 | 1-2-4-10 | 3-4-8-12 | 1-2-9-11 | 1-2-5-9 | 3-4-6-8-12 |
| 亥 | | 子 | | 丑 | |
| 吉 | 凶 | 吉 | 凶 | 吉 | 凶 |
| 2-6-10 | 1-3-4-7 | 3-7-11-12 | 2-5-6-8 | 4-8-11-12 | 3-5-6-9 |

◈ 134

新生-鬼神-安定. 주도수 3은 귀신이다.

심리적 갈등으로 안정을 잃게 된다. 종교에 의지하기도 한다.

귀신이 곡할 정도로 기이(奇異)한 일들이 자주 발생한다.

학생은 가출하고 학업을 중단할 수 있다. 주도수가 3이 되는 해에는 자녀에게 되도록 야단치지 말고 포용하고 감싸 주어라.


◈ 573

驚破-病/退食-鬼神. 대흉수(大凶數)다.

상반기 6개월은 아주 나쁘다. 生이 되어도 좋은 일이 없다.

剋이 되면 사업자는 폐업 부도나거나 모든 재산을 잃고 亡한다.

寅, 申, 巳, 亥 일주는 4월에 놀라운 일이 발생한다.

子, 午, 卯, 酉 일주는 5월에 건강 이상이다. 신경계통 간, 담 질병이다

辰, 戌, 丑, 未 일주는 6월에 귀신 곡할 일이 벌어진다.

현실을 직시하고 가만히 있는 것이 상책이다.


◈ 819

財物-新生-文書. 대길수(大吉數)다.

하반기부터 회복을 하지만 573 大凶數 뒤에 오는 819이기 때문에 길운이 50% 정도만 작용하고 더디게 회복된다.

剋이 되면 돈이 나가고, 습이 되면 돈이 들어온다.

寅, 巳, 亥 일주는 대체로 나가는 돈이다.

◈ 527

驚破-變化-病/退食

10월은 주도수 3(木)이 5(土)를 剋하므로 生이든 剋이든 모두 나쁘다.
중요한 일은 내년으로 미루는 것이 낫다.

辰, 戌, 丑, 未 일주는 12월에 건강을 조심하여야 한다. 주도수가 3이
되는 해에는 상갓집에 가지 마라.

## ⍟ 1-4-5(新生-安定-驚破)

주도수 4는 안정(安定)이다. 수리의 등급은 A급이다. 평생기본수 1인 사람의 그해를 주도하는 숫자 4는 安定과 여유다.

이해에는 심리적으로 안정되고 여유롭게 한 해를 보낸다.

주도수 4의 오행은 金이다. 金克木으로써 주도수가 剋하는 달은 7월 한 달뿐이다.

가장 많이 적용하는 것은 명예 상승, 합격, 승진, 취업, 결혼 등이다. 7월, 8월, 9월의 369만 주의하면 된다.

369는 관재구설수(管災口舌數)다. 관(官)은 관청·명예를 뜻하고 재(災)는 재앙을 뜻한다. 시비, 왕따, 다툼, 모함, 사고, 조사, 재판, 이혼 등의 사건·사고가 발생한다.

올해부터 189까지 5년 동안 운세가 상승한다. 전반적으로 길운이 따른다. 다음 해부터 3년간은 수리의 등급이 B급이다. 올해는 길(吉)한 해이므로 중요한 문제를 이해에 마무리하고 내년으로 넘어가는 것이 좋다.

---

**[예시] 남자 음력 1955년 12월 24일 寅時 生. 한국전력 퇴직자**

✔ 목적사: ○○건설에서 기술 자문역으로 근무 중이던 2021년 10월에 다른 회사에서 스카우트 제의가 들어옴. 이직(移職)의 가부(可否)를 상담.

✔ 해설: 壬寅 일주 평생기본수 1, 주도수 5, 상담 시 수리는 112. 10월은 파가 되고 11월, 12월은 새로운 일과 변화·변동이 들어온다. 이직을 해야 할 시기다.

✔ 결과: 11월에 이직을 하고 두 달 뒤에 부사장으로 영전하였다.

\* 상세한 사주 및 수리풀이는 〈나는 역학이다〉 강의 동영상을 참조하십시오.

| A1 | | 4 | | 5 | |
|---|---|---|---|---|---|
| 新生 | 水 | 安定 | 金 | 驚破 | 土 |
| 6 | | 9 | | 6 | |
| 官 | 水 | 文書 | 金 | 官 | 水 |
| 3 | | 6 | | 9 | |
| 鬼神 | 木 | 官 | 水 | 文書 | 金 |
| 1 | | 1 | | 2 | |
| 新生 | 水 | 新生 | 水 | 變化 | 火 |

| 日支別 吉凶月 | | | | | |
|---|---|---|---|---|---|
| 寅 | | 卯 | | 辰 | |
| 吉 | 凶 | 吉 | 凶 | 吉 | 凶 |
| 1-5-9 | 4-7-8-10 | 2-6-9-10 | 3-5-7-8-11 | 3-7-8-11 | 2-9-10-12 |
| 巳 | | 午 | | 未 | |
| 吉 | 凶 | 吉 | 凶 | 吉 | 凶 |
| 4-8-12 | 1-7-9-10 | 1-5-6-9 | 2-11-12 | 2-5-6-10 | 9-11-12 |
| 申 | | 酉 | | 戌 | |
| 吉 | 凶 | 吉 | 凶 | 吉 | 凶 |
| 3-7-11 | 1-2-4-10 | 3-4-8-12 | 1-2-9-11 | 1-2-5-9 | 3-4-6-8-12 |
| 亥 | | 子 | | 丑 | |
| 吉 | 凶 | 吉 | 凶 | 吉 | 凶 |
| 2-6-10 | 1-3-4-7 | 3-7-11-12 | 2-5-6-8 | 4-8-11-12 | 3-5-6-9 |

## ❖ 145

新生-安定-驚破. 안정수(安定數)다.

이해에는 마음이 안정되고 실리를 추구할 수 있다. 대인관계가 어느 때
보다 더 좋아지므로 주위를 잘 활용해야 한다.

4(金)와 5(土)는 相生이 되어 크게 놀랄 일은 없다. 오히려 안정과 여유
를 바탕으로 모든 일에 적극적으로 전심전력을 다하라.


## ❖ 696

官-文書-官. 명예수(名譽數), 행운수(幸運數)다.

지금까지의 노력이 인정을 받게 된다. 행운이 찾아온다.

주도수 4의 696은 金生水가 되므로 生이 되고 명예가 상승하는 시기다.

寅 일주는 4월이 刑이지만 5월은 寅 午 戌 三合이므로 긍정적이다.

午, 未 일주는 5월, 6월이 生이 되므로 적극 나서라.

子, 丑 일주는 평생 5월, 6월이 가장 나쁘다. 때를 기다려야 한다.


## ❖ 369

鬼神-官-文書. 관재구설수(官災口舌數)다.

주위 사람과 마찰하고 대립하며 본인도 모르게 구설에 오르내린다.

生이 되면 명예 상승의 시기이고, 剋이 되면 관재구설이 오고 구속당하
므로 조심하고 신중해야 한다.

寅, 卯 일주는 평생토록 7월, 8월이 가장 나쁘다. 이때에는 주변 사람
과의 시비, 다툼, 마찰, 고소, 고발을 조심하여야 한다.

◈ 112

新生-新生-變化.

새로운 사람, 새로운 일이 생긴다.

生이 되면 새로운 이성을 만나고 결혼을 할 수 있다.

魁이 되면 이때에 만나는 이성과는 삼각관계가 된다. 이별, 유산을 하거나 주위 사람이 원수로 변한다.

魁이 되면 10월, 11월에 만난 사람과 12월에 이별하게 되며, 특히 午, 未 일주가 임신을 하게 되면 다음 해에 유산한다.

## ❀ 1-5-6(新生-驚破-官)

주도수 5는 경파(驚破)다. 수리의 등급은 B급이다. 평생기본수 1인 사람의 그해를 주도하는 숫자 5는 驚破다. 글자의 뜻 그대로 정신적 물질적으로 별안간 충격을 받아 타격을 받고 깜짝 놀란다는 뜻이다.

이해에는 4월부터 9월까지 6개월간 수리가 729이다. 729는 오방산신 난동수(五方山神亂動數)다. 다섯 방향의 모든 흉신(凶神)이 날뛴다는 뜻이다.

심리적으로 갈등하고 정신적으로 불안하다. 매사 진퇴난양에 빠져 이러지도 저러지도 못하는 상태가 된다. 또한 건강이 무너지고 쉽게 질병에 노출되는 시기이다. 가장 많이 적용하는 것은 건강 이상, 질병 노출, 심리적 갈등 등이다.

주도수 5의 오행은 土다. 소화기 계통의 질병인 위장, 비장 등으로 고생할 수 있다.

또한 경파는 큰 재물(財物)로 풀이한다. 사주명리학의 십성 중 편재를 말하는 것이다. 이해에 6 또는 9 수리와 生이 되는 달에 부동산을 매입하여 189에 매도하면 큰 이익을 본다.

평생운이 156인 사람은 13세부터 48세까지 36년간 허송세월을 보낸다. 사주명리학의 공망(空亡)과 같은 작용을 한다.

---

✔ 日沒零暗 萬事空. 破家敗散 又失意 (일몰영암 만사공. 파가패산 우실의)
　해는 져서 어둡고 만사허무한데 가세는 헐고 재산마저 탕진하니 실의만
　깊다.
✔ 病弱短名 多災難. 剋夫刑妻 別親苦 (병약단명 다재난. 극부형처 별친고)
　병약 · 단명 · 재난이 또 겹치니 극부 · 형처 · 부모 이별 하고 눈물이 겹친다.

| B1 | | 5 | | 6 | |
|---|---|---|---|---|---|
| 新生 | 水 | 驚破 | 土 | 官 | 水 |
| **7** | | **2** | | **9** | |
| 病(退食) | 火 | 變化 | 火 | 文書 | 金 |
| **7** | | **2** | | **9** | |
| 病(退食) | 火 | 變化 | 火 | 文書 | 金 |
| **6** | | **9** | | **6** | |
| 官 | 水 | 文書 | 金 | 官 | 水 |

| 日支別 吉凶月 | | | | | |
|---|---|---|---|---|---|
| 寅 | | 卯 | | 辰 | |
| 吉 | 凶 | 吉 | 凶 | 吉 | 凶 |
| 1-5-9 | 4-7-8-10 | 2-6-9-10 | 3-5-7-8-11 | 3-7-8-11 | 2-9-10-12 |
| 巳 | | 午 | | 未 | |
| 吉 | 凶 | 吉 | 凶 | 吉 | 凶 |
| 4-8-12 | 1-7-9-10 | 1-5-6-9 | 2-11-12 | 2-5-6-10 | 9-11-12 |
| 申 | | 酉 | | 戌 | |
| 吉 | 凶 | 吉 | 凶 | 吉 | 凶 |
| 3-7-11 | 1-2-4-10 | 3-4-8-12 | 1-2-9-11 | 1-2-5-9 | 3-4-6-8-12 |
| 亥 | | 子 | | 丑 | |
| 吉 | 凶 | 吉 | 凶 | 吉 | 凶 |
| 2-6-10 | 1-3-4-7 | 3-7-11-12 | 2-5-6-8 | 4-8-11-12 | 3-5-6-9 |

◈ 156

新生-驚破-官. 혁신수(革新數)다.

주도수 5는 경파다. 주도수 5일 때는 사람들이 전에 없던 용맹성을 드러내고 겁이 없어진다.

156과 516은 혁신수다. 혁신적인 큰 변화, 큰 변동이 나타난다. 박정희가 주도한 5·16 군사정변도 1961년 5월 16일에 일어났다. 生이 되면 긍정적 적극적으로 실행에 옮겨야 한다.


◈ 729

病/退食-變化-文書. 오방산신난동수(五方山神亂動數)다.

4월부터 9월까지 6개월간 심리적 갈등으로 인하여 안정을 찾지 못한다. 生이 되면 주위로부터 도움을 받을 수 있지만 剋이 되면 건강이 무너지고 변화와 함께 문서적인 측면에서 문제가 발생한다. 되는 일이 없다.

4월과 7월에 寅, 申, 巳, 亥 일주는 아프다.

5월과 8월에 子 午 卯 酉 일주는 변화 변동을 하지 않아야한다.

6월과 9월에 辰 戌 丑 未 일주는 문서를 조심하여야 한다.


◈ 729

病/退食-變化-文書. 오방산신난동수(五方山神亂動數)다.

4월과 7월은 生이 되든 剋이 되든 건강을 조심해야 한다. 건강 때문에 놀라고 입원하게 된다. 生이 되어도 감기라도 앓게 된다.

주도수는 5(驚破)이며, 9월 수리는 9(文書)다. 9월에 生이 되면 부동산에 투자하라. 사주팔자 지지에 따라서 투자처가 다르다. 지지 辰은 10층 이

하의 建物, 戌은 野山, 丑은 田畓, 未는 10층 이상의 높은 빌딩에 투자하라.

## ◈ 696

官-文書-官. 명예수(名譽數) 행운수(幸運水)다.

生이 되면 10월, 11월, 12월에 주위의 도움으로 행운이 따른다.

696에는 生이 되는 달에 복권을 사도 좋다.

훼이 되면 6월 9월에 계약한 문서가 취소되고 관재구설에 오른다. 이해에 부동산 거래대금은 최소 15 단위부터 최대 65 단위 사이에서 거래하라.

## ❀ 1-6-7(新生-官-病/退食)

주도수 6은 관(官)이다. 수리의 등급은 B급이다. 평생기본수 1인 사람의 그해를 주도하는 숫자 6는 官이다.

官은 사주명리학의 十星 중 관성(官星)에 해당한다. 官은 행운, 명예, 벼슬, 합격, 승진, 입찰, 계약 등을 뜻하며, 가정, 병원, 학교, 회사, 공공기관 등 일정한 형태를 갖춘 조직체를 뜻한다.

가장 많이 적용하는 것은 합격, 승진, 소송, 계약 체결 등이다. 生이 되면 학생은 시험 합격, 입학을 이루게 되고 취업준비생은 취업을 하게 되며, 미혼자는 약혼 또는 결혼을 하게 된다. 소송의 경우 승소(勝訴)를 할 수 있고, 입찰 또는 매매는 계약 체결을 하게 된다.

病이 되면 학업이 되지 않거나 시험 불합격, 승진 누락, 해고, 명예 실추 등의 불명예를 당한다. 가정에서는 부모 자식 간, 부부간에 갈등이 일어나며, 거래 쌍방 간에는 다툼이 발생하고 소송은 패소(敗訴)한다.

주도수가 6이 되는 경우에는 면담자의 목적사에 따라서 좋은 달과 나쁜 달을 구별하여 때를 구하여야 한다. 특히 목적사가 소송일 경우에는 상대방의 수리를 알아서 서로 비교분석을 해야 하며 吉한 달에만 재판에 임하여야 한다.

| B1 | | 6 | | 7 | |
|---|---|---|---|---|---|
| 新生 | 水 | 官 | 水 | 病(退食) | 火 |
| **8** | | **4** | | **3** | |
| 財物 | 木 | 安定 | 金 | 鬼神 | 木 |
| **2** | | **7** | | **9** | |
| 變化 | 火 | 病(退食) | 火 | 文書 | 金 |
| **2** | | **8** | | **1** | |
| 變化 | 火 | 財物 | 木 | 新生 | 水 |

### 日支別 吉凶月

| 寅 | | 卯 | | 辰 | |
|---|---|---|---|---|---|
| 吉 | 凶 | 吉 | 凶 | 吉 | 凶 |
| 1-5-9 | 4-7-8-10 | 2-6-9-10 | 3-5-7-8-11 | 3-7-8-11 | 2-9-10-12 |
| 巳 | | 午 | | 未 | |
| 吉 | 凶 | 吉 | 凶 | 吉 | 凶 |
| 4-8-12 | 1-7-9-10 | 1-5-6-9 | 2-11-12 | 2-5-6-10 | 9-11-12 |
| 申 | | 酉 | | 戌 | |
| 吉 | 凶 | 吉 | 凶 | 吉 | 凶 |
| 3-7-11 | 1-2-4-10 | 3-4-8-12 | 1-2-9-11 | 1-2-5-9 | 3-4-6-8-12 |
| 亥 | | 子 | | 丑 | |
| 吉 | 凶 | 吉 | 凶 | 吉 | 凶 |
| 2-6-10 | 1-3-4-7 | 3-7-11-12 | 2-5-6-8 | 4-8-11-12 | 3-5-6-9 |

◈ 167

新生-官-病/退食.

주도수 6은 官이다. 능력을 발휘하고 명예가 상승한다.

生이 되면 시험운이 좋기 때문에 수험생 또는 취업준비생은 합격한다.

尅이 되면 공부가 안 되고 심리적으로 갈등하며 부모 자식 간에 다툼이 일어난다.


◈ 843

財物-安定-鬼神.

주도수 6(水)의 8(木), 4(金), 3(木)은 상생관계다.

生이 되면 재물이 들어오고 안정이 된다.

尅이 되면 승진에서 누락되거나 낙직할 수 있다.

戌, 亥 일주는 3월에 건강이상이 발생하여 4월에 재물 낭비로 고생하다가 5월이 되어야 안정이 된다.


◈ 279

變化-病/退食-文書. 오방산신난동수(五方山神亂動數)다.

변화·변동하거나 과로하면 건강에 문제가 발생한다.

寅, 卯 일주는 6월과 7월의 27이 주도수와 水克火가 되므로, 여름철에 물 조심을 해야 하고, 또한 6월, 7월의 27은 9월과 火克金이므로 교통사고를 조심해야 한다.

寅, 卯 일주는 7월, 8월에 변화·변동으로 건강을 해친다.

申, 酉 일주는 7월, 8월에 변화·변동을 하는 것이 좋다.

◈ 281

變化-財物-新生.

주도수 6(水)과 2(火)가 헨이 되면 상대방의 변화 변심으로 손실을 본다.

변화·변동 또는 관청(官廳)과 관련된 업무를 조심해야 한다.

수험생의 경우 生이 되면 시험에 합격한다. 다만 午, 未 일주는 평생에
음력 11월과 12월 두 달이 연이어 헨이 되므로 대학 입시에 저주받은 사
람들이다.

## ❀ 1-7-8(新生-病/退食-財物)

주도수 7은 병/퇴식(病/退食)이다. 수리의 등급은 B급이다. 평생기본수 1인 사람의 그해를 주도하는 숫자 7은 病이다. 病은 사주명리학의 十星 중 편인(偏印) 또는 퇴식(退食)에 해당한다.

病은 질병, 만성피로, 스트레스 등 정신적 · 육체적 질병을 뜻한다.

또한 밥을 의미하는 식신(食神)을 剋한다고 하여 도식(倒食) 또는 퇴식(退食)이라고도 한다. 퇴식은 의식주의 불안정과 궁핍한 생활을 뜻한다.

가장 많이 적용하는 것은 건강, 질병, 입원, 수술 등이다. 病은 生이 되어도 가벼운 감기라도 앓게 되며 剋이 되면 입원, 수술 등으로 인하여 일상생활이 중단되는 결과를 초래한다.

현대인의 가장 큰 관심사는 건강이다. 내담자의 목적사가 무엇이든 남녀노소(男女老少)를 불문하고 건강에 대한 질문은 반드시 한다. 사주명리학의 건강은 음양(陰陽)과 오행(五行)의 유무(有無) 및 과다(過多)로써 판단할 수 있는데, 그것보다 더 명쾌하게 파악할 수 있는 것이 수리역학매화역수의 숫자 7이다.

평생기본수 3, 5는 陽적이며 남성적이고 강한 수리이기 때문에 주도수가 7일 때에 큰 문제가 없다. 반면 평생기본수 1, 2, 4, 6, 7, 8, 9는 주도수가 7일 때에 심리적 안정을 찾지 못하고 쉽게 질병에 노출되는 어려운 상황에 봉착하기 때문에 유의하여야 한다.

| B1 | | 7 | | 8 | |
|---|---|---|---|---|---|
| 新生 | 水 | 病(退食) | 火 | 財物 | 木 |
| 9 | | 6 | | 6 | |
| 文書 | 金 | 官 | 水 | 官 | 水 |
| 6 | | 3 | | 9 | |
| 官 | 水 | 鬼神 | 木 | 文書 | 金 |
| 7 | | 7 | | 5 | |
| 病(退食) | 火 | 病(退食) | 火 | 驚破 | 土 |

## 日支別 吉凶月

| 寅 | | 卯 | | 辰 | |
|---|---|---|---|---|---|
| 吉 | 凶 | 吉 | 凶 | 吉 | 凶 |
| 1-5-9 | 4-7-8-10 | 2-6-9-10 | 3-5-7-8-11 | 3-7-8-11 | 2-9-10-12 |
| 巳 | | 午 | | 未 | |
| 吉 | 凶 | 吉 | 凶 | 吉 | 凶 |
| 4-8-12 | 1-7-9-10 | 1-5-6-9 | 2-11-12 | 2-5-6-10 | 9-11-12 |
| 申 | | 酉 | | 戌 | |
| 吉 | 凶 | 吉 | 凶 | 吉 | 凶 |
| 3-7-11 | 1-2-4-10 | 3-4-8-12 | 1-2-9-11 | 1-2-5-9 | 3-4-6-8-12 |
| 亥 | | 子 | | 丑 | |
| 吉 | 凶 | 吉 | 凶 | 吉 | 凶 |
| 2-6-10 | 1-3-4-7 | 3-7-11-12 | 2-5-6-8 | 4-8-11-12 | 3-5-6-9 |

◈ 178

新生-病/退食-財物.

주도수 7은 病이다. 이해에는 건강을 조심해야 한다. 이때 찾아오는 사람에게는 무조건 건강을 조심하라고 해라. 맞힐 확률은 90% 이상이다. 한 해 내내 의욕이 상실되고 건강상 문제가 발생한다.

평생기본수 1, 2, 4, 6, 7, 8, 9는 주도수 7이 나쁘게 작용하지만, 평생기본수 3, 5는 괜찮다.

申, 酉 일주는 2월에 건강에 유의하여야 한다.

辰 일주는 3월에 病으로 인해 병원 치료비가 많이 지출된다.


◈ 966

文書-官-官. 명예수(名譽數) 행운수(幸運水)다.

生이 되면 명예 상승, 승진 등 행운이 온다.

剋이 되면 직장에서 쫓겨난다. 퇴식(退食)은 직장에서 물러난다는 뜻이다.

子, 丑 일주는 5월, 6월에 건강 이상뿐만 아니라 관재구설이 발생한다.


◈ 639

官-鬼神-文書. 관재구설수(官災口舌數)다.

시비, 다툼, 모함, 조사, 소송, 이혼을 조심하여야 한다.

특히 寅, 卯 일주는 7월, 8월 두 달 연속적으로 불길하다.

본인이 639이고 상대가 639 또는 369가 되면 이혼이 성립한다.

申, 酉 일주는 7월, 8월에 명예로운 소식을 듣는다.

◈ 775

病/退食-病/退食-驚破.

주도수 7의 7(10월), 7(11월)은 매우 나쁘다. 生이 되어도 며칠을 앓아눕게 된다. 일주 亥, 子, 丑을 제외한 모든 사람들은 이때를 각별히 조심하여야 한다.

평생기본수 7인 사람이 이때에 크게 다치거나 질병으로 인하여 입원 · 수술을 하는 경우가 70% 이상이다.

## ⊛ 1-8-9(新生-財物-文書)

주도수 8은 재물(財物)이다. 수리의 등급은 AA급이다. 평생기본수 1인 사람의 그해를 주도하는 숫자 8은 재물(財物)이다. 財物은 사주명리학의 十星 중 재성(財星)에 해당한다.

재성은 정재(正財)와 편재(偏財)로 나누어지는데, 5수리는 편재에 해당하고 8수리는 정재에 해당한다. 가장 많이 적용하는 것은 돈, 재물, 매매 등이다.

주도수가 8인 때에는 한 해 내내 돈 생각이다. 돈이 필요하다, 벌어야 한다, 갚아야 한다, 빌려야 한다 등등 모든 문제가 돈과 결부되어 있다.

1-8-9는 행운의 수리이며 大吉數다. 무엇을 해도 뜻대로 원하는 바를 이룰 수 있다. 형, 파, 충, 해, 원진이 들어와도 크게 凶이 되지 않는다.

이해에는 10월, 11월, 12월의 369 관재구설수만 피하면 된다.

평생의 운이 189이면 일평생 재물과 귀인이 따라온다. 평생 돈이 마르지 않고 주위 사람들의 인덕을 본다.

> **숫자 1과 비겁(比劫)**
>
> 수리역학매화역수의 1은 새로운 일 또는 새로운 사람을 의미하며, 특별히 형제자매를 포함한다.
> 사주명리학에서 비겁은 육친(六親) 중에서 형제자매로 본다.
> 비견은 나와 뜻을 같이하는 정(情) 많은 형제자매, 겁재는 나와 뜻을 달리하는 情 없는 형제자매다.
> 숫자 1이 합이 되면 비견으로 보고 충이 되면 겁재로 본다. 숫자 1이 剋이 될 때에는 최근에 새로이 동거하거나 동업을 하는 형제자매와 분란이 날 수 있으므로 조심해야 한다.

| AA1 | | 8 | | 9 | |
|---|---|---|---|---|---|
| 新生 | 水 | 財物 | 木 | 文書 | 金 |
| 1 | | 8 | | 9 | |
| 新生 | 水 | 財物 | 木 | 文書 | 金 |
| 1 | | 8 | | 9 | |
| 新生 | 木 | 財物 | 木 | 文書 | 金 |
| 3 | | 6 | | 9 | |
| 鬼神 | 木 | 官 | 水 | 文書 | 金 |

| 日支別 吉凶月 | | | | | |
|---|---|---|---|---|---|
| 寅 | | 卯 | | 辰 | |
| 吉 1-5-9 | 凶 4-7-8-10 | 吉 2-6-9-10 | 凶 3-5-7-8-11 | 吉 3-7-8-11 | 凶 2-9-10-12 |
| 巳 | | 午 | | 未 | |
| 吉 4-8-12 | 凶 1-7-9-10 | 吉 1-5-6-9 | 凶 2-11-12 | 吉 2-5-6-10 | 凶 9-11-12 |
| 申 | | 酉 | | 戌 | |
| 吉 3-7-11 | 凶 1-2-4-10 | 吉 3-4-8-12 | 凶 1-2-9-11 | 吉 1-2-5-9 | 凶 3-4-6-8-12 |
| 亥 | | 子 | | 丑 | |
| 吉 2-6-10 | 凶 1-3-4-7 | 吉 3-7-11-12 | 凶 2-5-6-8 | 吉 4-8-11-12 | 凶 3-5-6-9 |

◈ 189

新生-財物-文書. 대길수(大吉數)다.

주도수 8은 재물(財物)이다. 새로운 일, 새로운 사람이 나타나고 돈이 들어오고 모든 문서에 행운이 따른다.

이해에는 1월부터 9월까지 9개월 동안 이성과 돈이 따른다.

生이 되면 본인이 하고 싶은 대로 해도 좋다. 무엇을 해도 좋은 결과를 낳는다.

이해에는 189와 같은 AA급 손님은 잘 오지 않는다. 다만 1수리 사람에게는 반드시 189 AA급이 언제 도래하는지를 알려 주어야 한다. 내담자는 희망과 꿈을 가지게 되고 감사하다는 말을 잊지 않는다.


◈ 189

新生-財物-文書. 대길수(大吉數)다.

生이 되면 들어오는 돈이다. 剋이 되면 나가는 돈이다.

일주와 각각의 月이 충, 형, 파, 해, 원진이 되어도 189는 나쁘지 않다.


◈ 189

新生-財物-文書. 대길수(大吉數)다.

일지 寅, 申, 巳, 亥는 새로운 일 또는 새로운 사람과의 인연이 없다.

일지 子, 午, 卯, 酉는 돈이 나간다.

일지 辰, 戌, 丑, 未는 새로운 이성을 만나도 결혼까지 가지는 못한다.

◈ 369

鬼神-官-文書. 관재구설수(官災口舌數)다.

이해의 관재구설은 관재구설보다는 집안의 노약자가 死亡한다고 풀이하라.

이때에 運命을 달리하는 사람은 천수(天壽)를 다하는 사람들이다. 聖人은 수리가 좋을 때에 운명을 달리하고, 凡人은 수리가 나쁠 때에 운명을 달리한다.

이달에 집안의 대소사(大小事)는 반드시 참석해야 한다. 조상이 돌보아줄 것이다.

## ❀ 1-9-1(新生-文書-新生)

주도수 9는 문서(文書)이다. 수리의 등급은 C급이다. 평생기본수 1인 사람의 그해를 주도하는 숫자 9는 文書다.

수리역학매화역수에서 문서는 본인의 이름 석 자가 서명되고 개인, 기업체, 관공서 등의 조직체에서 업무상 취급되는 일체의 서류와 모든 기록물이라고 할 수 있다. 합격증, 임명장, 증서, 여권, 매매계약서, 혼인서약서, 진단서, 소송장 등 거의 모든 서류와 기록을 문서라고 한다.

또한 수리역학매화여수에서 문서는 6 관(官)과 혼용하기도 한다. 가장 많이 적용하는 것은 여행, 학업, 승진, 매매 등이다.

191은 나쁜 운세이다. 상반기 6개월은 운세가 지지부진하다. 하반기에 가서야 안정을 찾게 된다. 이해에는 작년 189에 번 돈을 날려 먹기도 한다.

다음 해의 수리는 112로서 A급이다.

---

**매화역수의 숫자 1, 6**

숫자 1은 신생(新生), 6은 관(官)이다. 그해 또는 그달에 숫자 1이 없으면 6이 1을 대용(代用)할 수 있다.

남녀 사이의 애정 문제에 있어서 6은 1과 같은 이성(異性)으로 본다. 生이 되면 새로운 인연과의 만남, 결혼, 임신, 출산을 뜻하며 剋이 되면 이상형(理想型)이 아닌 이성과의 오래가지 못하는 만남, 이별, 유산 등을 뜻한다.

1은 내가 상대를 좋아하게 되는 이성이며, 반대로 6은 상대가 나를 좋아하는 이성이다.

| C1 新生 水 | 9 文書 金 | 1 新生 水 |
|---|---|---|
| 2 變化 火 | 1 新生 水 | 3 鬼神 木 |
| 5 驚破 土 | 4 安定 金 | 9 文書 金 |
| 8 財物 木 | 5 驚破 土 | 4 安定 金 |

## 日支別 吉凶月

| 寅 | | 卯 | | 辰 | |
|---|---|---|---|---|---|
| 吉 | 凶 | 吉 | 凶 | 吉 | 凶 |
| 1-5-9 | 4-7-8-10 | 2-6-9-10 | 3-5-7-8-11 | 3-7-8-11 | 2-9-10-12 |
| 巳 | | 午 | | 未 | |
| 吉 | 凶 | 吉 | 凶 | 吉 | 凶 |
| 4-8-12 | 1-7-9-10 | 1-5-6-9 | 2-11-12 | 2-5-6-10 | 9-11-12 |
| 申 | | 酉 | | 戌 | |
| 吉 | 凶 | 吉 | 凶 | 吉 | 凶 |
| 3-7-11 | 1-2-4-10 | 3-4-8-12 | 1-2-9-11 | 1-2-5-9 | 3-4-6-8-12 |
| 亥 | | 子 | | 丑 | |
| 吉 | 凶 | 吉 | 凶 | 吉 | 凶 |
| 2-6-10 | 1-3-4-7 | 3-7-11-12 | 2-5-6-8 | 4-8-11-12 | 3-5-6-9 |

## ◈ 191

新生-文書-新生. 주도수 9는 文書다.

生이 되면 1월과 3월에 새로운 사람을 만난다. 生이 되면 2월에 새로운 일을 도모할 수 있다.

헨이 되면 이성과 문서에 문제가 생긴다. 부부 불안으로 가정사에 문제가 발생한다.


## ◈ 213

變化-新生-鬼神. 이별수(離別數)다.

生이 되면 헤어졌거나 잊혀진 사람을 다시 만나거나 소식을 듣게된다. 또한 生이 되면 이때는 바람기가 발동하는 시기로서 남녀 共히 본인이 좋아하는 이성을 만날 수 있지만 인연은 오래가지 않는다.

수리가 나쁘기 때문에 이별, 이혼, 배신, 직장 퇴사, 폐업, 부도, 사고 등이 발생한다.

헨이 되면 주변 사람들의 태도가 급변하고 원수로 변한다.

1수리가 이혼을 많이 하는 시기다.

주도수 9(金)의 2(火)가 놓이는 때에는 자동차 교통사고를 당하기도 한다.


## ◈ 549

驚破-安定-文書. 무난수(無難數)다.

7월부터 비로소 안정이 되고 모든 것이 순조롭게 풀려 나간다.

그러나 寅, 卯 일주는 7월, 8월에 문서 때문에 크게 놀랄 일이 생긴다.

이해에 입찰에 임할 때에는 금액의 숫자 중에서 1과 9를 잘 활용하라.

◈ 854

財物-驚破-安定.

작년 189 때의 금전 수입을 잘 관리해야 한다.

寅, 申, 巳, 亥 일주는 금전과 관련된 문서상에 큰 문제가 생긴다. 작년에 벌어들인 돈을 일순간에 날려 버릴 수 있다.

특히 辰, 巳 일주는 금융 사고를 조심해야 한다.

# 2강 ∿ 평생기본수 2수리

평생기본수 2수리는 각자의 생년월일 중에서 '음력 생월의 숫자 + 음력 생일의 숫자 + 1'을 9진법으로 계산하여 나머지가 2가 되는 사람의 운명이다.

평생기본수 2수리는 주도수 따라서 213, 224, 235, 246, 257, 268, 279, 281, 292 등 아홉 가지로 분류되며, 대운 9년 기간 내에서 주기적으로 운세가 변화한다.

평생기본수 2수리는 292일 때가 가장 운세가 상승한 때이며, 257일 때가 가장 운세가 하락한 때이다 따라서 평생기본수 2수리는 최고점 292와 최저점 257을 오르내리며 운세가 변화한다.

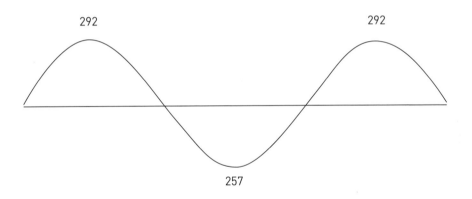

| 수리 | 213 | 224 | 235 | 246 | 257 | 268 | 279 | 281 | 292 |
|------|-----|-----|-----|-----|-----|-----|-----|-----|-----|
| 등급 | C | A | B | A | CC | B | C | C | AA |

AA 가장 좋음, A 좋음, B 보통, C 나쁨, CC 가장 나쁨

## ❀ 2-1-3(變化-新生-鬼神)

주도수 1은 신생(新生)이다. 수리의 등급은 C급이다. 평생기본수 2인 사람이 그해를 주도하는 숫자 1은 새로운 일 새로운 사람을 뜻한다.

이해에는 무엇인가 하고자 하는 의욕과 욕구가 강하다. 2-1-3은 4월부터 9월까지는 B급이며, 그 외는 C급이다.

학생은 이성 교제를 시작하여 마음을 빼앗기고 학업 성적이 떨어진다.

처녀 총각은 새로운 이성을 알게 되고 결혼을 하려는 마음이 생긴다.

직장이 없는 사람은 원하는 새로운 직장을 얻게 된다.

창업을 준비하는 사람은 새로운 사업을 시작할 수 있다.

기존 사업자는 새로운 직원들을 모집 충원하게 되고, 새로운 업태 종목을 추가하여 사세(事勢)를 확장한다.

### 五行의 有無

사주운세 풀이는 내담자의 사주팔자원국을 종합적 입체적으로 파악해야 한다. 또한 수리역학매화역수와 사주명리학을 함께 활용하여야 한다.

가장 먼저 사주팔자의 여덟 글자를 木, 火, 土, 金, 水의 五行으로 나누어 본다. 모든 사람의 사주팔자는 오행이 모두 있는 사람이 25%에 불과하다. 이것을 우리는 오복(五福)을 다 갖추었다고 한다. 오행 중에서 하나 이상이 없는 사람은 75% 정도다.

사주풀이에서 五行의 有無와 十星의 有無는 대단히 중요하다. 건강, 육친, 재물, 명예, 학문 등 사주팔자원국에서 없는 五行과 十星이 그 사람의 삶의 정도이며 삶의 한계인 것이다.

| C2 | | 1 | | 3 | |
|---|---|---|---|---|---|
| 變化 | 火 | 新生 | 水 | 鬼神 | 木 |
| 5 | | 4 | | 9 | |
| 驚破 | 土 | 安定 | 金 | 文書 | 金 |
| 5 | | 4 | | 9 | |
| 驚破 | 土 | 安定 | 金 | 文書 | 金 |
| 3 | | 9 | | 3 | |
| 鬼神 | 木 | 文書 | 金 | 鬼神 | 木 |

| 日支別 吉凶月 | | | | | |
|---|---|---|---|---|---|
| 寅 | | 卯 | | 辰 | |
| 吉<br>1-5-9 | 凶<br>4-7-8-10 | 吉<br>2-6-9-10 | 凶<br>3-5-7-8-11 | 吉<br>3-7-8-11 | 凶<br>2-9-10-12 |
| 巳 | | 午 | | 未 | |
| 吉<br>4-8-12 | 凶<br>1-7-9-10 | 吉<br>1-5-6-9 | 凶<br>2-11-12 | 吉<br>2-5-6-10 | 凶<br>9-11-12 |
| 申 | | 酉 | | 戌 | |
| 吉<br>3-7-11 | 凶<br>1-2-4-10 | 吉<br>3-4-8-12 | 凶<br>1-2-9-11 | 吉<br>1-2-5-9 | 凶<br>3-4-6-8-12 |
| 亥 | | 子 | | 丑 | |
| 吉<br>2-6-10 | 凶<br>1-3-4-7 | 吉<br>3-7-11-12 | 凶<br>2-5-6-8 | 吉<br>4-8-11-12 | 凶<br>3-5-6-9 |

◈ 213

變化-新生-鬼神. 이별수(離別數)다.

123과 같은 의미로서 이별을 뜻한다.

변화와 새로운 사람 때문에 심리적으로 갈등한다.

生이 되면 귀인이 도와줄 것이고, 헤어졌던 사람을 다시 만난다.

剋이 되면 이해 2월에 새로 만난 사람과는 인연이 없다. 주위 사람들이
원수로 변한다. 이별과 이혼의 징조(徵兆)다.

申, 酉 일주는 이별을 하고, 주변이 원수로 돌변한다. 새로운 사람을
만나면 삼각관계가 되고 두 사람 다 놓친다.

亥, 卯, 未 일주는 헤어졌던 옛사람을 만난다.


◈ 549

驚破-安定-文書. 무난수(無難數)다.

4월부터 9월까지 6개월 동안은 무난하고 안정이 된다.

549는 土生金이므로 相生이다. 큰 욕심만 내지 않으면 무난하다.

이 시기에 生이 되면 2월에 만난 새로운 인연과 결혼이 가능하다.


◈ 549

驚破-安定-文書. 무난수(無難數)다.

부동산 매매는 5, 6, 9 숫자를 본다. 5, 6, 9는 모두 부동산 매매의 뜻
을 지닌다. 549는 부동산 매매에 좋은 시기다.

◈ 393

鬼神−文書−鬼神. 상문살(喪門殺)이다.

직계 4촌까지는 괜찮지만 그 외의 일가친족 및 지인(知人)의 장례식은 참석이 불가하다. 집안에 노인이나 중환자가 있을 때에는 남의 상가는 가지 않아야 한다. 辰, 午, 未, 亥 일주는 특히 유의해야 한다.

자녀의 수리가 393, 933이고 부모의 수리가 639, 369일 때에 부모상을 당한다. 반대로 자녀의 수리가 639, 369이고 부모의 수리가 393, 933일 때에도 마찬가지다.

辰, 巳, 午, 未 일주는 393일 때에 조심해야 한다.

# ❀ 2-2-4(變化-變化-安定)

주도수 2는 변화(變化)다. 수리의 등급은 A급이다.

등급이 A급으로 매 달의 수리가 편하게 작용한다.

평생기본수 2인 사람의 그해를 주도하는 숫자 2는 변화와 변동을 뜻한다. 평생기본수 2인 사람은 평생토록 삶의 변화와 변동이 많다. 이해에는 무엇인가 변화 변동하고자 하는 의욕과 욕구가 생긴다.

이때에는 본인 스스로 변화 변동을 하지 않아도, 변화를 하게끔 주위의 여건이 조성된다.


1~999는 연인과 함께 여행을 떠난다.

2~999는 마음이 갑자기 動하여 이사, 이동을 한다.

3~999는 중풍에 걸릴 수 있다.

6~999는 명예가 상승하고 행운이 찾아오며 업무상 멀리 간다.

9~999는 해외 이주 또는 이민을 간다.


## 좋은 四柱

천간에 丙과 辛이 있으면 좋은 사주다.

지지에 寅, 巳, 申, 戌 및 申, 酉가 있으면 좋은 사주다.

지지에 四生地가 전부 있으면 좋은 사주다.

지지에 四庫地가 년지부터 辰戌丑未 차례로 들어오면 좋은 사주다.

지지에 四旺地가 전부 있으면 좋은 사주다.

천간과 지지에 양인살(兩刃殺), 괴강살(魁剛殺), 백호대살(白虎代殺)이 있으면 좋은 사주다.

좋은 사주는 평생 의식주(衣食住)에 대한 어려움이 없다.

| A2 | | 2 | | 4 | |
|---|---|---|---|---|---|
| 變化 | 火 | 變化 | 火 | 安定 | 金 |
| **6** | | **6** | | **3** | |
| 官 | 水 | 官 | 水 | 鬼神 | 木 |
| **9** | | **9** | | **9** | |
| 文書 | 金 | 文書 | 金 | 文書 | 金 |
| **8** | | **8** | | **7** | |
| 財物 | 木 | 財物 | 木 | 病(退食) | 火 |

제 3 부

81 수리 해설

| 日支別 吉凶月 | | | | | |
|---|---|---|---|---|---|
| 寅 | | 卯 | | 辰 | |
| 吉 | 凶 | 吉 | 凶 | 吉 | 凶 |
| 1-5-9 | 4-7-8-10 | 2-6-9-10 | 3-5-7-8-11 | 3-7-8-11 | 2-9-10-12 |
| 巳 | | 午 | | 未 | |
| 吉 | 凶 | 吉 | 凶 | 吉 | 凶 |
| 4-8-12 | 1-7-9-10 | 1-5-6-9 | 2-11-12 | 2-5-6-10 | 9-11-12 |
| 申 | | 酉 | | 戌 | |
| 吉 | 凶 | 吉 | 凶 | 吉 | 凶 |
| 3-7-11 | 1-2-4-10 | 3-4-8-12 | 1-2-9-11 | 1-2-5-9 | 3-4-6-8-12 |
| 亥 | | 子 | | 丑 | |
| 吉 | 凶 | 吉 | 凶 | 吉 | 凶 |
| 2-6-10 | 1-3-4-7 | 3-7-11-12 | 2-5-6-8 | 4-8-11-12 | 3-5-6-9 |

### ❖ 224

變化-變化-安定.

평생기본수 2수리가 주도수 2를 만난다.

변화와 변동에 대한 강한 욕구가 발생하며 또한 변화와 변동을 함으로써 안정을 찾는다. 이때에는 순리적으로 목표를 달성할 수 있다. 이사·이전에 좋은 시기이다. 申, 酉, 辰, 午, 子 일주를 제외하고는 변화하는 것이 좋다.

剋이 되면 마음이 갈등하고 스트레스를 겪는다. 변화를 하면 오히려 나쁜 결과가 된다. 숫자 4는 안정과 여유로서 2와 반대의 뜻을 지니므로 변화·변동하지 않아야 한다.


### ❖ 663

官-官-鬼神.

6이 연이어 들어온다. 명예 상승과 승진에 좋은 기회이다.

663일 때에는 공망(空亡)처럼 작용을 하여 오랫동안 팔리지 않던 집이 매매된다. 生이 되면 이사하거나 팔면 좋고, 剋이 되면 이사하거나 팔고 난 후 후회를 하게 된다.

이해의 부동산 매매 금액은 최소 22단위부터 최대 42단위까지다.

6월의 수리는 3(鬼神)이지만 이해는 A급이며 주도수와 相生이므로 큰 문제가 없다.


### ❖ 999

文書-文書-文書. 여행수(旅行數)다.

자의든 타의든 원거리 지방 또는 해외로 나갈 수 있다.

魁이 되면 심리적인 변화로 어디론가 떠나고 싶어진다.

3-999는 갑자기 풍(風)을 맞을 수 있는 시기다. 풍을 맞으면 10월, 11월에 병원비가 많이 지출된다.


◈ 887

財物-財物-病/退食. 887은 매우 좋은 숫자다. 生이 되면 변화로 인하여 큰돈이 들어온다. 辰, 巳, 午, 未 일주는 오히려 돈이 나간다. 부동산 매매, 주식 투자는 금물이다.

## ❀ 2-3-5(新生-鬼神-驚破)

주도수 3은 귀신(鬼神)이다. 수리의 등급은 B급이다.

평생기본수 2인 사람의 그해를 주도하는 숫자 3은 鬼神이 발동한다는 뜻이다. 이해에는 심리적으로 갈등하고 크게 손실을 볼 수 있다. 이해에는 C급 같은 B급이다.

음력 3월과 8월에 놀랄 일이 생긴다. 산행, 바캉스를 가서 추락 익사 등 사고를 당하거나, 위장이나 비장 등 소화기 계통의 질병에 노출되거나, 주변 사람의 입원 · 사망 소식 등으로 놀랄 수 있다.

음력 4월과 11월은 7이다. 주도수 3(木)과 7(火)는 상생관계다. 따라서 이해의 7은 노약자 이외 일반인은 크게 건강을 해치거나 입원 · 수술 등의 불운(不運)은 없다.

이해에는 특별수리가 없다. 해설이 조금 난해할 수 있다.

평생기본수 2수리인 전두환은 235가 되던 2021년 음력 10월에 사망했다. 庚申 일주로서 1월, 2월, 4월, 10월이 剋이 되어 깨지는 달이다. 自坐入墓되는 해이다.

**[예시] 여자 양력 1999년 1월 13일 戊時 生. 입시생**

- ✔ 목적사: 딸의 대학 입학 문제로 2017년에 어머니가 상담.
- ✔ 해설: 乙丑 일주 평생기본수 2, 주도수 3, 수리는 459. 시주가 空亡됨. 9월은 刑이 되고 11월 12월은 합이다. 수시는 모두 불합격하였다.
- ✔ 결과: 사주팔자에 金, 水 오행이 부족하여 ㅅ · ㅈ · ㅁ · ㅂ으로 시작하는 학교 중에서 서O대학을 권유하여 정시에 합격하였다.

* 상세한 사주 및 수리풀이는 〈나는 역학이다〉 강의 동영상을 참조하십시오.

| B2 | | 3 | | 5 | |
|---|---|---|---|---|---|
| 變化 | 火 | 鬼神 | 木 | 驚破 | 土 |
| 7 | | 8 | | 6 | |
| 病(退食) | 火 | 財物 | 木 | 官 | 水 |
| 4 | | 5 | | 9 | |
| 安定 | 金 | 驚破 | 土 | 文書 | 金 |
| 4 | | 7 | | 2 | |
| 安定 | 金 | 病(退食) | 火 | 變化 | 火 |

## 日支別 吉凶月

| 寅 | | 卯 | | 辰 | |
|---|---|---|---|---|---|
| 吉 | 凶 | 吉 | 凶 | 吉 | 凶 |
| 1-5-9 | 4-7-8-10 | 2-6-9-10 | 3-5-7-8-11 | 3-7-8-11 | 2-9-10-12 |
| 巳 | | 午 | | 未 | |
| 吉 | 凶 | 吉 | 凶 | 吉 | 凶 |
| 4-8-12 | 1-7-9-10 | 1-5-6-9 | 2-11-12 | 2-5-6-10 | 9-11-12 |
| 申 | | 酉 | | 戌 | |
| 吉 | 凶 | 吉 | 凶 | 吉 | 凶 |
| 3-7-11 | 1-2-4-10 | 3-4-8-12 | 1-2-9-11 | 1-2-5-9 | 3-4-6-8-12 |
| 亥 | | 子 | | 丑 | |
| 吉 | 凶 | 吉 | 凶 | 吉 | 凶 |
| 2-6-10 | 1-3-4-7 | 3-7-11-12 | 2-5-6-8 | 4-8-11-12 | 3-5-6-9 |

◈ 235

變化-鬼神-驚破.

주도수 3은 귀신이다. 심리적 갈등으로 안정을 잃게 된다.

별 탈 없이 무사히 넘어가기를 바라며 현상 유지만 하라.

주도수가 3이 될 때에 神을 접하고 무속인의 길로 나아가는 사람들이 많다. 이 숫자가 들어오면 잠을 잘 때에 유난히 꿈을 많이 꾼다.

특히 陰일간은 형이상학적인 부문인 철학, 종교, 우주에 관심을 가진다. 이러할 때에는 독서, 벌초, 템플스테이 등이 도움이 된다.


◈ 786

病/退食-財物-官.

주도수 3과 7은 生이 되므로 가벼운 감기몸살 정도이며, 干支가 剋이 되더라도 3(木) 生 7(火)이므로 무사히 넘어간다.

寅, 申, 巳, 亥 일주는 4월에 다치거나 재난을 당하고 입원할 수 있다.

生이 되면 조상이 도와주는 형태가 되므로 돈이 들어오고 명예와 행운이 따르지만, 剋이 되면 돈이 나가고 사직(辭職)·해고(解雇)당할 수 있다. 6월에 剋이 되면 관재구설이 들어온다. 子, 丑 일주는 조심하라.


◈ 459

安定-驚破-文書. 무난수(無難數)다.

무난하고 안정이 되며 모든 일이 잘 풀려 나간다. 계획했던 일을 적극적으로 추진해야 한다.

9월에 生이 되는 문서는 조상이 도와주는 문서다. 剋이 되는 辰, 巳 일주는 문서 때문에 크게 놀란다.

### ◈ 472

安定-病/退食-變化. 안정을 취하며 현실을 유지하면 된다.

11월은 건강을 조심해야 한다. 특히 午, 未 일주는 주의를 요한다.

12월의 변화는 다음 해로 미루는 것이 낫다.

# ❀ 2-4-6(變化-安定-官)

주도수 4는 안정(安定)이다. 수리의 등급은 A급이다.

A급이지만 292와 비슷한 AA급이다.

평생기본수 2인 사람의 그해를 주도하는 숫자 4는 安定과 여유다. 심리적으로 안정하고 여유롭게 한 해를 보낸다.

주도수 4는 오행이 金이다. 4월과 7월의 숫자 8(木)을 주도수 4(金)가 극하는 형태이지만, 3월, 5월, 8월 등 앞뒤에서 水生木을 해 준다.

형, 충, 파, 해, 원진이 되어도 큰 문제없이 지나간다. 다음 해부터 4년간은 운세가 계속 하락하는 구간이다. 이런 때에는 중요한 문제 해결을 올해에 결정하고 넘어가는 것이 좋다.

평생기본수 2수리는 천성적으로 꼼꼼한 사람들이다. 실수를 하지 않으려 하고 다른 사람의 실수에도 관용을 잘 베풀지 않는다. 돌다리도 두드려 보고 건너라는 말이 있지만, 평생기본수 2수리는 너무 자로 재다가 기회를 잃어버릴 수 있다.

## 金五行의 특징(特徵)

숫자 4와 9는 金 오행이다.

사주명리학에서 金 오행은 성공(成功)의 인자(因子)다. 金은 성공을 의미하며 木은 실패를 의미한다. 金의 숫자만큼 성공 확률이 높다. 예를 들어 사주팔자 원국의 여덟 글자 중에서 金이 3개요 木이 1개라면 "인생에서 3번 성공하고 1번 실패한다."고 말하면 된다.

金은 돈을 의미하며 돈을 쥐는 힘이다. 金이 없는 사람은 돈을 벌어도 줄줄이 새어 나가서 남는 것이 별로 없다. 따라서 사주팔자에 辛, 申, 酉가 있는 사람은 그만큼 좋다.

| A2 | | 4 | | 6 | |
|---|---|---|---|---|---|
| 變化 | 火 | 安定 | 金 | 官 | 水 |
| 8 | | 1 | | 9 | |
| 財物 | 木 | 新生 | 水 | 文書 | 金 |
| 8 | | 1 | | 9 | |
| 財物 | 木 | 新生 | 水 | 文書 | 金 |
| 9 | | 6 | | 6 | |
| 文書 | 金 | 官 | 水 | 官 | 水 |

| 日支別 吉凶月 | | | | | |
|---|---|---|---|---|---|
| 寅 | | 卯 | | 辰 | |
| 吉 1-5-9 | 凶 4-7-8-10 | 吉 2-6-9-10 | 凶 3-5-7-8-11 | 吉 3-7-8-11 | 凶 2-9-10-12 |
| 巳 | | 午 | | 未 | |
| 吉 4-8-12 | 凶 1-7-9-10 | 吉 1-5-6-9 | 凶 2-11-12 | 吉 2-5-6-10 | 凶 9-11-12 |
| 申 | | 酉 | | 戌 | |
| 吉 3-7-11 | 凶 1-2-4-10 | 吉 3-4-8-12 | 凶 1-2-9-11 | 吉 1-2-5-9 | 凶 3-4-6-8-12 |
| 亥 | | 子 | | 丑 | |
| 吉 2-6-10 | 凶 1-3-4-7 | 吉 3-7-11-12 | 凶 2-5-6-8 | 吉 4-8-11-12 | 凶 3-5-6-9 |

◈ 246

變化-安定-官.

주도수 4는 안정과 여유다. 마음이 안정되고 실리를 추구한다.

대인관계가 좋아지므로 주위의 사람들을 잘 활용해야 한다.

生이 되면 이사 · 이동 · 매매 · 개업 등에 좋은 시기이며, 1월에 剋이 되면 변화 · 변동하지 않는 것이 낫다. 이때 나타나는 이성과는 인연이 없다. 이해에는 안정과 여유를 바탕으로 사람, 돈, 일 모든 면에서 잘 풀려 나간다. 나쁜 숫자 3, 5, 7이 없다. 剋이 되어도 문제없다.


◈ 819

財物-新生-文書. 대길수(大吉數)다.

안정된 상태에서 돈이 들어오고 새로운 사람이 나타나고 명예도 따른다. 무슨 일을 해도 좋은 결과를 본다.

寅, 申, 巳, 亥 일주는 4월과 7월이 剋이 된다. 지갑 분실, 서류 분실 등 실수로 인한 손해가 발생한다.


◈ 819

財物-新生-文書. 대길수(大吉數)다.

子, 午, 卯, 酉 일주는 이성을 조심해야 한다. 5월과 8월에 새롭게 만나는 인연은 오래가지 못한다.

辰, 戌, 丑, 未 일주는 6월과 9월의 문서는 주도수 4와 비견(金)이므로 나쁘지 않다. 수리역학매화역수에서는 비견을 길(吉)한 것으로 본다.

◈ 966

文書-官-官, 명예수(名譽數) 행운수(幸運數)다.

명예 상승과 행운의 시기다. 수험생의 경우 수시, 수능, 정시 등 거의 모든 시험에서 좋은 결과를 낳는다.

午, 未 일주는 11월과 12월 연이어 剋이 되므로 정반대 현상이 된다. 이때에 직장을 그만두면 몇 년 동안 실업자 신세를 면치 못한다.

## ✵ 2-5-7(變化-驚破-病/退食)

주도수 5는 경파(驚破)이다. 수리의 등급은 CC급이다.

평생기본수 2인 사람의 그해를 주도하는 숫자 5는 驚破이다. 글자의 뜻 그대로 정신적 물질적으로 별안간 충격을 받아 타격을 받고 깜짝 놀란다는 뜻이다. 또한 겁이 없어지고 행동이 과격해진다.

이해의 수리는 3, 5, 7 등 무서운 숫자들이 많다.

333이 계속 이어지면 명리학의 귀문관살(鬼門關殺)처럼 작용을 한다. 정신이상, 질병 노출, 심리적 갈등, 의처증, 의부증, 우울증, 불감증, 자살 등을 동반한다.

평생운이 257이면 대단히 어려운 삶을 살아갈 수 있다.


**秋草逢霜 中折運 逆境困難 不如意**(추초봉상 중절운 역경곤란 불여의)
가을풀이 서리를 맞아 시들었고, 역경과 곤란이 겹겹이라.


**孤愁病弱 不如意 晚運凋落 心身苦**(고수병약 불여의 만운주락 심신고)
외롭고 약한 몸에 눈물만 흐르고, 열매도 일찍 떨어져 괴롭기 그지없다.


**[예시] 남자 양력 1964년 2월 21일 辰時 生. 고위경찰관**

- ✓ 목적사: 뇌물 사건 문제로 상담.
- ✓ 해설: 庚子일주 평생기본수 2, 주도수 5, 상담 시 수리는 369. 상문살과 관재구설수가 계속된다.
- ✓ 결과: 직위해제되었다.

\* 상세한 사주 및 수리풀이는 〈나는 역학이다〉 강의 동영상을 참조하십시오.

| CC2 변화 | 火 | 5 驚破 | 土 | 7 病(退食) | 火 |
|---|---|---|---|---|---|
| 9 文書 | 金 | 3 鬼神 | 木 | 3 鬼神 | 木 |
| 3 鬼神 | 木 | 6 官 | 水 | 9 文書 | 金 |
| 5 驚破 | 土 | 5 驚破 | 土 | 1 新生 | 水 |

## 日支別 吉凶月

| 寅 | | 卯 | | 辰 | |
|---|---|---|---|---|---|
| 吉 | 凶 | 吉 | 凶 | 吉 | 凶 |
| 1-5-9 | 4-7-8-10 | 2-6-9-10 | 3-5-7-8-11 | 3-7-8-11 | 2-9-10-12 |
| 巳 | | 午 | | 未 | |
| 吉 | 凶 | 吉 | 凶 | 吉 | 凶 |
| 4-8-12 | 1-7-9-10 | 1-5-6-9 | 2-11-12 | 2-5-6-10 | 9-11-12 |
| 申 | | 酉 | | 戌 | |
| 吉 | 凶 | 吉 | 凶 | 吉 | 凶 |
| 3-7-11 | 1-2-4-10 | 3-4-8-12 | 1-2-9-11 | 1-2-5-9 | 3-4-6-8-12 |
| 亥 | | 子 | | 丑 | |
| 吉 | 凶 | 吉 | 凶 | 吉 | 凶 |
| 2-6-10 | 1-3-4-7 | 3-7-11-12 | 2-5-6-8 | 4-8-11-12 | 3-5-6-9 |

◈ 257

變化-驚破-病/退食.

주도수 5는 경파다. 주도수 5가 들어올 때에는 사람들이 저돌적이고 겁이 없어진다.

257은 무서운 숫자다. 전년도의 좋은 운세로 연이은 변화와 혁신을 꾀하지만 의욕이 상실되고 건강에도 적신호가 온다.

申, 酉 일주는 1월 2월에 건강을 해치면 5월 6월에 큰 병고(病苦)를 당한다. 직업 전변, 사업 확장 투자 등의 변화·변동으로 인하여 4월, 5월, 6월에 파국을 맞을 수도 있다.


◈ 933

文書-鬼神-鬼神. 상문살(喪門殺)이다.

이때는 상가(喪家)와 장례식장만 조심하면 된다. 상가에는 가지 않아야 한다.

5월부터 7월까지 333이 계속되므로 生이든 剋이든 모두 좋지 않다. 鬼神이 발동하는 시기다. 성격이 돌변하고 돌아 버릴 수 있다. 사업자는 망할 수도 있다. 보증을 서면 큰 변을 당한다. 학생은 가출할 수도 있다. 노약자는 사망한다.


◈ 369

鬼神-官-文書. 관재구설수(官災口舌數)다.

남의 일에 나서지 말고 끼어들지 마라.

주도수 5(土)는 부동산이다. 9월의 9는 문서다. 81가지 수리표의 9월은

전부 9 文書로 이루어진다. 9월에 生이 되면 관재구설이 종료된다. 훼이
되면 보증, 문서, 소송에 조심해야 한다.


◈ 551

驚破-驚破-新生.

生이 되면 부동산 투자에 좋은 시기이다.

훼이 되면 9월에 계약한 것이 이때에 파기될 수 있다.

훼이 되면 직장인은 참으며 복지부동해야 한다. 내년에는 승진운이
온다.

## ⊛ 2-6-8(變化-官-財物)

주도수 6은 관(官)이다. 수리의 등급은 B급이다.
평생기본수 2인 사람의 그해를 주도하는 숫자 6는 官이다.


이해에는 주도수가 官이므로 대학 입시, 공무원시험, 입사시험 등에서 행운이 따르는 시기다. 生이 되면 승진을 하기 위해서 돈을 쓰는 것이 승진 확률을 높여 준다.

음력 7월부터 9월까지 오방산신난동수(五方山神亂動數)다. 주도수 6(水)와 7(火), 2(火)가 서로 相剋이다. 따라서 이때에는 모든 사람들이 조심해야 한다.


### ▌ 水五行의 特徵

6은 水 오행이다. 사주명리학에서 水는 지혜의 인자이다.
대체로 남자 팔자에서 水가 없는 사람은 중단격(中斷格)이다. 무엇을 해도 시작은 잘하지만 끝맺음을 못한다.
水가 없는 사람은 남녀 공히 물을 건너 태어난 곳을 떠나는 것이 성공의 지름길이다. 대학은 국내보다 해외유학을 가는 것이 낫다. 水가 없는 사람은 강가, 바닷가에 위치하는 부산, 인천, 제주 등 물 가까이에 사는 것이 좋으며, 직업은 水와 관련된 업을 하거나 해외 출장이 잦은 업무를 하거나 외국계 회사에 근무하는 것이 좋다.
중국을 떠나 한국에 거주하는 중국교포의 70% 정도가 사주팔자에 水가 없다.

| B2 | | 6 | | 8 | |
|---|---|---|---|---|---|
| 變化 | 火 | 官 | 水 | 財物 | 木 |
| **1** | | **5** | | **6** | |
| 新生 | 水 | 驚破 | 土 | 官 | 水 |
| **7** | | **2** | | **9** | |
| 病(退食) | 火 | 變化 | 火 | 文書 | 金 |
| **1** | | **4** | | **5** | |
| 新生 | 水 | 安定 | 金 | 驚破 | 土 |

| 日支別 吉凶月 | | | | | |
|---|---|---|---|---|---|
| 寅 | | 卯 | | 辰 | |
| 吉 1-5-9 | 凶 4-7-8-10 | 吉 2-6-9-10 | 凶 3-5-7-8-11 | 吉 3-7-8-11 | 凶 2-9-10-12 |
| 巳 | | 午 | | 未 | |
| 吉 4-8-12 | 凶 1-7-9-10 | 吉 1-5-6-9 | 凶 2-11-12 | 吉 2-5-6-10 | 凶 9-11-12 |
| 申 | | 酉 | | 戌 | |
| 吉 3-7-11 | 凶 1-2-4-10 | 吉 3-4-8-12 | 凶 1-2-9-11 | 吉 1-2-5-9 | 凶 3-4-6-8-12 |
| 亥 | | 子 | | 丑 | |
| 吉 2-6-10 | 凶 1-3-4-7 | 吉 3-7-11-12 | 凶 2-5-6-8 | 吉 4-8-11-12 | 凶 3-5-6-9 |

◈ 268

變化-官-財物.

주도수 6은 官이다. 능력을 발휘하고 명예가 상승한다.

生이 되면 시험운이 매우 좋을 때다. 능력을 발휘하고 인정을 받게 된다. 시험에 합격한다.

尅이 되면 학업이 안 되고 심리적으로 갈등한다.

2월에 生이 되면 직장인은 승진하고 尅이 되면 승진에서 누락한다.

官은 자기보다 큰 조직체를 뜻한다. 납품, 입찰, 계약 등으로 돈이 들어온다.


◈ 156

新生-驚破-官. 혁신수(革新數)다.

혁신적인 변화 · 발전 등이 일어난다.

4월에 尅이 되면 주위 사람에게 당한다. 사람 조심해야 한다.

5월에 尅이 되면 문서, 보증, 담보, 주식 등으로 크게 놀란다.

6월에 尅이 되면 퇴사를 당할 수 있다. 특히 子, 丑 일주는 조심하라.


◈ 729

病/退食-變化-文書. 오방산신난동수(五方山神亂動數)다.

집중을 못하고 정신적 갈등과 불안을 느낀다.

7월은 生이든 尅이든 건강 문제가 따른다. 학생은 공부가 안되므로 분위기를 쇄신해야 한다. 7월, 8월에 연이어 尅이 되는 寅, 卯 일주는 건강과 변화 · 변동을 조심해야 한다.

9월이 훼이 되면 시험에 응하는 대학교는 집에서 멀수록 좋다.


◈ 145

新生-安定-驚破. 안정수(安定數)다.

10월에 훼이 되면 수능시험 성적이 예상보다 저조하고, 12월에 훼이 되면 정시에 불합격한다. 이해에 대학 입시에 실패하면 삼수(三修) 끝에 292에 진학을 할 수 있다.

## ❀ 2-7-9(變化-病/退食-文書)

주도수 7은 병(病)이다. 수리의 등급은 C급이다. 257와 같은 CC급에 가깝다.

평생기본수 2인 사람의 그해를 주도하는 숫자 7은 病/退食이다.

1월부터 9월까지는 오방산신난동수이고, 10월부터 12월까지는 관재구설수다.

한 해 내내 안정이 안 된다. 무슨 일이든 되는 것이 없을 정도다. 하던 일을 포기하고 싶을 정도다.

이해에는 그냥 쉬는 것이 낫다. 모든 일이 침체되고 진퇴난양에 빠진다. 무엇을 해야 한다는 의욕이 상실되고 목표가 사라진다. 건강을 잃게 되고 사망에 이르게 된다.

학생은 공부 의욕이 사라지고, 직장인은 직장에서 나오려 하고, 사업자는 폐업을 하려 한다. 엎드려서 한 해가 무사히 지나가기를 바랄 뿐이다.


평생운이 279이면, 건달이나 백수 같은 인생이다.


**無理伸長 不如意 中途挫折 遇災厄**(무리신장 불여의 중도좌절 우재액)
무리하게 도모하나 뜻대로 되지 아니하고, 중도에 좌절하고 재액을 만났도다.


**家庭綠薄 孤獨運 守分自重 保平安**(가정록박 고독운 수분자중 보평안)
가정도 박한 인연 고독의 운세이니, 스스로 분수 지켜 평안을 지켜야 한다.

| C2 | | 7 | | 9 | |
|---|---|---|---|---|---|
| 變化 | 火 | 病(退食) | 火 | 文書 | 金 |
| 2 | | 7 | | 9 | |
| 變化 | 火 | 病(退食) | 火 | 文書 | 金 |
| 2 | | 7 | | 9 | |
| 變化 | 火 | 病(退食) | 火 | 文書 | 金 |
| 6 | | 3 | | 9 | |
| 官 | 水 | 鬼神 | 木 | 文書 | 金 |

| 日支別 吉凶月 | | | | | |
|---|---|---|---|---|---|
| 寅 | | 卯 | | 辰 | |
| 吉 1-5-9 | 凶 4-7-8-10 | 吉 2-6-9-10 | 凶 3-5-7-8-11 | 吉 3-7-8-11 | 凶 2-9-10-12 |
| 巳 | | 午 | | 未 | |
| 吉 4-8-12 | 凶 1-7-9-10 | 吉 1-5-6-9 | 凶 2-11-12 | 吉 2-5-6-10 | 凶 9-11-12 |
| 申 | | 酉 | | 戌 | |
| 吉 3-7-11 | 凶 1-2-4-10 | 吉 3-4-8-12 | 凶 1-2-9-11 | 吉 1-2-5-9 | 凶 3-4-6-8-12 |
| 亥 | | 子 | | 丑 | |
| 吉 2-6-10 | 凶 1-3-4-7 | 吉 3-7-11-12 | 凶 2-5-6-8 | 吉 4-8-11-12 | 凶 3-5-6-9 |

◈ 279

變化-病/退食-文書. 오방산신난동수(五方山神亂動數)다.

주도수 7은 病이다. 삼재팔난(三災八難: 화재, 더위, 기근, 질병)과 같은 불운한 상태다. 한 해 내내 의욕이 상실되고 건강에 문제가 발생한다.

이해에는 건강을 조심해야 한다. 1년 내내 고생할 수 있다. 쉬는 것이 상책이다.

쉰이 되면 노인이나 환자는 사망에 이른다.


◈ 279

變化-病/退食-文書. 오방산신난동수(五方山神亂動數)다.

모든 일이 막힌다. 어디를 보아도 사방팔방이 막혀 있는 것 같은 느낌이다.

寅, 申, 巳, 亥 일주는 변화·변동을 하지 마라.

子, 午, 卯, 酉 일주는 특히 건강을 조심해야 한다.

辰, 戌, 丑, 未 일주는 문서, 보증, 투자, 투기를 조심해야 한다.


◈ 279

變化-病/退食-文書. 오방산신난동수(五方山神亂動數)다.

평생운이 279인 사람은 명예도 없고 돈도 없다. 남자가 살아가는 방법이 조직사회에 몸을 담든지 또는 사업에 몸을 담아야 하는데, 평생운이 279인 사람이 어렵지 않게 살아갈 수 있는 방법은 부모로부터 유산을 받는 방법, 여자를 잘 만나서 살아가는 방법, 또는 活人業으로 살아가는 방법이다.

◈ **639**

官-鬼神-文書. 관재구설수(官災口舌數)다.

직장인은 명예가 실추되고 구설에 휘말린다.

가정에서는 부부 불안으로 별거, 이별, 이혼을 할 수 있다. 이때는 잠시 각방을 쓰거나 주말부부 형태를 취하라.

---

### 오방산신난동수(五方山神亂動數)

279와 729는 오방산신난동수다. 같은 의미이지만 통변은 서로 다르다.

279는 변화 · 변동 때문에 건강이 나빠진다. 합이 되면 변화 · 변동을 해도 된다. 이때의 9는 변화 · 변동을 하는 문서다.

이에 비해 729는 병(病), 스트레스, 의욕 상실 때문에 변화 · 변동이 온다. 279보다 오방산신난동수의 영향이 더 크고 나쁘다

## ❀ 2-8-1 (變化-財物-新生)

주도수 8은 재물(財物)이다. 수리의 등급은 C급이다.

평생기본수 2인 사람의 그해를 주도하는 숫자 8은 財物이다. 주도수 8이 尅하는 달은 없다.

이해에 부모가 사망하면 많은 유산을 남기게 된다.

生이 되면 의외로 큰돈을 가지게 된다.

尅이 되면 의외로 큰돈을 잃게 되고 크게 손실을 본다.

수리의 등급이 C급이기 때문에 生과 尅을 잘 따져야 한다.

작년에 허송세월을 보낸 것만 같아서 이해에는 사람이 적극 나서게 된다.

그러나 수리가 만만치 않다. 작년의 나쁜 운의 기운이 아직 남아 있기 때문이다. 이런 때는 生이 되는 달에만 움직여야 한다.

내년은 등급이 AA다. 터널 속을 달리는 차량이 거의 출구까지 다 온 셈이니 조금만 더 버티면 된다.

### 木五行의 특징(特徵)

숫자 8은 木이다. 木 글자는 어린 새싹이 대지를 뚫고 나와 성장하며 뿌리를 내리는 모습을 글자로 표기한 것이다.

木은 수명(壽命)의 인자다. 木은 창조, 기획, 새로운 도전을 의미한다. 프랜차이즈 업계 1세대 커피왕의 사주팔자가 그러하다.

木이 많은 사람은 가업을 이어받더라도 다 말아먹고 새로운 사업으로 전향한다. 木이 많은 사람이 처음 사업을 한다고 하면 무조건 하라고 권유해라.

木이 많은 여자는 결혼 후 시댁이 興하면 친정이 亡한다.

| C2 | | 8 | | 1 | |
|---|---|---|---|---|---|
| 變化 | 火 | 財物 | 木 | 新生 | 水 |
| 3 | | 9 | | 3 | |
| 鬼神 | 木 | 文書 | 金 | 鬼神 | 木 |
| 6 | | 3 | | 9 | |
| 官 | 水 | 鬼神 | 木 | 文書 | 金 |
| 2 | | 2 | | 4 | |
| 變化 | 火 | 變化 | 火 | 安定 | 金 |

| 日支別 吉凶月 | | | | | |
|---|---|---|---|---|---|
| 寅 | | 卯 | | 辰 | |
| 吉 1-5-9 | 凶 4-7-8-10 | 吉 2-6-9-10 | 凶 3-5-7-8-11 | 吉 3-7-8-11 | 凶 2-9-10-12 |
| 巳 | | 午 | | 未 | |
| 吉 4-8-12 | 凶 1-7-9-10 | 吉 1-5-6-9 | 凶 2-11-12 | 吉 2-5-6-10 | 凶 9-11-12 |
| 申 | | 酉 | | 戌 | |
| 吉 3-7-11 | 凶 1-2-4-10 | 吉 3-4-8-12 | 凶 1-2-9-11 | 吉 1-2-5-9 | 凶 3-4-6-8-12 |
| 亥 | | 子 | | 丑 | |
| 吉 2-6-10 | 凶 1-3-4-7 | 吉 3-7-11-12 | 凶 2-5-6-8 | 吉 4-8-11-12 | 凶 3-5-6-9 |

◈ 281

變化-財物-新生.

주도수 8은 財物이다. 한 해 내내 매월의 숫자들은 모두 돈과 연관되는 일이다. 새로운 일, 새로운 사람이 생기고 돈이 들어온다. 이때에는 이성과 돈이 따라온다. 그러나 이해에는 들어오는 돈보다 나가는 돈이 더 많다.


◈ 393

鬼神-文書-鬼神. 상문살(喪門殺)이다.

돈 때문에 갈등하고 불안해진다.

5월의 9는 3에 에워싸여 있다. 귀신 붙은 문서다.

5월에 生이 되면 큰돈이 들어온다. 이때 生이 되는 사람은 부모가 사망하면 많은 유산을 받을 수 있다.

剋이 되면 노인이나 환자에게는 귀신 붙은 문서, 즉 사망진단서다. 사업자는 문서나 보증으로 경제적 손실이 크다. 부도 · 폐업당할 수 있다.


◈ 639

官-鬼神-文書. 관재구설수(官災口舌數)다.

生이 되면 조상이 도와주는 형태이므로 어려운 문제가 해결된다. 剋이 되면 법적 문제로 구속당할 수 있다. 寅, 卯, 巳, 申 일주는 조심하라.

寅, 卯 일주는 7월, 8월의 干支가 財星이면 돈에 얽힌 사건으로 부도나거나 고소 · 고발 · 구속당한다.

639 또는 369는 관재구설수다. 이별, 이혼, 구속, 사망 등의 단어를 연

상하라.


◈ 224

變化-變化-安定.

변화 · 변동이 이어진다.

生이 되면 변화, 변동, 이사, 이전, 직업 변동 등이 좋다.

훼이 되면 매매 손실이 따른다.

子, 丑 일주는 11~12월에 이사 · 이전을 하면 좋다.

午, 未 일주는 11~12월에 변화 변동하면 안 된다. 특히 숫자 4는 변화
변동 등 움직임 없이 제자리를 지켜야 한다.

## ❀ 2-9-2(變化-文書-變化)

주도수 9는 문서(文書)이다. 수리의 등급은 AA급이다.
평생기본수 2인 사람의 그해를 주도하는 숫자 9는 文書다.

292는 대운 중에서 가장 좋은 운세이다. 수리상으로 대길운이다. 刑, 沖, 破, 害, 元嗔이 되어도 무난하다.

이해에는 명예 상승 등 문서적인 측면은 모두 좋다. 이해에는 창업, 개업 등 사업을 시작할 수 있다. 직장인은 대체로 승급·승진을 할 수 있다. 좋은 자리로 보직 변경도 가능하다.

평생운 292는 순탄한 삶을 살아간다. 건강, 학업, 결혼, 직장, 사업 등 등 모든 것이 순탄하다. 사회적으로 성공하고 명예롭게 늙어 간다.

---

**[예시] 남자 양력 1951년 3월 15일 辰時 生. OO디자인 센터 이사장**

✔ 목적사: 선출직(選出職) 공직(公職) 출마(出馬) 상담.

✔ 해설: 갑인(甲寅)일주 평생기본수 2, 주도수 9, 상담 시 수리는 292. 정관(正官)이 뚜렷함. 올해 수리는 AA급. 경쟁후보는 평생기본수 5 주도수 5. 올해 운은 내담자와 같은 AA급. 공천이 결정되는 7월에 본인은 沖이 되고 경쟁후보는 合이 되므로, 출마하지 않도록 권유하였다.

✔ 결론: 7월에 黨으로부터 공천을 받지 못하여 선거 출마에 실패하였다. 그러나 9월에 OO디자인재단 이사장으로 선임되었고, 11월에 OOO장학재단 이사장으로 선임되었다. AA년의 生이 되는 달에 두 개의 직위를 얻었다.

\* 상세한 사주 및 수리풀이는 〈나는 역학이다〉 강의 동영상을 참조하십시오.

| AA2 | 9 | 2 |
|---|---|---|
| 變化　火 | 文書　金 | 變化　火 |
| 4 | 2 | 6 |
| 安定　金 | 變化　火 | 官　水 |
| 1 | 8 | 9 |
| 新生　水 | 財物　木 | 文書　金 |
| 7 | 1 | 8 |
| 病(退食)　火 | 新生　水 | 財物　木 |

| 日支別 吉凶月 | | | | | |
|---|---|---|---|---|---|
| 寅 | | 卯 | | 辰 | |
| 吉 1-5-9 | 凶 4-7-8-10 | 吉 2-6-9-10 | 凶 3-5-7-8-11 | 吉 3-7-8-11 | 凶 2-9-10-12 |
| 巳 | | 午 | | 未 | |
| 吉 4-8-12 | 凶 1-7-9-10 | 吉 1-5-6-9 | 凶 2-11-12 | 吉 2-5-6-10 | 凶 9-11-12 |
| 申 | | 酉 | | 戌 | |
| 吉 3-7-11 | 凶 1-2-4-10 | 吉 3-4-8-12 | 凶 1-2-9-11 | 吉 1-2-5-9 | 凶 3-4-6-8-12 |
| 亥 | | 子 | | 丑 | |
| 吉 2-6-10 | 凶 1-3-4-7 | 吉 3-7-11-12 | 凶 2-5-6-8 | 吉 4-8-11-12 | 凶 3-5-6-9 |

◈ 292

變化-文書-變化. 주도수 9는 文書다.

변화로 문서가 이루어지므로 자신의 능력을 십분 발휘할 때다. 좋은 여건이 조성되고 행운이 따른다. 변화·변동으로 획기적인 자리를 만들 수 있다.


◈ 426

安定-變化-官.

안정된 상태에서 변화와 명예 상승이 이루어진다. 주어진 환경이나 조건이 매우 열악한 사람이 일반 사람들이 생각하기로는 불가능한 업적을 이루거나 높은 지위에 오르며 성공하는 때다. 개천에서 용 났다는 말을 들을 수 있다.


◈ 189

新生-財物-文書. 大吉數다.

새로운 일이나 새로운 사람을 만나고 돈이 들어오며 문서상 매우 吉하다.

生이 되면 좋은 금액으로 부동산을 팔 수 있고 직장인은 크게 영전을 할 수 있다.

9월이 生이 되면 지위가 크게 오르고 박사 학위도 가능하다.

189 또는 819 숫자가 들어오면 生과 剋에 관계없이 최상의 상태에 놓인다.

◈ 718

病/退食-新生-財物.

10월은 건강을 조심해야 한다.

11월이 生이 되면 새로운 사람을 만나고 돈이 들어온다.

11월이 剋이 되면 새로운 사람을 조심해야 한다. 사기를 당할 수 있고, 심지어 성추행 사건도 발생한다. 이때에 사건이 발생하면 원고든 피고든 해결 기간이 아주 오래간다.

# 3강 ∽ 평생기본수 3수리

평생기본수 3수리는 각자의 생년월일 중에서 '음력 생월의 숫자 + 음력
생일의 숫자 + 1'을 9진법으로 계산하여 나머지가 1이 되는 사람의 운명
이다.

평생기본수 3수리는 주도수 따라서 314, 325, 336, 347, 358, 369,
371, 382, 393 등 아홉 가지로 분류되며, 대운 9년 사이에서 주기적으로
운세가 변화한다.

평생기본수 1수리는 358일 때가 가장 운세가 상승한 때이며, 314일 때
가 가장 운세가 하락한 때이다. 따라서 평생기본수 3수리는 최고점 358과
최저점 314를 오르내리며 운세가 변화한다.

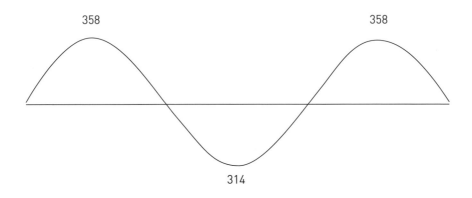

| 수리 | 314 | 325 | 336 | 347 | 358 | 369 | 371 | 382 | 393 |
|------|-----|-----|-----|-----|-----|-----|-----|-----|-----|
| 등급 | CC | B | A | C | AA | C | B | B | C |

AA 가장 좋음, A 좋음, B 보통, C 나쁨, CC 가장 나쁨

## ❀ 3-1-4(鬼神-新生-安定)

주도수 1은 신생(新生)이다. 수리의 등급은 CC급이다.

평생기본수 3인 사람이 그해를 주도하는 숫자 1은 새로운 일, 새로운 사람을 뜻한다.


이해에는 무엇인가 하고자 하는 의욕과 욕구가 강하다. 그러나 314는 대단히 나쁜 수리다. 314는 3수리의 대운 9년 중에서 가장 나쁜 해이다.

과격한 숫자 3, 5, 7이 여섯 달이 있으며, 주도수 1과 헨이 되는 달은 4월, 10월, 12월 세 달이 나온다. 이해는 生이 되는 때에도 아무런 실익이 없다.


1월부터 6월까지 상반기 6개월 동안은 되는 일이 없다.

7, 8, 9월의 189는 대길운이지만 효과는 50% 미만이다.

10, 11, 12월은 세 달 중에서 두 달이 주도수와 헨이 된다.

그저 그렇게 별 탈 없이 지나가는 것이 큰 다행일 정도로 무서운 때이다.


### 재물운(財物運)

세상을 살아가는 모든 사람들의 가장 중요한 관심사는 재물이다. 사주팔자의 정재(正財)와 편재(偏財)는 재물의 정도와 직업을 가늠할 수 있다.

大運에서 재성(財星)의 흐름을 살펴보라. 일반적으로 재성대운에서 가장 활발한 경제·사회활동을 한다. 재성이 10대에 들어오는 사람은 어릴 때에 부모 돈을 까먹는다는 의미이며, 재성이 100세가 넘어서 들어오는 사람은 평생 벌고 모은 돈을 정작 본인은 쓰지 못하고 자식들이 유산을 받아서 쓴다는 의미이다.

대체로 正財가 長生하는 대운에서 가장 많은 재물을 이룬다.

| CC3 | 1 | 4 |
|---|---|---|
| 鬼神　　木 | 新生　　水 | 安定　　金 |
| 7 | 5 | 3 |
| 病(退食)　　火 | 驚破　　土 | 鬼神　　木 |
| 1 | 8 | 9 |
| 新生　　水 | 財物　　木 | 文書　　金 |
| 2 | 5 | 7 |
| 變化　　火 | 驚破　　土 | 病(退食)　　火 |

| 日支別 吉凶月 | | | | | |
|---|---|---|---|---|---|
| 寅 | | 卯 | | 辰 | |
| 吉<br>1-5-9 | 凶<br>4-7-8-10 | 吉<br>2-6-9-10 | 凶<br>3-5-7-8-11 | 吉<br>3-7-8-11 | 凶<br>2-9-10-12 |
| 巳 | | 午 | | 未 | |
| 吉<br>4-8-12 | 凶<br>1-7-9-10 | 吉<br>1-5-6-9 | 凶<br>2-11-12 | 吉<br>2-5-6-10 | 凶<br>9-11-12 |
| 申 | | 酉 | | 戌 | |
| 吉<br>3-7-11 | 凶<br>1-2-4-10 | 吉<br>3-4-8-12 | 凶<br>1-2-9-11 | 吉<br>1-2-5-9 | 凶<br>3-4-6-8-12 |
| 亥 | | 子 | | 丑 | |
| 吉<br>2-6-10 | 凶<br>1-3-4-7 | 吉<br>3-7-11-12 | 凶<br>2-5-6-8 | 吉<br>4-8-11-12 | 凶<br>3-5-6-9 |

◈ 314

鬼神-新生-安定.

상반기 6개월 동안은 生이든 虺이든 대단히 나쁘다. 경거망동하지 말
고, 자중하는 것이 좋다.

虺이 되면 작년 393 때에 만난 사람과 올해에 새로 만난 사람으로 인하
여 문제가 발생한다.

오해와 구설이 많아질 수 있다.

자신의 능력의 한계를 느끼고 좌절하거나 체념하고 포기할 수 있다.


◈ 753

驚破-病/退食-鬼神. 대흉수(大凶數)다.

753 또는 573은 대흉수이다. 대인관계가 어려워진다. 맞붙어 대응하다
가는 모든 것이 깨진다. 이별, 이혼, 고소, 고발, 부도 등으로 놀랄 일이
많다.

지난 2월에 만난 여자로부터 성추행으로 고소당할 수 있다.

이 시기의 결혼은 부모가 반대를 하며, 결혼을 하더라도 파혼하게 된다.

선거에 당선된 사람은 관재구설에 휘말린다.

干支가 모두 虺이 되면 사업자는 이 시기에 亡한다.


◈ 189

新生-財物-文書. 대길수(大吉數)다.

189는 대길수이지만 효력은 50% 이하다. 따라서 좀 더 적극적으로 나
아가야 한다.

새로운 사람, 새로운 일은 보다 나은 여건이 조성된다. 경제적으로 여유와 안정이 된다. 훼이 되면 가까이 있는 사람이 원수로 돌변하여 내가 당한다.

◈ 257

變化-驚破-病/退食.

변화 · 변동으로 놀라고 건강마저 해칠 수 있다.

寅, 申, 巳, 亥 일주는 변화 · 변동하지 않고 복지부동해야 한다.

子, 午, 卯, 酉 일주는 투자 · 투기로 인하여 크게 놀랄 일이 생긴다.

辰, 戌, 丑, 未 일주는 건강을 해친다.

## ❀ 3-2-5 (鬼神-變化-驚破)

주도수 2는 변화(變化)이다. 수리의 등급은 B급이다.

평생기본수 3인 사람의 그해를 주도하는 숫자 2는 변화와 변동을 뜻한다. 무엇인가 변화 변동하고자 하는 의욕과 욕구가 생긴다. 변화 · 변동을 하는 것이 좋다.

生이 되면 보다 적극적으로 나아가고, 剋이 되면 뒷날로 미루어라.


5월과 10월은 7(病)이지만 주도수 2(火)와 서로 비견이다.

剋이 되면 질병에 노출되지만, 입원하고 수술대에 오를 정도는 아니다.


### 음양오행(陰陽五行)의 조화(調和)

사주명리학과 성명학 등 모든 易學은 음양오행이 가장 중요하다. 사주팔자원국에서 음양오행의 조화를 이루어 내는 것이 學文의 처음이자 마지막이다.

여자 팔자는 陰 오행보다 陽 오행이 많아야 하며, 남자 팔자는 陽 오행보다 陰 오행이 많아야 한다.

여자는 陰이기 때문에 陽 中 陽인 火가 가장 중요하고, 남자는 陽이기 때문에 陰 中 陰인 水가 가장 중요하다. 여자 팔자에서 가장 중요한 오행은 火 五行이며, 남자 팔자에서 가장 중요한 오행은 水 五行이다.

五行의 조화는 성명학에서도 널리 쓰인다. 성명학의 자원오행론(字源五行論)이 바로 그것이다. 자원오행론은 사주팔자 원국애서 부족한 오행을 채워 주는 자원오행 한자를 사용하여 이름으로 사주팔자를 보완하는 이론이다.

| B3 | | 2 | | 5 | |
|---|---|---|---|---|---|
| 鬼神 | 木 | 變化 | 火 | 驚破 | 土 |
| 8 | | 7 | | 6 | |
| 財物 | 木 | 病(退食) | 火 | 官 | 水 |
| 5 | | 4 | | 9 | |
| 驚破 | 土 | 安定 | 金 | 文書 | 金 |
| 7 | | 4 | | 2 | |
| 病(退食) | 火 | 安定 | 金 | 變化 | 火 |

| 日支別 吉凶月 | | | | | |
|---|---|---|---|---|---|
| 寅 | | 卯 | | 辰 | |
| 吉 1-5-9 | 凶 4-7-8-10 | 吉 2-6-9-10 | 凶 3-5-7-8-11 | 吉 3-7-8-11 | 凶 2-9-10-12 |
| 巳 | | 午 | | 未 | |
| 吉 4-8-12 | 凶 1-7-9-10 | 吉 1-5-6-9 | 凶 2-11-12 | 吉 2-5-6-10 | 凶 9-11-12 |
| 申 | | 酉 | | 戌 | |
| 吉 3-7-11 | 凶 1-2-4-10 | 吉 3-4-8-12 | 凶 1-2-9-11 | 吉 1-2-5-9 | 凶 3-4-6-8-12 |
| 亥 | | 子 | | 丑 | |
| 吉 2-6-10 | 凶 1-3-4-7 | 吉 3-7-11-12 | 凶 2-5-6-8 | 吉 4-8-11-12 | 凶 3-5-6-9 |

◈ 325

鬼神-變化-驚破.

변화와 변동에 대한 강한 욕구가 생긴다. 이때는 자기가 하고 싶은 대로 변화·변동을 하는 것이 좋다.

작년이 워낙 凶하여 올해까지 심리적인 갈등이 남아 있기 때문에 성급하게 굴지 말고 차근차근 안정적으로 나아가면 회복할 수 있다.

剋이 되면 변화로 인하여 교통사고, 매매 손실 등으로 놀랄 일이 생긴다.


◈ 876

財物-病/退食-官.

生이 되면 자기의 능력을 발휘해야 한다.

숫자 8은 生이 되면 많은 수입이며, 剋이 되면 많은 지출과 손실이다.

숫자 7은 生이 되어도 5~6월에 가벼운 감기몸살을 앓게 된다. 剋이 되어도 주도수와 비견이므로 크게 나쁘지 않다.

숫자 6은 生이 되면 명예 상승, 자격 취득 등에 좋은 일이다. 剋이 되면 스스로 퇴사를 하려 하고 이혼을 하려 하며 문제를 만든다.


◈ 549

驚破-安定-文書. 무난수(無難數)다.

549 또는 459는 무난수이다. 무난하고 안정된 생활을 한다.

生이 되는 달에는 여유를 가지고 적극적으로 나아가야 한다.

주도수 2의 9수리는 相剋(火克金)이다. 멀리 나가서 교통사고가 발생한다.

◈ 742

病/退食-安定-變化.

계속되는 변화 · 변동으로 안정이 깨질 수 있다. 내년에 좋은 운이 펼쳐
지므로 현실을 직시하고 내년을 준비해야 한다.

헌이 되면 몸을 傷하게 되고 안정이 되지 않는다.

수리 4가 들어올 때에 헌이 되면 변화 · 변동은 절대 금물이다.

## ❀ 3-3-6(鬼神-鬼神-官)

주도수 3은 귀신(鬼神)이다. 수리의 등급은 A급이다.

평생기본수 3인 사람의 그해를 주도하는 숫자 3은 鬼神이 발동한다는 뜻이다. 이해는 정반대로 조상이 도와준다고 이해해야 한다.

生이 되면 문서와 관련된 일이 행운을 가져온다. 여행, 인사이동, 결혼, 합격 등 명예가 상승한다.

剋이 되면 심리적으로 갈등하고 크게 손실을 볼 수 있다. 학생은 마음이 불안해져서 공부를 안 하고 성적이 떨어진다. 역술인은 공부를 하든지 도를 닦아야 한다.

가장 많이 적용하는 것은 여행, 인사이동, 학업이다.

방문자의 일주와 각각의 월을 비교하여 좋은 달에 행하게 하고, 나쁜 달에 멈추게 하면 된다.

이해에는 주도수가 剋하는 달이 없다.

---

### 재성(財星)과 운명(運命)

사람의 운명이 다하였는지는 재성을 본다. 운명이 다하였는지를 판단할 때에는 재성대운의 흐름을 보라.

대체로 사람들은 재성대운에 놓일 때에 가장 왕성한 사회경제적 활동을 하며 이때에 氣를 가장 많이 소비한다. 따라서 재성대운이 지나가면 질병에 노출되기 쉬우며, 중병에 노출되었을 때는 회복하기가 어렵다.

| A3 | | 3 | | 6 | |
|---|---|---|---|---|---|
| 鬼神 | 木 | 鬼神 | 木 | 官 | 水 |
| 9 | | 9 | | 9 | |
| 文書 | 金 | 文書 | 金 | 文書 | 金 |
| 9 | | 9 | | 9 | |
| 文書 | 金 | 文書 | 金 | 文書 | 金 |
| 3 | | 3 | | 6 | |
| 鬼神 | 木 | 鬼神 | 木 | 官 | 水 |

| 日支別 吉凶月 | | | | | |
|---|---|---|---|---|---|
| 寅 | | 卯 | | 辰 | |
| 吉 | 凶 | 吉 | 凶 | 吉 | 凶 |
| 1-5-9 | 4-7-8-10 | 2-6-9-10 | 3-5-7-8-11 | 3-7-8-11 | 2-9-10-12 |
| 巳 | | 午 | | 未 | |
| 吉 | 凶 | 吉 | 凶 | 吉 | 凶 |
| 4-8-12 | 1-7-9-10 | 1-5-6-9 | 2-11-12 | 2-5-6-10 | 9-11-12 |
| 申 | | 酉 | | 戌 | |
| 吉 | 凶 | 吉 | 凶 | 吉 | 凶 |
| 3-7-11 | 1-2-4-10 | 3-4-8-12 | 1-2-9-11 | 1-2-5-9 | 3-4-6-8-12 |
| 亥 | | 子 | | 丑 | |
| 吉 | 凶 | 吉 | 凶 | 吉 | 凶 |
| 2-6-10 | 1-3-4-7 | 3-7-11-12 | 2-5-6-8 | 4-8-11-12 | 3-5-6-9 |

## ◈ 336

鬼神-鬼神-官.

주도수 3은 귀신이다. 심리적 갈등으로 안정을 잃게 된다.

이유 없는 가출을 하게 되고, 종교나 무속신앙에 의지하기도 한다.

33이 연속 들어오면 7과 같은 의미이다. 질병에 노출되지 않도록 주의
해야 한다.


## ◈ 999

文書-文書-文書. 여행수(旅行數)다.

계획했던 일들이 풀리고 목표를 달성할 수 있다. 자신의 능력을 최대한
발휘해야 한다.

6~999는 지방 또는 해외로 나간다. 평생운이면 이때에 부모 곁을 떠
난다.

生이 되면 명예 상승의 기회가 온다.

尅이 되면 직장인, 특히 공직자는 주위의 유혹, 횡령, 뇌물 사건 등을
조심해야 한다.


## ◈ 999

文書-文書-文書. 여행수(旅行數)다.

주위로부터 인정을 받지 못해도 더욱더 열심히 해야 한다. 자신의 실리
를 추구하고 충족할 수 있는 시기이다.

生이 되는 달에 여행을 가고 특히 부모에게는 효도 여행을 보내 드려라.

尅이 되면 좌천을 당하고 지방으로 전보되거나, 심지어 객사할 수 있다.

999에 집을 팔려고 내놓으면 먼 지방에 있는 사람이 사러 온다.


## ◈ 336

鬼神-鬼神-官.

33은 주도수와 같은 오행이며 비견이다. 크게 나쁘지는 않다.

刑이 되는 일주는 고소·고발 사건이 되므로 조사, 재판기일을 미루어라.

沖이 되는 巳, 午 일주는 시비 다툼, 폭력 사건이 되므로 문제가 되면 즉시 합의하라. 주도수 3과 9월의 9, 10월의 3은 상문살이 형성된다. 辰, 巳 일주는 상갓집에 가지 마라.

## ⊛ 3-4-7(鬼神-安定-病/退食)

주도수 4는 안정(安定)과 여유다. 수리의 등급은 C급이다.

평생기본수 3인 사람의 그해를 주도하는 숫자 4는 安定이다. 심리적으로 안정되고 여유로운 한 해를 보낸다.

그러나 평생기본수 3인 사람의 347은 나쁜 수리다. 주도수 4는 보통의 경우 안정과 여유로운 해로 풀이하지만, 347은 안정과 여유가 깨질 수 있다고 풀이한다. 이해에는 조심하지 않고 성급하게 서두르면 일을 망치고 낭패를 당할 수 있기 때문이다.

상반기 6개월은 대단히 나쁜 때나. 生이든 剋이든 수월하게 넘어가지 않는다. 특히 4월부터 6월까지 123은 生이든 剋이든 나쁜 수리다.

다음 해 358은 수리의 등급이 AA급이다. 따라서 중요한 문제 해결을 내년으로 미루는 것이 좋다. 수험생의 경우 이해에 성적이 미달하면 재수를 시켜라.

---

**[예시] 남자 양력 1948년 9월 14일 申時 生. 현대그룹 부회장 정○○**

- ✔ 목적사: 검찰수사 상담.
- ✔ 해설: 임인(壬寅)일주 평생기본수 3, 주도수 4, 상담 시 수리는 347. 정인(正印)격.
  2003년 봄 현대그룹 부회장 정○○이 사람을 나에게 보내어 운세를 감명하였다. 상담 당시에는 심부름 온 사람이 당사자의 생년월일만 밝혀 누군지를 몰랐다.
- ✔ 결론: 2002년 9월부터 대북 불법송금 사건 관련 조사를 받던 도중 2003년 8월 4일 현대계동사옥 12층에서 갑자기 투신자살하였다

\* 상세한 사주 및 수리풀이는 〈나는 역학이다〉 강의 동영상을 참조하십시오.

| C3 | | 4 | | 7 | |
|---|---|---|---|---|---|
| 鬼神 | 木 | 安定 | 金 | 病(退食) | 火 |
| **1** | | **2** | | **3** | |
| 新生 | 水 | 變化 | 火 | 鬼神 | 木 |
| **4** | | **5** | | **9** | |
| 安定 | 金 | 驚破 | 土 | 文書 | 金 |
| **8** | | **2** | | **1** | |
| 財物 | 木 | 變化 | 火 | 新生 | 水 |

## 日支別 吉凶月

| 寅 | | 卯 | | 辰 | |
|---|---|---|---|---|---|
| 吉 | 凶 | 吉 | 凶 | 吉 | 凶 |
| 1-5-9 | 4-7-8-10 | 2-6-9-10 | 3-5-7-8-11 | 3-7-8-11 | 2-9-10-12 |
| 巳 | | 午 | | 未 | |
| 吉 | 凶 | 吉 | 凶 | 吉 | 凶 |
| 4-8-12 | 1-7-9-10 | 1-5-6-9 | 2-11-12 | 2-5-6-10 | 9-11-12 |
| 申 | | 酉 | | 戌 | |
| 吉 | 凶 | 吉 | 凶 | 吉 | 凶 |
| 3-7-11 | 1-2-4-10 | 3-4-8-12 | 1-2-9-11 | 1-2-5-9 | 3-4-6-8-12 |
| 亥 | | 子 | | 丑 | |
| 吉 | 凶 | 吉 | 凶 | 吉 | 凶 |
| 2-6-10 | 1-3-4-7 | 3-7-11-12 | 2-5-6-8 | 4-8-11-12 | 3-5-6-9 |

## ◈ 347

鬼神-安定-病/退食.

주도수 4는 안정이다. 심리적으로 불안하지만 여유를 가지고 안정을 취해야 한다. 조급해하고 안정이 안 되면 건강을 해칠 수 있다.

314 때에 탈법 · 위법한 행위를 저질렀으면 347에 그 대가를 치르게 된다.

## ◈ 123

新生-變化-鬼神. 이별수(離別數)이다.

生이 되면 옛날에 잊은 사람을 만날 수 있다. 대체로 이성이다.

剋이 되면 가출, 이혼, 사고, 사망 등 가정사에 불운이 온다. 주위의 사람들이 나를 배신하고 원수로 돌변한다. 동업자는 회사자금을 이용하려 하고, 직원은 횡령 또는 배임을 저지르며, 배우자는 바람나고 이혼을 하려고 한다. 노약자는 사망에 이른다.

이성적으로 판단하여 충돌을 피하고 관용의 자세를 보여라. 오히려 내가 당할 수 있다.

## ◈ 459

安定-驚破-文書. 무난수(無難數)다.

그러나 C급이기 때문에 크게 좋은 운은 도래하지 않는다.

그저 무난하다. 무엇을 하고자 하는 의욕이 생긴다. 10월부터 12월까지 821이 되면 일이 뜻대로 잘 해결될 수 있으므로 미루어 온 일을 적극적으로 추진하여야 한다.

◈ 821

財物-變化-新生.

경제적으로 안정이 된다. 8(木)은 대체로 들어오는 돈이지만 주도수 4(金)가 剋을 하므로 큰돈은 아니다.

변화로 인하여 여유가 생긴다. 새로운 인간관계가 맺어지고 좋은 여건이 된다. 내년은 대길운(大吉運)이므로 계획을 미리 세우도록 한다.

## ❀ 3−5−8(鬼神-驚破-財物)

주도수 5는 경파(驚破)다. 수리의 등급은 AA급이다.

평생기본수 3인 사람의 그해를 주도하는 숫자 5는 驚破다.

평생기본수 3, 5, 7은 주도수 5가 좋은 방향으로 작용한다.

평소와 정반대로 놀랄 만큼 좋다고 해석한다.

평생기본수 3과 7은 주도수가 5일 때에 AA급으로 운이 가장 좋을 때이다.


生이 되는 때에 무엇을 해도 이루어진다.

剋이 되면 그 달만 피하면 된다.

驚破는 큰 재물(財物)로도 해석한다. 이해에 6 또는 9 숫자와 生이 되는
달에 부동산을 매입하여 382에 매도하면 큰 이익을 볼 수 있다.


### 土五行의 특징(特徵)

숫자 5는 土 오행이다. 사주명리학에서 土는 물상적(物像的)으로는 흙이며 중
심, 중재를 뜻한다. 사주팔자에서 土가 많은 사람은 잔병치레가 많다. 또한 土
가 많은 사람은 요식업(料食業) 분야에서 성공을 거둘 수 있다.
김영삼 전 대통령 사주는 年支부터 時支까지 차례로 辰, 丑, 未, 戌이다.


20여 년 전, 모 TV 방송에 출연할 때에 방청객들의 생일을 제시하면서 이 중
에서 누가 음식점을 하는 사람이냐를 맞추는 문답이 있었다. 정답은 사주팔자
에서 土가 많은 사람이다.
또한 부동산 분야는 土 오행이다. 사주팔자 지지에 寅 卯 辰 未가 있는 사람
은 건축 분야, 寅 戌 丑이 있는 사람은 토목 분야다.

| AA3 | | 5 | | 8 | |
|---|---|---|---|---|---|
| 鬼神 | 木 | 驚破 | 土 | 財物 | 木 |
| 2 | | 4 | | 6 | |
| 變化 | 火 | 安定 | 金 | 官 | 水 |
| 8 | | 1 | | 9 | |
| 財物 | 木 | 新生 | 水 | 文書 | 金 |
| 4 | | 1 | | 5 | |
| 安定 | 金 | 新生 | 水 | 驚破 | 土 |

| 日支別 吉凶月 | | | | | |
|---|---|---|---|---|---|
| 寅 | | 卯 | | 辰 | |
| 吉 1-5-9 | 凶 4-7-8-10 | 吉 2-6-9-10 | 凶 3-5-7-8-11 | 吉 3-7-8-11 | 凶 2-9-10-12 |
| 巳 | | 午 | | 未 | |
| 吉 4-8-12 | 凶 1-7-9-10 | 吉 1-5-6-9 | 凶 2-11-12 | 吉 2-5-6-10 | 凶 9-11-12 |
| 申 | | 酉 | | 戌 | |
| 吉 3-7-11 | 凶 1-2-4-10 | 吉 3-4-8-12 | 凶 1-2-9-11 | 吉 1-2-5-9 | 凶 3-4-6-8-12 |
| 亥 | | 子 | | 丑 | |
| 吉 2-6-10 | 凶 1-3-4-7 | 吉 3-7-11-12 | 凶 2-5-6-8 | 吉 4-8-11-12 | 凶 3-5-6-9 |

◈ 358

鬼神-驚破-財物.

주도수 5는 경파다. 주도수 5일때는 사람들이 용맹해지고 안하무인의 행동을 하게 된다. 그러므로 주도수가 5일 때는 항상 겸손해지고 타인에 대한 이해와 배려심을 가져야 한다.

평생기본수 3은 주도수가 5일 때에 오히려 과감하게 나아가는 것이 좋다. 이해에는 노력하는 만큼 좋은 결과가 있다.

生이 되는 달에는 조상이 도와주니 능력을 한껏 발휘하고 무엇이든지 도전하라.


◈ 246

變化-安定-官.

변화와 변동은 모두 좋은 방향으로 작용한다. 새로운 계획이 뜻대로 진행이 되며 생활의 활력을 찾게 된다. 변화로 인하여 직장에서 명예를 갖게 된다.

生이 되면 좋은 결과가 오고, 剋이 되면 남의 일 때문에 복잡해진다.

6월의 6官이 剋이 되는 子, 丑 일주 사업자는 관청(官廳)과 관련되는 보건, 소방, 세무 등의 문제가 발생하여 놀랄 수 있다.


◈ 819

財物-新生-文書. 대길수(大吉數)다.

재물이 들어오고 수입이 늘어난다. 이성 간의 새로운 만남이 성사된다. 문서적으로 미결된 사항이 해결된다.

生이 되면 이해에 만난 사람과 결혼이 성사된다. 특히 9월에 生이 되는 寅, 卯, 午, 戌 일주는 부동산을 구하라. 382 때에 큰돈이 된다.

剋이 되면 문서와 관련된 일, 매매 등으로 손실이 발생한다.

### ◈ 415

安定-新生-驚破. 안정수(安定數)다.

모든 면에서 안정이 된다. 새로운 이성 교제는 결실을 맺는다. 단, 子, 午, 卯, 酉 일주는 이별이다. 卯 일주는 8월, 11월 새로운 사람과 새로운 일을 조심하라. 원하지 않는 임신을 할 수 있다.

## ❀ 3-6-9(鬼神-官-文書)

주도수 6은 관(官)이다. 수리의 등급은 C급이다. 주도수 6(水)와 相剋이 되는 달이 없다.

평생기본수 3인 사람의 그해를 주도하는 숫자 6는 官이다.

1월부터 9월까지 9개월 동안 관재구설수가 계속된다.

369 관재구설에 刑이 되면 구속되어 교도소로 간다.

특히 이해에는 3수리가 이혼을 가장 많이 하는 때다. 부부의 신뢰가 무너지고 서로 원수로 변할 수 있다.

직장인의 경우 실망스러운 자리 이동, 좌천, 정리해고를 당하거나 스스로 직장을 그만두려고 한다. 최소한 직장 내 왕따 사건이라도 발생한다.

사람은 運의 흐름대로 살아가야 한다. 부부 쌍방이 관재구설수에 놓이게 되는 경우에는 굳이 이별 또는 이혼을 마다할 필요가 없다. 내담자에게 서로 참고 인내하고 같이 살아가라고 말해 본들 3년 뒤 393일 때에 또다시 이별의 고통이 들어온다.

---

**[예시] 남자 음력 1964년 10월 1일 辰時 生. ○○투자증권 전무**

✔ 목적사: 이직 상담차 2021년에 4월에 내방.

✔ 해설: 丁巳 일주 평생기본수 3, 주도수 6, 상담 시 수리는 369. ○○투자증권 전무. 본인이 회사에 公을 세우는 만큼 대우를 받지 못해 이직을 하려고 찾아왔다.

✔ 결과: 재관(財官)이 없는 사주라 현재에 만족해야 한다. 수리 369는 자리에 앉아 있기가 싫을 때이며 전체 운세가 하락하는 시기이므로 참고 견뎌야 한다. 이 사람은 이직에 실패하였다.

* 상세한 사주 및 수리풀이는 〈나는 역학이다〉 강의 동영상을 참조하십시오.

| C3 | | 6 | | 9 | |
|---|---|---|---|---|---|
| 鬼神 | 木 | 官 | 水 | 文書 | 金 |
| 3 | | 6 | | 9 | |
| 鬼神 | 木 | 官 | 水 | 文書 | 金 |
| 3 | | 6 | | 9 | |
| 鬼神 | 木 | 官 | 水 | 文書 | 金 |
| 9 | | 9 | | 9 | |
| 文書 | 金 | 文書 | 金 | 文書 | 金 |

| 日支別 吉凶月 | | | | | |
|---|---|---|---|---|---|
| 寅 | | 卯 | | 辰 | |
| 吉 | 凶 | 吉 | 凶 | 吉 | 凶 |
| 1-5-9 | 4-7-8-10 | 2-6-9-10 | 3-5-7-8-11 | 3-7-8-11 | 2-9-10-12 |
| 巳 | | 午 | | 未 | |
| 吉 | 凶 | 吉 | 凶 | 吉 | 凶 |
| 4-8-12 | 1-7-9-10 | 1-5-6-9 | 2-11-12 | 2-5-6-10 | 9-11-12 |
| 申 | | 酉 | | 戌 | |
| 吉 | 凶 | 吉 | 凶 | 吉 | 凶 |
| 3-7-11 | 1-2-4-10 | 3-4-8-12 | 1-2-9-11 | 1-2-5-9 | 3-4-6-8-12 |
| 亥 | | 子 | | 丑 | |
| 吉 | 凶 | 吉 | 凶 | 吉 | 凶 |
| 2-6-10 | 1-3-4-7 | 3-7-11-12 | 2-5-6-8 | 4-8-11-12 | 3-5-6-9 |

## ◈ 369

鬼神-官-文書. 관재구설수(官災口舌數)다.

주도수 6은 官이다. 이때에는 본인의 능력의 한계를 벗어나 남의 일에 나서거나 가담하고 싶어진다.

生이 되면 합격, 승진, 명예 상승 등의 행운이 따른다.

剋이 되면 직장이나 가정에서 구설이 발생하므로 타인을 무심코 평가하거나 타인의 일에 간섭하지 않아야 한다.


## ◈ 369

鬼神-官-文書. 관재구설수(官災口舌數)다.

주변의 시기, 질투, 모함 등이 발생한다.

이 시기에는 현실에서 벗어나고 싶다. 꼴 보기 싫은 사람이 늘어난다.

업무에 집중하고 특히 각종 서류 문서 관리에 유의하여야 한다. 직장 내에서 발생하는 성추행, 공금유용· 횡령 등으로 재판 소송까지 갈 수도 있다.


## ◈ 369

鬼神-官-文書. 관재구설수(官災口舌數)다.

모든 업무를 정확하고 명확하게 처리하여야 한다. 문서로 인해 큰 타격을 받을 수 있으며, 명예 실추를 당할 수 있다.

369가 계속되면 현재의 자리에서 벗어나 도망가고 싶어진다. 가정, 학교, 직장, 사업체 모든 곳에서 자리에 앉아 있기가 싫다. 스님도 절을 떠난다. 입시생의 경우, 이해에 대학 입학을 하지 못하면 다음 해에도 어렵다.

◈ 999

文書-文書-文書. 여행수(旅行數)다.

이쯤에 이직 문제로 찾아오는 사람들이 많다. 관재구설수가 끝났지만 정작 본인은 뒤늦게 사태 파악을 하게 되어 직장 내 갈등과 스트레스 등으로 직장을 그만두려고 한다. 이런 사람에게는 관재구설이 끝났으니 복귀하라고 하라. 직장을 그만두면 4년 동안 실업자 신세를 면하지 못한다.

현실에 안정을 하기 어렵다. 가고 싶은 곳으로 여행을 떠나는 것이 좋다.

## 369, 639의 해설

369 또는 639는 다 같이 관재구설수(官災口舌數)다.

관재(官災)는 관가(官家)로부터 받는 재앙을 뜻한다. 관(官)은 정부나 관청 등 공무를 집행하는 곳이다. 또한 官은 일정한 형태를 갖춘 장소를 뜻하며 집, 학교, 회사, 병원 등이 이에 속한다. 관재구설은 법과 질서를 위반하여 단속, 고소, 고발 등과 관련한 범죄에 해당하는 일이다.

구설(口舌)은 시비하거나 헐뜯는 말을 뜻한다. 남의 입이나 각종 SNS에 오르내려 스트레스를 받는 일이다.

관재구설수는 주도수에 따라서 해설의 차이가 다소 있다.

### ■ 주도수 1의 관재구설수

새로운 사람 또는 새로운 일과 관련한 사건 사고다. 이때의 1은 처음 만난 이성, 신규 채용 사원, 동업자, 거래선 등 새로운 사람과 부모 형제이며 또한 창업, 개업, 취업 등 새로운 일이다. 주도수 1이 될 때의 이혼은 배우자 이외의 서로 다른 남녀와의 애정 사건 때문에 발생한다.

### ■ 주도수 2의 관재구설수

변화와 변동과 관련된 사건 사고다. 주도수 2가 될 때는 이사, 이전, 보수공사, 증개축, 변경으로써 이와 관련된 재난, 도난, 분실, 사기, 입주 지연, 계약 취소 등의 일이다.

### ■ 주도수 3의 관재구설수

심리적 갈등, 불안, 심신장애 등과 관련된 사건 사고다. 주도수 3이 될 때는 사고와 사건이 어떻게 발생했는지를 본인 스스로 인지하지 못하는 경우다. 음주운전, 약물중독, 정신이상, 풍(風), 종교귀의(宗教歸依), 자살 등이며 사람의 운명이 다하는 死亡의 경우도 이에 속한다.

### ■ 주도수 4의 관재구설수

마음의 여유와 안정이 없을 때에 발생하는 사건 사고다. 폭력, 자녀의 탈선과

가출, 이성과의 이별, 부부의 별거와 이별, 이혼 등이 주로 이때에 발생한다.

### ■ 주도수 5의 관재구설수

전혀 예상하지 못하다가 갑자기 발생하는 사건 사고다. 주도수 5가 될 때는 교통사고, 화재사고, 붕괴사고, 등산사고 등 각종 사고로 인한 재산과 인명에 관한 손실이 발생한다.

### ■ 주도수 6의 관재구설수

官과 관련된 사건 사고다. 주도수 6이 될 때는 관공서와 관련하여 단속, 조사, 고소, 고발되는 일이며 주로 경찰서, 소방서, 시·구청, 보건소, 국세청과 관련된 법위반 사항이다.

사업자의 경우 직원의 자금횡령과 배임, 비밀유출, 고소 고발 등의 사건 사고가 발생한다.

공무원의 경우 직무와 관련된 사건, 뇌물, 횡령, 고소, 고발 등이 발생한다.

일반인의 경우 왕따, 시비, 다툼, 모함, 스캔들 등의 시빗거리다.

집안의 노약자는 이때에 운명을 다한다.

### ■ 주도수 7의 관재구설수

건강과 관련한 사건 사고다. 인명사상(人命死傷), 입원, 수술, 퇴원 등이며 또한 주로 생계형 범죄가 발생한다.

### ■ 주도수 8의 관재구설수

돈과 관련된 사고 사건이다. 돈을 빌려주거나 보증을 서거나 명의 또는 담보를 제공하는 등과 관련된 일이며 또한 주식, 부동산 등의 투자·투기 실패다. 이때에는 재산상 큰 손실이 발생하거나 패가망신(敗家亡身)한다.

### ■ 주도수 9의 관재구설수

문서 또는 학업과 관련된 사고 사건이다. 직장인의 경우 문서와 관련된 업무 실수, 명예 실추가 되고, 학생의 경우 답안지 작성 실수, 퇴학, 학업 중단 등 불행을 겪게 되며, 사업자의 경우 고소, 고발 사건에 휘말린다.

# ❀ 3-7-1 (鬼神-病/退食-新生)

주도수 7은 병/퇴식(病/退食)이다. 수리의 등급은 B급이다.

주도수 7(火)과 상극이 되는 달은 4월, 9월, 12월 세 달이다.

평생기본수 3인 사람의 그해를 주도하는 숫자 7은 病 또는 退食이다.

특히 寅, 申, 巳, 亥 일주는 건강을 조심해야 한다.

7월부터 9월까지 오방산신난동수(五方山神亂動數)다. 주도수 7이 7월에서 숫자 7을 만난다. 이때를 주의 깊게 살펴야 한다.

평생기본수 1, 3, 5는 陽的이며 男性的이고 강한 수리이기 때문에 주도수가 7일 경우에 큰 문제는 없다.

반면 평생기본수 2, 4, 6, 8, 9는 주도수가 7일 경우에 안정을 찾지 못하고 쉽게 질병에 노출되며 어려운 상황에 봉착하기 때문에 유의하여야 한다.

## 火五行의 특징(特徵)

7은 火 오행이다. 사주명리학에서 火(丙,丁) 일간은 밝고 명랑하며 긍정적이며 미래 지향적이다.

火 오행은 여자 팔자에서 가장 중요하다. 火가 없는 여자는 성장기에 부모의 배경이 없다면 일가친척들의 도움이 없으며, 결혼 후 남편의 배경이 없다면 시가(媤家)의 도움도 없다. 火가 없는 여자는 무엇이든지 늦다. 다른 사람에 비해 사회 진출이 늦고 결혼이 늦으며 행동이 느리다. 심지어 밥 먹는 속도도 느리다.

火는 사회성을 나타낸다. 대체로 나이 40이 되도록 결혼을 하지 않고 직업 없이 부모에게 얹혀사는 여자들은 火가 없다.

火는 건강상 혈액순환계다. 火가 없으면 시력이 나쁘며 손발이 저리고 차갑다.

| B3 | | 7 | | 1 | |
|---|---|---|---|---|---|
| 鬼神 | 木 | 病(退食) | 火 | 新生 | 水 |
| 4 | | 8 | | 3 | |
| 安定 | 金 | 財物 | 木 | 鬼神 | 木 |
| 7 | | 2 | | 9 | |
| 病(退食) | 火 | 變化 | 火 | 文書 | 金 |
| 5 | | 8 | | 4 | |
| 驚破 | 土 | 財物 | 木 | 安定 | 金 |

| 日支別 吉凶月 | | | | | |
|---|---|---|---|---|---|
| 寅 | | 卯 | | 辰 | |
| 吉 1-5-9 | 凶 4-7-8-10 | 吉 2-6-9-10 | 凶 3-5-7-8-11 | 吉 3-7-8-11 | 凶 2-9-10-12 |
| 巳 | | 午 | | 未 | |
| 吉 4-8-12 | 凶 1-7-9-10 | 吉 1-5-6-9 | 凶 2-11-12 | 吉 2-5-6-10 | 凶 9-11-12 |
| 申 | | 酉 | | 戌 | |
| 吉 3-7-11 | 凶 1-2-4-10 | 吉 3-4-8-12 | 凶 1-2-9-11 | 吉 1-2-5-9 | 凶 3-4-6-8-12 |
| 亥 | | 子 | | 丑 | |
| 吉 2-6-10 | 凶 1-3-4-7 | 吉 3-7-11-12 | 凶 2-5-6-8 | 吉 4-8-11-12 | 凶 3-5-6-9 |

鬼神-病/退食-新生.

주도수 7은 병(病)이다. 이해는 무엇을 하고자 하는 의욕이 상실되고 건강상 문제가 발생한다.

생각과 마음이 현실을 따라가지 못한다 주위의 여건이 좋지 않기 때문에 여러 가지 갈등이 생긴다. 무엇이든지 한 해 내내 뜻대로 잘 되지 않는다.

작년과 마찬가지로 이해에도 직장을 그만두면 안 된다.

3월에 生이 되면 새로운 사람과의 인연으로 활기를 찾을 수 있다.


◈ 483

安定-財物-鬼神.

마음의 여유가 생기고 안정이 된다.

돈이 들어오지만 수입과 지출이 늘어나기 때문에 잘 모이지 않는다. 이때에는 투자 및 투기는 삼가야 한다. 부동산 투자, 주식 투자는 이해에 소득이 없다. 대출이나 보증도 삼가야 한다.

子, 午, 卯, 酉 일주는 5월에 剋이 되면 돈 잃고 건강 잃는다.

戌 일주는 술 때문에 7월에 몸이 망가진다. 지지에 戌 글자가 많으면 그만큼 술고래다.


◈ 729

病/退食-變化-文書. 오방산신난동수(五方山神亂動數)다.

7월에 寅, 申, 巳, 亥 일주는 건강에 주의해야 한다. 生이 되면 주도수와 비견이 되어 크게 나쁘지 않지만, 剋이 되면 병원 신세를 져야 한다. 변화와 변동을 모색해 보지만 뜻대로 되지 않고 오히려 건강을 해칠 수 있다.

◈ 584

驚破-財物-安定.

10월은 건강 이상으로 크게 놀랄 수 있으므로 미리 건강진단을 받는 것이 좋다. 평생기본수 3수리는 10월에 사망하는 사람이 많다.

生이 되면 다방면으로 노력하여 국면 전환을 노려야 한다. 11월, 12월에는 돈이 들어오니 마음의 여유가 생긴다.

## ❀ 3-8-2(鬼神-財物-變化)

주도수 8은 재물(財物)이다. 수리의 등급은 B급이다.

평생기본수 3인 사람의 그해를 주도하는 숫자 8은 財物이다. 숫자 8은 사주명리학의 十星 중 재성(財星)에 해당한다. 재성은 정재(正財)와 편재(偏財)로 나누어지는데 수리 5는 편재에 해당하고 수리 8은 정재에 해당한다.

가장 많이 적용하는 것은 돈, 재물, 매매 등이다.

주도수가 8인 때에는 한 해 내내 돈 문제다. 돈이 필요하다, 벌어야 한다, 갚아야 한다, 빌려야 한다 등등 모든 문제가 돈과 결부되어 있다.

6월부터 9월까지 오방산신난동수(五方山神亂動數)다.

7월, 8월이 연이어 剋이 되는 子, 丑 일주는 대단히 조심해야 한다. 천간과 지지가 모두 剋이 되면 폐가망신(廢家亡身)한다.

### 과부팔자(寡婦八字)

사주명리학에서 남녀의 애정 관계를 논할 때 남자 팔자에서 가장 나쁜 것은 정재와 편재가 많거나 강한 재다신약사주(財多身弱四柱)이며, 여자 팔자애서 가장 나쁜 것을 정관과 편관이 많거나 강한 정편관혼잡사주(正偏官混雜四柱) 및 시상상관격(時上傷官格)이라고 한다.

수리역학매화역수에서 369, 639, 573, 753, 729, 279 등의 수리가 들어올 때, 남녀의 사주팔자가 위의 특별수리에 속한다면 부부의 정(情)과 덕(德) 그리고 인연(因緣)이 끝난다고 보아야 한다.

성명학에도 과부수리가 있다. 元格, 形格, 利格, 總格 등 4格 중에서 총격 또는 이격이 21수, 23수, 33수, 39수 등 네 가지에 해당하면 과부팔자라고 한다.

| B3 | | 8 | | 2 | |
|---|---|---|---|---|---|
| 鬼神 | 木 | 財物 | 木 | 變化 | 火 |
| 5 | | 1 | | 6 | |
| 驚破 | 土 | 新生 | 水 | 官 | 水 |
| 2 | | 7 | | 9 | |
| 變化 | 火 | 病(退食) | 火 | 文書 | 金 |
| 1 | | 7 | | 8 | |
| 新生 | 水 | 病(退食) | 火 | 財物 | 木 |

| 日支別 吉凶月 | | | | | |
|---|---|---|---|---|---|
| 寅 | | 卯 | | 辰 | |
| 吉<br>1-5-9 | 凶<br>4-7-8-10 | 吉<br>2-6-9-10 | 凶<br>3-5-7-8-11 | 吉<br>3-7-8-11 | 凶<br>2-9-10-12 |
| 巳 | | 午 | | 未 | |
| 吉<br>4-8-12 | 凶<br>1-7-9-10 | 吉<br>1-5-6-9 | 凶<br>2-11-12 | 吉<br>2-5-6-10 | 凶<br>9-11-12 |
| 申 | | 酉 | | 戌 | |
| 吉<br>3-7-11 | 凶<br>1-2-4-10 | 吉<br>3-4-8-12 | 凶<br>1-2-9-11 | 吉<br>1-2-5-9 | 凶<br>3-4-6-8-12 |
| 亥 | | 子 | | 丑 | |
| 吉<br>2-6-10 | 凶<br>1-3-4-7 | 吉<br>3-7-11-12 | 凶<br>2-5-6-8 | 吉<br>4-8-11-12 | 凶<br>3-5-6-9 |

### ◈ 382

鬼神-財物-變化.

주도수 8은 財物이다. 돈에 대한 욕심이 많아지고 욕구가 강해진다.

382는 평생기본수 3수리에게는 좋게 작용한다.

寅, 酉 일주는 두 달 연속 귀신에 홀리듯 돈을 잃는다. 주식 투자, 경마, 복권 등은 금물이다.

生이 되면 큰돈을 벌 수 있고, 剋이 되면 큰돈을 잃을 수 있다.


### ◈ 516

驚破-新生-官. 혁신수(革新數)다.

획기적인 변화가 들어오므로 생각대로 추진하면 된다. 귀인이 나타나고 큰 성취감을 느낄 수 있다.

1이 生이 되면 돈을 벌게 해 주는 새로운 사람을 만나고, 剋이 되면 돈문제가 있는 사람을 만나거나 이 사람 때문에 돈 문제가 발생한다.

未 일주는 이때에 큰돈을 벌 수 있다.

子, 丑 일주는 5~6월에 돈 때문에 사람 잃고 명예마저 잃는다.


### ◈ 279

變化-病/退食-文書. 오방산신난동수(五方山神亂動數)다.

7월에 生이 되는 일주는 변화 · 변동하면 좋다. 剋이 되는 일주는 변화 · 변동하면 안 된다. 이사 가면 탈난다.

8월에 剋이 되는 寅, 卯, 戌, 子 일주는 변화 · 변동하면 큰돈이 나가거나 돈에 대한 근심거리가 생기거나 아프게 된다.

9월에 剋이 되는 辰, 巳, 未, 酉, 丑 일주는 사기당할 수 있다.

◈ 178

新生-病/退食-財物.

10월에는 이성 간에 새로운 인연이 생긴다.

11월의 7(火)은 주도수 8(木)와 相生이다. 병/퇴식(病/退食)이지만 건강
상 큰 문제가 없다.

12월에 生이 되면 10월에 만난 사람이 돈을 벌게 하는 귀인인 셈이다.

# ❀ 3-9-3(鬼神-文書-鬼神)

주도수 9는 문서(文書)이다. 수리의 등급은 C급이다.

평생기본수 3인 사람의 그해를 주도하는 숫자 9는 文書다. 文書는 본인(本人)의 이름 석 자가 서명되는 개인이나 기업체, 관공서 등의 조직체에서 업무상 취급되는 일체의 서류와 모든 기록물이라고 할 수 있다. 합격증, 임명장, 증서, 여권, 매매계약서, 혼인서약서, 진단서, 소송장 등 거의 모든 서류와 기록을 문서라고 한다.

또한 수리역학매화역수에서 문서는 6 官과 혼용하기도 한다. 가장 많이 적용하는 것은 시험 합격, 매매 등이다.

393은 나쁜 운세이다.

1월부터 3월까지 3개월은 귀신에 둘러싸인 문서다.

4월부터 9월까지 6개월은 관재구설수(官災口舌數)다.

10월부터 12월까지 3개월은 좋다. 639 다음의 663은 AA급이다.

이해에 결혼을 하면 다음 해에 임신이 가능하고 출산도 가능하다. 그러나 다음 해 753 기간에 출산하는 아이는 부모의 속을 썩이는 별난 아이가 많다. 내년은 314로서 대흉운(大凶運)이 들이닥친다.

평생운 393은 남녀 모두 어려운 삶을 살아간다. 여자의 경우가 더 어렵다.

여자로서는 너무 강한 운이기 때문에 남편과의 사이가 불화로 이어지는 경우가 많으며, 극부(尅夫)운이 있으니 남편을 위하는 데 노력하라.

매사에 성실하지만 과묵한 성격으로 애교가 없다. 남편은 크게 되고 본인은 외롭고 쓸쓸하여 괴로워 한탄한다.

| C3 | | 9 | | 3 | |
|---|---|---|---|---|---|
| 鬼神 | 木 | 文書 | 金 | 鬼神 | 木 |
| 6 | | 3 | | 9 | |
| 官 | 水 | 鬼神 | 木 | 文書 | 金 |
| 6 | | 3 | | 9 | |
| 官 | 水 | 鬼神 | 木 | 文書 | 金 |
| 6 | | 6 | | 3 | |
| 官 | 水 | 官 | 水 | 鬼神 | 木 |

| 日支別 吉凶月 | | | | | |
|---|---|---|---|---|---|
| 寅 | | 卯 | | 辰 | |
| 吉 | 凶 | 吉 | 凶 | 吉 | 凶 |
| 1-5-9 | 4-7-8-10 | 2-6-9-10 | 3-5-7-8-11 | 3-7-8-11 | 2-9-10-12 |
| 巳 | | 午 | | 未 | |
| 吉 | 凶 | 吉 | 凶 | 吉 | 凶 |
| 4-8-12 | 1-7-9-10 | 1-5-6-9 | 2-11-12 | 2-5-6-10 | 9-11-12 |
| 申 | | 酉 | | 戌 | |
| 吉 | 凶 | 吉 | 凶 | 吉 | 凶 |
| 3-7-11 | 1-2-4-10 | 3-4-8-12 | 1-2-9-11 | 1-2-5-9 | 3-4-6-8-12 |
| 亥 | | 子 | | 丑 | |
| 吉 | 凶 | 吉 | 凶 | 吉 | 凶 |
| 2-6-10 | 1-3-4-7 | 3-7-11-12 | 2-5-6-8 | 4-8-11-12 | 3-5-6-9 |

## ◈ 393

鬼神-文書-鬼神. 상문살(喪門殺)이다.

주도수와 1월, 3월, 5월은 相剋이다. 이때에는 生이 되어도 좋은 일이 없다. 주도수 9는 文書다. 매매, 결혼, 보고서 등 모든 문서에는 귀신이 붙는다. 申, 酉 일주 노약자는 사망할 수 있다.

2월에 剋이 되면 사기당할 수 있다. 문서를 잘 확인해야 한다.

'상문살'은 사전적 의미로 죽음의 부정한 기운을 말한다. 보통 상가(喪家)에서 맞는 살을 상문살이라고 한다. 이 살을 맞는 사람이 의외로 많다.


## ◈ 639

官-鬼神-文書. 관재구설수(官災口舌數)다.

3월부터 9월까지 6개월 동안 관재구설수(官災口舌數)다.

5월과 8월에 生이 되면 학생은 학업 증진, 직장인은 승급 · 승진이 가능하다.

그러나 대체로 수리가 나쁘기 때문에 이별, 이혼, 배신, 직장 퇴사, 폐업, 부도, 사고 등이 발생한다. 剋이 되면 주위 사람, 특히 부부는 서로 반목하고 집 밖에 새로운 사람이 생긴다.


## ◈ 639

官-鬼神-文書. 관재구설수(官災口舌數)다.

639의 특징은 현재 앉아 있는 자리가 싫어진다. 직장인은 일을 하기 싫고 쉬고 싶다. 직장을 나오면 내년까지 실업자 신세다. 학생은 등교하기 싫고 책을 보아도 글이 눈에 들어오지 않는다. 부부가 서로 369 또는 639

가 되면 이별·이혼한다. 生이 되는 달에만 움직이고 剋이 되는 달에는 관재구설이 발생하므로 남의 일에 나서거나 가담하지 마라.

9월의 9가 剋이 되는 辰, 巳, 酉, 丑 일주는 문서로 인한 법적 문제가 발생한다.


### ◈ 663

官-官-鬼神.

주도수 9(문서)의 663(관-관-귀신)이다. 12월에 剋이 되는 午, 未 일주를 제외하면 대단히 좋은 수리다. 生이 되면 시험에 합격하고 승진이 된다. 그래서 이럴 때에 부적(符籍)을 쓰게 한다.

# 4강 〜 평생기본수 4수리

평생기본수 4수리는 각자의 생년월일 중에서 '음력 생월의 숫자 + 음력 생일의 숫자 + 1'을 9진법으로 계산하여 나머지가 4가 되는 사람의 운명이다.

평생기본수 4수리는 주도수 따라서 415, 426, 437, 448, 459, 461, 472, 483, 494 등 아홉 가지로 분류되며, 대운 9년 사이에서 주기적으로 운세가 변화한다.

평생기본수 4수리는 426일 때가 가장 운세가 상승한 때이며, 483일 때가 가장 운세가 하락한 때이다. 따라서 평생기본수 4수리는 최고점 426과 최저점 483을 오르내리며 운세가 변화한다.

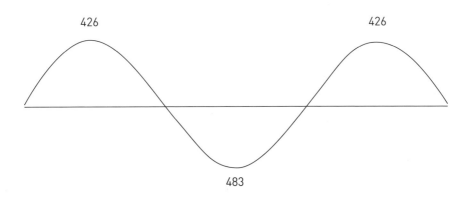

| 수리 | 415 | 426 | 437 | 448 | 459 | 461 | 472 | 483 | 494 |
|------|-----|-----|-----|-----|-----|-----|-----|-----|-----|
| 등급 | A | AA | C | B | B | C | B | CC | A |

AA 가장 좋음, A 좋음, B 보통, C 나쁨, CC 가장 나쁨

## ❀ 4-1-5(安定-新生-驚破)

주도수 1은 신생(新生)이다. 수리의 등급은 A급이다.

평생기본수 4인 사람이 그해를 주도하는 숫자 1은 새로운 일, 새로운 사람을 뜻한다. 이해에는 무엇인가 새로운 것을 하고자 하는 의욕과 욕구가 강하다.

지난해부터 상승한 운(運)은 426까지 3년간 최고조에 이른다. 415는 426과 비슷하게 거의 AA급이다. 지나간 2년 전 483과 비교하면 엄청나게 발전함을 느낄 수 있다.

이해에는 하고 싶은 일을 적극적으로 추진하여야 한다. 刑, 沖, 破, 害, 元嗔이 들어와도 거의 무의미할 정도다.

수험생은 합격이 보장되고, 미혼남녀는 이성과의 새로운 인연이 시작되며, 결혼을 하고 임신도 가능하다. 직장인은 편한 한 해를 보내며 명예가 상승하고 지위가 발전한다.

사업을 모색하든 사람은 이해에 개업을 하면 승승장구할 수 있다. 다만 사주팔자원국에서 정재(正財)를 사용하는 사람의 경우 사(死), 묘(墓), 절(絶), 태(胎)지에 놓여 있으면 훗날을 기약해야 하고, 편재(偏財)를 사용하는 사람은 쇠(衰), 병(病), 사(死), 묘(墓)지에 놓여 있으면 역시 훗날을 도모해야 한다.

| A4 | | 1 | | 5 | |
|---|---|---|---|---|---|
| 安定 | 金 | 新生 | 水 | 驚破 | 土 |
| **9** | | **6** | | **6** | |
| 文書 | 金 | 官 | 水 | 官 | 水 |
| **6** | | **3** | | **9** | |
| 官 | 水 | 鬼神 | 木 | 文書 | 金 |
| **1** | | **1** | | **2** | |
| 新生 | 水 | 新生 | 水 | 變化 | 火 |

| 日支別 吉凶月 | | | | | |
|---|---|---|---|---|---|
| 寅 | | 卯 | | 辰 | |
| 吉 1-5-9 | 凶 4-7-8-10 | 吉 2-6-9-10 | 凶 3-5-7-8-11 | 吉 3-7-8-11 | 凶 2-9-10-12 |
| 巳 | | 午 | | 未 | |
| 吉 4-8-12 | 凶 1-7-9-10 | 吉 1-5-6-9 | 凶 2-11-12 | 吉 2-5-6-10 | 凶 9-11-12 |
| 申 | | 酉 | | 戌 | |
| 吉 3-7-11 | 凶 1-2-4-10 | 吉 3-4-8-12 | 凶 1-2-9-11 | 吉 1-2-5-9 | 凶 3-4-6-8-12 |
| 亥 | | 子 | | 丑 | |
| 吉 2-6-10 | 凶 1-3-4-7 | 吉 3-7-11-12 | 凶 2-5-6-8 | 吉 4-8-11-12 | 凶 3-5-6-9 |

### ◈ 415

安定-新生-驚破. 안정수(安定數)다.

안정과 여유 속에 귀인의 도움으로 점점 발전한다. 좋은 기회가 오면 머뭇거리지 말고 적극적으로 대처해야 한다.

특히 평생기본수 4수리는 앞으로 나아갈 때에 자꾸 머뭇거리며 생각하는 습관이 있다. 494, 415, 426에는 생각하기보다는 행동으로 옮겨야 할 때다.

### ◈ 966

文書-官-官. 명예수(名譽數) 행운수(幸運數)다.

문서(文書)와 관(官)과 관련된 합격, 입찰, 승급, 승진, 직업 전변, 사업 개시, 결혼 등 모든 면에서 행운이 따르고 좋은 결과를 가질 수 있다.

### ◈ 639

官-鬼神-文書. 관재구설수(官災口舌數)다.

그러나 이해의 수리가 A급이고 주도수 1과 639가 서로 상생(相生)의 오행으로 이루어지므로 큰 탈이 없다. 다만 尅이 될 경우 그 달만 피해 가면 된다. 신중하고 겸손하게 대처하라. 부부간의 문제도 한쪽이 거부하면 이혼이 되지 않는다. 639에는 형제간의 분란이 생긴다.

### ◈ 112

新生-新生-變化.

새로운 사람(貴人)이 나타나고 새로운 일을 도모할 수 있다. 12월의 변화 · 변동은 매우 바람직하다. 특히 사업자의 경우 새로운 아이템의 도입, 업태 종목 변경, 이전 등을 모색하라.

이때에 자금이 부족할 경우에는 부모 형제에게 도움을 청하라. 수리 1은 새로운 사람뿐만 아니라 부모 형제를 포함한다.

10월과 11월에 剋이 되는 사람은 새로운 사람 때문에 낭패를 당할 수 있으므로 사람을 조심하여야 한다.

## ✸ 4-2-6(安定-變化-官)

주도수 2는 변화(變化)이다. 수리의 등급은 AA급이다.

평생기본수 4인 사람의 그해를 주도하는 숫자 2는 변화와 변동을 뜻한다.

이해에는 무엇인가 변화 변동하고자 하는 의욕과 욕구가 생긴다. 변화·변동을 하는 것이 좋다.

3월부터 9월까지 6개월 동안의 189는 대길운(大吉運)이다.

평생기본수 4수리는 성품이 사주팔자의 일간 임수(壬水)와 비슷하다.

군자(君子)형이며 선비형이다. 조용하고 침착하며 융통성 유연성이 많으며 유머와 재치가 있다. 반면 우리가 강물 속을 잘 모르듯 일간이 자기 속마음을 잘 드러내지 않기 때문에 주위 사람들이 답답하게 느낄 때가 있다.

4수리는 刑, 沖, 破, 害, 元嗔의 피해가 크지 않다. 어지간히 어려워도 4수리는 내색하지 않고 참고 넘어가는 특징이 있다.

이때에 찾아오는 사람들은 좋은 형편에 놓여 있으며 주로 자식 문제로 찾아온다.


평생운이 426이면 참으로 수월하게 세상을 살아간다.


**財益豊富 智謨多 難中成功 立大業**(재익풍부 지모다 난중성공 입대업)
재물과 지모가 많으니, 만난을 물리치고 성공하는도다.


**子孫餘慶 富貴榮 家門繁昌 福無量**(자손여경 부귀영 가문번창 복무량)
자식 농사 풍년이고 부귀와 번영이 있으니, 가문에 끝없는 복이로다.

| AA4 | | 2 | | 6 | |
|---|---|---|---|---|---|
| 安定 | 金 | 變化 | 火 | 官 | 水 |
| 1 | | 8 | | 9 | |
| 新生 | 水 | 財物 | 木 | 文書 | 金 |
| 1 | | 8 | | 9 | |
| 新生 | 水 | 財物 | 木 | 文書 | 金 |
| 6 | | 9 | | 6 | |
| 官 | 水 | 文書 | 金 | 官 | 水 |

| 日支別 吉凶月 | | | | | |
|---|---|---|---|---|---|
| 寅 | | 卯 | | 辰 | |
| 吉 1-5-9 | 凶 4-7-8-10 | 吉 2-6-9-10 | 凶 3-5-7-8-11 | 吉 3-7-8-11 | 凶 2-9-10-12 |
| 巳 | | 午 | | 未 | |
| 吉 4-8-12 | 凶 1-7-9-10 | 吉 1-5-6-9 | 凶 2-11-12 | 吉 2-5-6-10 | 凶 9-11-12 |
| 申 | | 酉 | | 戌 | |
| 吉 3-7-11 | 凶 1-2-4-10 | 吉 3-4-8-12 | 凶 1-2-9-11 | 吉 1-2-5-9 | 凶 3-4-6-8-12 |
| 亥 | | 子 | | 丑 | |
| 吉 2-6-10 | 凶 1-3-4-7 | 吉 3-7-11-12 | 凶 2-5-6-8 | 吉 4-8-11-12 | 凶 3-5-6-9 |

### ◈ 426

安定-變化-官.

이해는 대길운이므로 剋이 되는 사람은 나쁜 달만 피해 가면 된다. 삼성그룹의 故 이건희 회장이 "마누라 빼놓고는 다 바꿔라."고 했듯이 이해에는 삶의 방향을 바꾸어야 한다.

모든 변화와 변동은 행운이 따른다. 이사, 이전, 이직 등의 변화를 행동으로 옮길 때다.


### ◈ 189

新生-財物-文書. 대길수(大吉數)다.

189 또는 819는 모든 수리 중에서 가장 좋은 수리다. 주도수가 2이므로 변화와 변동을 함으로써 대길운이 따라올 수 있다. 명예, 승진, 문서, 개업 등 모든 것을 이룰 수 있다. 이때에 변화를 하지 않고 넘어가면 훗날 크게 후회하게 된다.

직장인은 자영업 사업자로 직업전변을 한다.

집에서 業을 하든 역술인은 길거리 사무실로 확장 이전을 한다.

415에 만난 귀인과 결혼이 성사되고 임신이 가능하다.


### ◈ 189

新生-財物-文書. 대길수(大吉數)다.

189의 행운은 계속 이어진다. 평생기본수 4수리의 운은 이때가 최고점이다. 제아무리 어려운 일도 이때는 귀인의 도움으로 일사천리로 해결된다. 이때의 귀인은 내 옆에 있는 손아랫사람이다. 많은 도움을 받을 수 있다.


◈ 696

官-文書-官. 명예수다.

수험생은 바라든 곳에 합격을 할 수 있다.

직장인은 승급, 승진 등 명예가 따르고 변동이 온다.

鬼이 되는 사람은 7월에 만난 사람 때문에 명예 실추를 할 수 있다.

**▌신수 보는 법**

- ✓ 신수는 한 해의 사건 상황이며 대운은 환경이다. 신수는 대운과 연결된다.
- ✓ 사주명리학으로 신수를 볼 때에는 사주팔자원국과 12운성, 12신살, 합 · 충 · 형 · 파 · 해 · 원진 및 격각을 비교분석한다.
- ✓ 수리역학매화역수로 신수를 볼 때에는 수리를 기준으로 일간과 열두 달의 간지를 비교분석한다.
- ✓ 신수는 수리역학매화역수로 보는 것이 사주명리학으로 보는 것보다 간단 명료하고 정확도가 훨씬 더 높다.

* 상세한 신수 보는 법은 〈수리역학매화역수 2022년 편 신수해설〉 강의 동영상을 참조하십시오.

## ❈ 4-3-7 (安定-鬼神-病/退食)

주도수 3은 귀신(鬼神)이다. 수리의 등급은 C급이다.

437은 483과 마찬가지로 거의 CC급이다. 조심해야 할 때다.

평생기본수 4인 사람의 그해를 주도하는 숫자 3은 鬼神이 발동한다는 뜻이다. 生이 되면 정반대로 조상이 도와준다고 이해해야 한다.

대체로 길운보다는 흉운이 더 많다. 지난 3년의 길운을 되새기며 자중해야 한다.

전반 6개월 동안은 침체기다. 심리적으로 갈등하고 크게 손실을 볼 수 있다.

학생은 심리가 불안해져서 공부를 안 하고 성적이 떨어진다. 기숙사에 입사시키는 것도 괜찮은 방법이다. 같이 동거하는 자식들과는 갈등이 고조되므로 이때에 분가시키는 것이 낫다.

부부 한쪽이 원거리 지역에 근무한다면 그곳에 숙소를 정하고, 같이 있더라도 잠시 각방을 쓰는 것이 좋다. 잠시 떨어져 있다가 4분기 281에 합쳐라.

415 또는 426에 개업을 한 자영업 사업자는 이해 상반기에는 장기계획을 수립하라. 생각대로 매출이 오르지 않는다. 주위 사람들의 의견이나 조언을 받아들여라.

역술인은 부족한 공부를 하든지 도를 닦아야 한다. 후반기에는 안정을 되찾는다.

평생운이 437이면 20세까지 성장기에 부모덕을 입을 수 없으며, 고아가 되거나 가출하거나 가정이 풍비박산 난다. 상담을 하러 오면 이름부터 개명(改名)시켜라.

| C4 | | 3 | | 7 | |
|---|---|---|---|---|---|
| 安定 | 金 | 鬼神 | 木 | 病(退食) | 火 |
| 2 | | 1 | | 3 | |
| 變化 | 火 | 新生 | 水 | 鬼神 | 木 |
| 5 | | 4 | | 9 | |
| 驚破 | 土 | 安定 | 金 | 文書 | 金 |
| 2 | | 8 | | 1 | |
| 變化 | 火 | 財物 | 木 | 新生 | 水 |

| 日支別 吉凶月 | | | | | |
|---|---|---|---|---|---|
| 寅 | | 卯 | | 辰 | |
| 吉<br>1-5-9 | 凶<br>4-7-8-10 | 吉<br>2-6-9-10 | 凶<br>3-5-7-8-11 | 吉<br>3-7-8-11 | 凶<br>2-9-10-12 |
| 巳 | | 午 | | 未 | |
| 吉<br>4-8-12 | 凶<br>1-7-9-10 | 吉<br>1-5-6-9 | 凶<br>2-11-12 | 吉<br>2-5-6-10 | 凶<br>9-11-12 |
| 申 | | 酉 | | 戌 | |
| 吉<br>3-7-11 | 凶<br>1-2-4-10 | 吉<br>3-4-8-12 | 凶<br>1-2-9-11 | 吉<br>1-2-5-9 | 凶<br>3-4-6-8-12 |
| 亥 | | 子 | | 丑 | |
| 吉<br>2-6-10 | 凶<br>1-3-4-7 | 吉<br>3-7-11-12 | 凶<br>2-5-6-8 | 吉<br>4-8-11-12 | 凶<br>3-5-6-9 |

◈ 437

安定-鬼神-病/退食.

주도수 3은 귀신이다. 전반기 6개월은 고난의 시기다. 심리적 갈등으로 안정을 잃게 된다. 종교에 의지하기도 한다. 모든 사람들은 이때에 현실을 직시하고 안정을 찾아야 한다.


◈ 213

變化-新生-鬼神. 이별수(離別數)다.

주변이 시끄럽고 힘들다. 주변 사람들 특히 부모, 형제, 배우자와의 갈등이 고조되고 자칫하면 원수로 돌변한다.

生이 되면 헤어졌거나 과거에 스쳐 지나간 인연을 다시 만난다.

부부가 갈등하면 이때에 몇 달 동안 헤어졌다가 281에 다시 결합하는 것이 좋다.

오랫동안 소식이 없던 사람이 찾아와서 도움을 청한다. 鬼이 되면 나에게 전혀 도움이 안 되는 사람이다. 돈을 빌려주면 돌려받지 못한다. 도와줘도 훗날 원수 사이가 된다.


◈ 549

驚破-安定-文書. 무난수(無難數)다.

7월부터 運이 회복한다. 캄캄한 터널을 벗어나는 것과 같다. 그러나 지나친 욕심은 금물이니 일간의 한계와 능력을 고려해야 한다. 안정된 상태가 되므로 현실을 직시하고 계획을 세워라.

◈ 281

變化–財物–新生.

生이 되면 조상이 돌보아 준다. 변화·변동을 꾀하여 재물을 얻을 수 있다.

이해의 5월과 12월에 만나는 사람과는 서로 반목하고 배신을 할 수 있다.

주도수 3이 들어오는 때에는 집안의 제사(祭祀) 또는 성묘(省墓)에 빠짐 없이 참석해야 한다. 조상이라 함은 막연한 조상이 아니라 父母와 남편의 조상만을 말하는 것이다. 엄마 조상이나 처(妻)의 조상들에 대해서는 제사를 지내지 않는데, 그래서 여자들은 제사에 대해서 좋은 생각을 갖고 있지 않다.

## ✼ 4-4-8(安定-安定-財物)

주도수 4는 안정(安定)이다. 수리의 등급은 B급이다.

평생기본수 4인 사람의 그해를 주도하는 숫자 4는 安定이다. 이러한 해
에는 심리적으로 안정하고 여유롭게 한 해를 보낸다.

작년과 같은 어려운 일은 닥치지 않으므로 마음의 안정과 여유를 가져라.

6월의 다음 세 달은 999다. 6~999는 외국으로 나갈 수 있다. 직장 변
동, 업무 변화 등으로 타 지역 이동이나 외국 출장 또는 파견근무를 할 수
있다. 이때에 배우자가 아닌 다른 이성과 외국 여행을 나가면 3년 내에 들
통나고 이별을 한다.

이에 비해 주도수 또는 숫자 3 다음에 이어지는 3~999는 중풍, 심근경
색 등 신경계 질환에 노출될 수 있다.

---

**[예시] 여자 양력 2003년 6월 15일 午時 生. 입시생**

✔ 목적사: 대학 입시 상담
✔ 해설: 己未 일주 무관팔자(無官八字) 평생기본수 4, 주도수 4. 상담 시 수
  리는 336. 일지 午未는 9월, 11월, 12월이 충이 되어 기본적으로 대학 입
  시운(大學入試運)이 없다.
✔ 결과: 이 학생은 2020년에 고등학교를 중퇴했다. 대학을 가더라도 461,
  472, 483에서 부모 돈만 까먹는다.

* 상세한 사주 및 수리풀이는 〈나는 역학이다〉 강의 동영상을 참조하십시오.

| B4 | | 4 | | 8 | |
|---|---|---|---|---|---|
| 安定 | 金 | 安定 | 金 | 財物 | 木 |
| 3 | | 3 | | 6 | |
| 鬼神 | 木 | 鬼神 | 木 | 官 | 水 |
| 9 | | 9 | | 9 | |
| 文書 | 金 | 文書 | 金 | 文書 | 金 |
| 7 | | 7 | | 5 | |
| 病(退食) | 火 | 病(退食) | 火 | 驚破 | 土 |

| 日支別 吉凶月 | | | | | |
|---|---|---|---|---|---|
| 寅 | | 卯 | | 辰 | |
| 吉<br>1-5-9 | 凶<br>4-7-8-10 | 吉<br>2-6-9-10 | 凶<br>3-5-7-8-11 | 吉<br>3-7-8-11 | 凶<br>2-9-10-12 |
| 巳 | | 午 | | 未 | |
| 吉<br>4-8-12 | 凶<br>1-7-9-10 | 吉<br>1-5-6-9 | 凶<br>2-11-12 | 吉<br>2-5-6-10 | 凶<br>9-11-12 |
| 申 | | 酉 | | 戌 | |
| 吉<br>3-7-11 | 凶<br>1-2-4-10 | 吉<br>3-4-8-12 | 凶<br>1-2-9-11 | 吉<br>1-2-5-9 | 凶<br>3-4-6-8-12 |
| 亥 | | 子 | | 丑 | |
| 吉<br>2-6-10 | 凶<br>1-3-4-7 | 吉<br>3-7-11-12 | 凶<br>2-5-6-8 | 吉<br>4-8-11-12 | 凶<br>3-5-6-9 |

## ◈ 448

安定-安定-財物.

주도수 4는 안정이다. 작년에 비해 훨씬 수월하게 지낼 수 있다. 마음이 안정되고 여유를 가진다. 그런 가운데 경제적으로 한결 나아진다.

## ◈ 336

鬼神-鬼神-官.

주도수 4와 3은 金克木으로 相剋이다.

33이 연속되면 아주 나쁘며 7(病)과 같은 작용을 한다. 각종 질병에 쉽게 노출되어 병고(病苦)를 치를 수 있다.

336은 관(官)을 傷하게 한다. 의욕과 욕구가 상실되고 현실에서 도피하고 싶다. 현실을 직시하고 복지부동하는 것이 좋다.

집안의 노약자는 이때에 큰 변을 당할 수 있다.

## ◈ 999

文書-文書-文書. 여행수다.

生이 되면 문서가 수반되는 모든 일에서 길하게 작용한다.

이해에는 외지에서 새로운 인연을 만날 수 있다. 또한 명예, 승진 등의 행운이 따른다. 인사이동은 좋은 자리로 옮기게 된다.

이때는 가급적 여행을 하는 것이 좋다. 견문을 익히고 새로운 생활의 활력소가 된다. 이때의 여행 추억은 평생 기억에 남는다.

7월이 剋이 되면 관재구설이 된다.

## ◈ 775

病/退食-病/退食-驚破.

10월과 11월의 77은 조심해야 한다. 의욕이 저하되고 여기저기 아프기만 하다. 병원을 가 보아도 엉뚱한 병명으로 헛수고만 한다. 평생기본수 4수리는 이해부터 3년간 몸이 정상적이지 못하고 마음고생이 심하다.

剋이 되면 주도수 4(金)와 서로 상극(相剋)이므로 건강을 크게 해치게 되고, 질병에 노출되면 입원을 하여야 한다.

## ❀ 4–5–9(安定–驚破–安定)

주도수 5는 경파(驚破)다. 수리의 등급은 B급이다.

평생기본수 4인 사람의 그해를 주도하는 숫자 5는 驚破다. 주도수 5는 깜짝 놀란다는 뜻이지만, 이해는 대체로 안정된 상태로 무난하고 편안하다.

수리 459 또는 549는 무난수(無難數)다. 수리 145 또는 415 안정수(安正數)와 통용한다.

1월부터 9월까지 6개월간 같은 수리가 계속된다. 오행은 4(金), 5(土), 9(金)으로 서로 相生한다.

10월부터 12월까지 369는 관재구설수(官災口舌數)다.

평생운이 459인 사람은 54살까지 큰 어려움 없이 무난하게 삶을 보낸다.

**四柱풀이 방법론(方法論)**

사람이 살아가는 방법은 크게 3가지다.
조직사회에 몸담아서 살아가는 방법, 자영업이나 사업으로 살아가는 방법, 나머지 하나는 배우자 덕으로 살아가는 방법이다.
四柱八字의 구성이 식상(食傷)과 재성(財星)이 강하고 많거나 또는 대운(大運)이 식상과 재성으로 흐르는 사람은 자영업이나 사업으로 나아가야 한다.
사주팔자의 구성과 大運의 흐름이 식상과 재성이 강하거나 많은 사람이 조직사회로 나아가면 그만큼 성공의 확률이 낮아지게 된다.
대체로 사람의 70% 정도는 사주팔자의 직업대로 살아가고, 30% 정도는 사주팔자의 직업과 다른 業을 하고 있다. 내담자의 직업이 사주팔자와 다를 때에는 보통 사람에 비해서 실패 확률이 더 높다. 설사 지금은 잘나간다 해도 언젠가는 반드시 실패를 하고 삶의 고통을 받게 된다.

| B4 | | 5 | | 9 | |
|---|---|---|---|---|---|
| 安定 | 金 | 驚破 | 土 | 文書 | 金 |
| 4 | | 5 | | 9 | |
| 安定 | 金 | 驚破 | 土 | 文書 | 金 |
| 4 | | 5 | | 9 | |
| 安定 | 金 | 驚破 | 土 | 文書 | 金 |
| 3 | | 6 | | 9 | |
| 鬼神 | 木 | 官 | 水 | 文書 | 金 |

| 日支別 吉凶月 | | | | | |
|---|---|---|---|---|---|
| 寅 | | 卯 | | 辰 | |
| 吉 1-5-9 | 凶 4-7-8-10 | 吉 2-6-9-10 | 凶 3-5-7-8-11 | 吉 3-7-8-11 | 凶 2-9-10-12 |
| 巳 | | 午 | | 未 | |
| 吉 4-8-12 | 凶 1-7-9-10 | 吉 1-5-6-9 | 凶 2-11-12 | 吉 2-5-6-10 | 凶 9-11-12 |
| 申 | | 酉 | | 戌 | |
| 吉 3-7-11 | 凶 1-2-4-10 | 吉 3-4-8-12 | 凶 1-2-9-11 | 吉 1-2-5-9 | 凶 3-4-6-8-12 |
| 亥 | | 子 | | 丑 | |
| 吉 2-6-10 | 凶 1-3-4-7 | 吉 3-7-11-12 | 凶 2-5-6-8 | 吉 4-8-11-12 | 凶 3-5-6-9 |

### ❖ 459

安定−驚破−文書. 무난수(無難數)다.

459에는 안정과 여유를 바탕으로 능력을 발휘하여 적극적으로 일을 처리하여야 한다. 보다 과감하고 미래 지향적인 자세로 나아가라.

단, 生이 되면 크게 놀랄 만큼 좋고, 剋이 되면 크게 놀랄 만큼 나쁜 일이 생긴다.

이해에는 부동산 투자를 고려해 볼 만하다. 주도수 5(土)가 9(金) 문서를 生해 준다.


### ❖ 459

安定−驚破−文書. 무난수(無難數)다.

9와 剋이 되는 子, 午, 卯, 酉 일주를 제외하고는 부동산에 과감히 투자할 때다. 사주팔자 지지 辰, 戌, 丑, 未 각각의 부동산 분야를 잘 선택하면 된다.

학업과 학문에 증진할 때다. 전문 지식과 자격을 갖춘 사람은 강의를 할수 있다.


### ❖ 459

安定−驚破−文書. 무난수(無難數)다.

뒤로 넘어져도 다치지 않을 만큼 運이 좋다.

미루어 오던 부동산 투자를 9월까지 매듭지어라. 이해에 투자한 투자금은 3년 뒤 483에서 확실한 이득과 성공을 보장한다.

◈ 369

鬼神−官−文書. 관재구설수(官災口舌數)다.

寅, 申, 巳, 亥 일주는 이때 자칫하면 앞서 이룬 것이 물거품이 될 수도 있다. 午, 未 일주는 매매에 욕심 부리다 손해를 볼 수 있다.

369에 질병에 노출되면 461에 입원이나 수술을 할 수 있으며 집안의 노약자는 사망에 이르게 된다.

또한 369에 시비 다툼이 발생하면 다음 해 461에 법정에 출두해야 한다.

# ❀ 4-6-1(安定-官-新生)

주도수 6은 관(官)이다. 수리의 등급은 C급이다.
주도수 3(木)과 相剋이 되는 달은 5월이다.


평생기본수 4인 사람의 그해를 주도하는 숫자 6는 官이다. 이해에는 1월부터 6월까지 6개월 동안 거의 CC급이다.

　대단히 나쁜 때로, 주로 망신살이 발생한다. 주위의 사람을 경계하고 조심해야 하며, 특히 주변의 형제, 동료와의 다툼으로 명예가 실추되고 자존심을 상한다.

　이때에는 모든 사람들이 당한다. 주변의 사람들이 원수로 돌변하고 관청(官廳)과 관계되는 일도 불리하게 돌아간다.


## ┃ 식신(食神)

식신은 글자의 뜻이 음식을 맡은 神으로서 기본 의식주를 뜻한다. 식신은 十里 중에서 가장 중요한 것이며 재성의 밭이다.

남자는 부하, 아랫사람을 뜻하고 여자는 자식을 뜻한다. 남자는 식신이 많으면 헛수고를 많이 하는 유시무종(有始無終) 형태가 되며, 여자는 식신이 많으면 주위에 남자가 많고 자식이 커 갈수록 남편이 싫어진다.

식신이 없는 사람은 타인에 대한 이해와 배려가 부족하며, 기본 의식주에 대한 개념이 약하다. 사업은 유통, 제조 등 종업원이 많은 업종은 피해야 한다.

식신은 새로운 것(新), 상관은 오래된 것(舊)을 선호한다. 예를 들어 식신을 쓰는 사람은 새로 지은 집을 선호하고 상관을 쓰는 사람은 오래된 집을 선호한다.

| C4 | | 6 | | 1 | |
|---|---|---|---|---|---|
| 安定 | 金 | 官 | 水 | 新生 | 水 |
| 5 | | 7 | | 3 | |
| 驚破 | 土 | 病(退食) | 火 | 鬼神 | 木 |
| 8 | | 1 | | 9 | |
| 財物 | 木 | 新生 | 水 | 文書 | 金 |
| 8 | | 5 | | 4 | |
| 財物 | 木 | 驚破 | 土 | 安定 | 金 |

| 日支別 吉凶月 | | | | | |
|---|---|---|---|---|---|
| 寅 | | 卯 | | 辰 | |
| 吉<br>1-5-9 | 凶<br>4-7-8-10 | 吉<br>2-6-9-10 | 凶<br>3-5-7-8-11 | 吉<br>3-7-8-11 | 凶<br>2-9-10-12 |
| 巳 | | 午 | | 未 | |
| 吉<br>4-8-12 | 凶<br>1-7-9-10 | 吉<br>1-5-6-9 | 凶<br>2-11-12 | 吉<br>2-5-6-10 | 凶<br>9-11-12 |
| 申 | | 酉 | | 戌 | |
| 吉<br>3-7-11 | 凶<br>1-2-4-10 | 吉<br>3-4-8-12 | 凶<br>1-2-9-11 | 吉<br>1-2-5-9 | 凶<br>3-4-6-8-12 |
| 亥 | | 子 | | 丑 | |
| 吉<br>2-6-10 | 凶<br>1-3-4-7 | 吉<br>3-7-11-12 | 凶<br>2-5-6-8 | 吉<br>4-8-11-12 | 凶<br>3-5-6-9 |

### ◈ 461

安定-官-新生.

주도수 6은 官이다. 官은 가정, 직장, 사업체, 관청 등을 포함한다. 이 범주 내에서 같이 있는 사람과의 분쟁으로 명예가 실추되고 망신살이 뻗친다. 상반기 6개월 동안은 되는 일이 없다. 3월의 새로운 인연은 큰 도움이 안 된다. 이해에는 반드시 명예와 자존심에 관한 사건 사고가 일어난다.

### ◈ 573

驚破-病/退食-鬼神. 대흉수(大凶數)다.

573 또는 753은 가장 나쁜 수리다. 남녀노소를 막론하고 어떤 사람도 수월하게 넘어가지 못한다.

전년에 발생한 질병으로 병원에 입원할 수 있으며 또한 전년에 발생한 다툼으로 법적 소송 문제가 발생한다. 이때는 반드시 피눈물 흘릴 일이 생긴다.

데리고 있던 부하 직원의 공금 횡령 도주, 친구 동료의 사기뿐만 아니라 믿었던 형제자매로부터 배신을 당한다. 건강이 좋지 않을 때라 마음의 상처가 매우 깊다.

소송에 임할 때는 상대의 수리를 잘 파악해야 유불리(有不利)를 알 수 있다. 상대가 좋은 때를 피해서 재판정에 출두하고, 또 기일이 나와 맞지 않으면 재판을 연기시켜야 한다.

### ◈ 819

財物-新生-文書. 대길수(大吉數)다.

이제부터 運이 돌아오고 숨을 돌릴 수 있다. 819는 大吉數이지만 앞선 753의 영향으로 길함은 50% 정도다. 아직까지는 나서지 말고 자중함이 옳다.


### ◈ 854

財物-驚破-安定.

직장에서 수입이 늘어난다. 미루어 오던 일들을 매듭지어야 한다.

573에 당한 손해가 회복되지 않으면 내 탓으로 돌리고 잊어버려야 한다.

다음 해 472는 B급이지만 내용은 C급이다.

## ❀ 4-7-2(安定-病/退食-變化)

주도수 7은 병/퇴식(病/退食)이다. 수리의 등급은 B급이다.

주도수 7(火)과 相剋이 되는 달은 5월, 9월, 10월, 11월 네 달이다.

평생기본수 4인 사람의 그해를 주도하는 숫자 7은 病이다. 病은 사주명리학의 十星 중 편인(偏印)에 해당한다.

이해에는 하는 일마다 정체되거나 퇴보한다. 또한 이해에는 시름시름 잘 아프거나 갑자기 病이 발견된다.

472는 평생기본수 4수리가 아프거나 입원, 수술 등의 건강 문제가 가장 많이 발생하는 때다.

남녀노소를 불문하고 이해에는 몸이 좋지 않거나 하던 일이 정체(停滯)된다.

평생기본수 4수리는 472~483 동안에 사업을 시작하거나 새로운 일을 모색하면 돈 잃고 세월만 눕히게 된다.

---

### [예시] 여자 음력 1962년 2월 19일 卯時 生. 가정주부

✔ 목적사: 결혼을 앞둔 자녀의 궁합 및 본인의 운세 상담차 2020년 7월에 내방.

✔ 해설: 辛酉 일주 평생기본수 4, 주도수 7, 상담 시 수리는 369. 음력 9월에 주도수와 상극(相克)이 되어 건강진단을 미리 해 볼 것을 권유드렸다.

✔ 결과: 두 달 뒤 9월경 서울 방배동 소재 대O병원에서 진단 결과 대장암으로 판명되었다. 다행히 조기(早期)에 발견하여 수술 후 완쾌하였다.

* 상세한 사주 및 수리풀이는 〈나는 역학이다〉 강의 동영상을 참조하십시오.

| B4 | | 7 | | 2 | |
|---|---|---|---|---|---|
| 安定 | 金 | 病(退食) | 火 | 變化 | 火 |
| 6 | | 9 | | 6 | |
| 官 | 水 | 文書 | 金 | 官 | 水 |
| 3 | | 6 | | 9 | |
| 鬼神 | 木 | 官 | 水 | 文書 | 金 |
| 4 | | 4 | | 8 | |
| 安定 | 金 | 安定 | 金 | 財物 | 木 |

| 日支別 吉凶月 | | | | | |
|---|---|---|---|---|---|
| 寅 | | 卯 | | 辰 | |
| 吉 | 凶 | 吉 | 凶 | 吉 | 凶 |
| 1-5-9 | 4-7-8-10 | 2-6-9-10 | 3-5-7-8-11 | 3-7-8-11 | 2-9-10-12 |
| 巳 | | 午 | | 未 | |
| 吉 | 凶 | 吉 | 凶 | 吉 | 凶 |
| 4-8-12 | 1-7-9-10 | 1-5-6-9 | 2-11-12 | 2-5-6-10 | 9-11-12 |
| 申 | | 酉 | | 戌 | |
| 吉 | 凶 | 吉 | 凶 | 吉 | 凶 |
| 3-7-11 | 1-2-4-10 | 3-4-8-12 | 1-2-9-11 | 1-2-5-9 | 3-4-6-8-12 |
| 亥 | | 子 | | 丑 | |
| 吉 | 凶 | 吉 | 凶 | 吉 | 凶 |
| 2-6-10 | 1-3-4-7 | 3-7-11-12 | 2-5-6-8 | 4-8-11-12 | 3-5-6-9 |

◈ 472

安定-病/退食-變化.

주도수 7은 病이다. 한 해 내내 의욕이 상실되고 건강에 문제가 발생한다.

이해에는 잘 아프다. 병원에 갈 때에는 運 좋은 날을 택일하라. 병원에 가도 병명이 나오지 않는 경우도 있다.

이해에는 직장 내에서 좋지 않은 일들은 모두 발생하는 것 같다. 어려움을 버티지 못하고 직장을 나오면 내년까지 실업자 신세다.


◈ 696

官-文書-官. 명예수(名譽數) 행운수(幸運數)다.

生이 되면 승진, 승급 등의 명예가 따르며 수험생은 합격의 영광을 안는다.

剋이 되면 명예, 건강 둘 다 나빠진다.

寅, 申, 巳, 亥 일주는 4월에 입원, 수술한다. 나의 경우 58세와 67세 4월에 각각 수술대에 올랐다.


◈ 369

鬼神-官-文書. 관재구설수다.

남의 일에 참견하거나 나서지 않아야 한다. 461 또는 472에 나빠지는 사람은 483까지 회복이 어렵다. 生이 되어도 능력을 발휘하지 못한다.

평생기본수 4수리는 이때에 父母가 命을 달리하는 확률이 높다.

나의 경우 369에 부모와 누이동생이 運命을 달리하였다. 이미 세상을 떠난 가족 3명이 모두 수리가 369이며 月支와 大運, 世運에서 丑, 戌, 未, 三刑殺이 성립될 때였다.


◈ 448

安定-安定-財物.

주도수 7(火)와 4(金)은 相剋이다. 불안과 초조함이 계속될 수 있다. 운전, 원거리 여행을 조심하라. 이 기간에는 본인의 건강검진뿐만 아니라 자동차 서비스 점검을 받는 것도 좋다.

내년은 483으로서 평생기본수 4수리에게는 가장 나쁜 때다.

# ❀ 4-8-3(安定-財物-鬼神)

주도수 8은 재물(財物)이다. 수리의 등급은 CC급이다.

평생기본수 4인 사람의 그해를 주도하는 숫자 8은 財物이다.

9년의 대운 속에서 가장 운이 나쁜 해다. 이해에는 들어오는 돈보다 나가는 돈이 더 많다.

따라서 이해에는 낙찰계, 복권, 경마, 주식 투자, 투기는 절대 禁하라. 벼락부자의 환상을 좇다가 쪽박을 차는 경우가 많다.

로또 사면 돈만 날린다. 주식 투자하면 전 재산을 거덜 낼 수 있다.

이사하면 후회하고 다음에 집을 옮길 때는 집이 잘 나가지 않는다.

남에게 돈을 빌려주었다가는 영원히 돌려받지 못하는 때다.

4월부터 9월까지 6개월 동안 오방산신난동수(五方山神亂動數)다. 되는 일이 하나도 없이 모든 일들이 답보(踏步) 상태다.

---

**[예시] 남자 음력 1964년 10월 29일 卯時生. 검사 출신 변호사**

✔ 목적사: 4월부터 허리가 계속 아파 이 병원 저 병원 다니며 고생하던 중 소송당사자(원고)와의 분쟁 상담.

✔ 해설: 을유(乙酉) 일주 평생기본수 4, 주도수 8, 상담 시 수리는 933. 이해의 7(病)은 4월과 7월이며 주도수가 生하는 오행이므로 큰 병이 아니다. 10월의 숫자 9는 일지와 剋이 되는 달이므로 조금 손해 보더라도 분쟁을 대화로 해결하도록 권유하였다.

✔ 결과: 상담 후 허리는 나았으며, 소송패소에 따른 원고와의 분쟁은 양측이 팽팽히 대립하다가 변호사비용을 일부 돌려주었다.

\* 상세한 사주 및 수리풀이는 〈나는 역학이다〉 강의 동영상을 참조하십시오.

| CC4 | | 8 | | 3 | |
|---|---|---|---|---|---|
| 安定 | 金 | 財物 | 木 | 鬼神 | 木 |
| 7 | | 2 | | 9 | |
| 病(退食) | 火 | 變化 | 火 | 文書 | 金 |
| 7 | | 2 | | 9 | |
| 病(退食) | 火 | 變化 | 火 | 文書 | 金 |
| 9 | | 3 | | 3 | |
| 文書 | 金 | 鬼神 | 木 | 鬼神 | 木 |

| 日支別 吉凶月 | | | | | |
|---|---|---|---|---|---|
| 寅 | | 卯 | | 辰 | |
| 吉 | 凶 | 吉 | 凶 | 吉 | 凶 |
| 1-5-9 | 4-7-8-10 | 2-6-9-10 | 3-5-7-8-11 | 3-7-8-11 | 2-9-10-12 |
| 巳 | | 午 | | 未 | |
| 吉 | 凶 | 吉 | 凶 | 吉 | 凶 |
| 4-8-12 | 1-7-9-10 | 1-5-6-9 | 2-11-12 | 2-5-6-10 | 9-11-12 |
| 申 | | 酉 | | 戌 | |
| 吉 | 凶 | 吉 | 凶 | 吉 | 凶 |
| 3-7-11 | 1-2-4-10 | 3-4-8-12 | 1-2-9-11 | 1-2-5-9 | 3-4-6-8-12 |
| 亥 | | 子 | | 丑 | |
| 吉 | 凶 | 吉 | 凶 | 吉 | 凶 |
| 2-6-10 | 1-3-4-7 | 3-7-11-12 | 2-5-6-8 | 4-8-11-12 | 3-5-6-9 |

## ◈ 483

安定-財物-鬼神. 주도수 8은 財物이다.

수리가 CC급이면 들어오는 돈보다 나가는 돈이 더 많을 때다. 돈에 대한 욕심이 많아지고 욕구가 강해지며 일확천금(一攫千金)을 꿈꾼다. 그러나 심리적 불안으로 좌충우돌하며 돈이 새어 나가고 수중에 돈이 마른다. 학생은 학업을 제대로 하지 못하고 방황한다.

## ◈ 729

病/退食-變化-文書. 오방산신난동수(五方山神亂動數)다.

건강 문제로 돈이 지출되고 병원 출입이 잦아진다.

지난해에 운이 안 좋았기 때문에 이때가 기회다 싶어 변화를 모색하지만 변화·변동하지 마라. 불안이 가중되니 현실을 직시하고 복지부동하는 것이 낫다. 729에는 사업자는 업체 내의 모든 직원, 서류, 자산 등 내부를 단속해야 한다. 믿었던 직원이나 거래선으로부터 배신을 당할 수 있다.

寅, 申, 巳, 亥 일주는 이해에 자주 아프다.

## ◈ 729

病/退食-變化-文書. 오방산신난동수(五方山神亂動數)다.

돈을 벌고 싶은 마음은 꿀떡 같지만 움직이는 만큼 돈이 깨진다.

7 7 숫자가 이어지므로 건강에 각별히 조심해야 한다. 병명이 제대로 나오지 않으며 병원을 옮겨 다니며 고생하다가 우연한 기회에 나을 수 있다. 이때에는 혈액순환계 질병이 올 수 있다.

◈ 933

文書-鬼神-鬼神. 상문살(喪門殺)이다.

tvN 드라마 '구미호뎐'에서 '상문살'이 언급되며 그 뜻에 시선을 모았다. 1980년대 당대 최고의 개그맨이었던 개그우먼 이현주는 EBS '인생 이야기 파란만장'에 출연하여 상문살을 겪었다고 언급했다. 친구 어머니의 장례식에 다녀온 후부터 정신분열, 환청, 환각에 시달리며 2년 동안 힘들게 보냈다고 한다.

# ❀ 4-9-4(安定-文書-安定)

주도수 9는 문서(文書)이다. 수리의 등급은 A급이다.


평생기본수 4인 사람의 그해를 주도하는 숫자 9는 文書다.

이때 찾아오는 내담자에게 "몇 년 동안 되는 일들이 없었구나?"라고 말하면 마치 족집게 도사를 만난 듯 올려다볼 것이다.


올해부터 3년간 A급으로서 평생기본수 4수리가 가장 좋을 시절이다.

지나간 세월과는 비교가 되지 않을 정도로 運이 좋다.

수험생은 바라던 대학으로 진학을 하고 취업준비생은 취직이 가능하다.

사업희망자는 개업을 하고, 사업자는 돈을 벌 수 있는 시기가 도래했다.


## 四柱八字의 품격(品格)

사주팔자에는 품격이 있다. 격이 있다는 것은 명예와 재물을 갖춘다는 의미이다.

남자 사주 地支에 巳, 酉, 丑 삼합 또는 申, 子, 辰 삼합의 글자가 있으면 글자당 20점을 주고 해당 사항이 안 되는 글자는 글자당 5점을 준다.

여자 사주 地支에 亥, 卯, 未 삼합 또는 寅, 午, 戌 삼합의 글자가 있으면 글자당 20점을 주고 해당 사항이 안 되는 글자는 글자당 5점을 준다.

또한, 사주 地支에 寅, 巳, 申, 戌이 있다면 별도로 글자당 10점을 더 준다.


100점 이상은 최상급 사주로 본다.

70점 이상은 상급 사주, 자신의 목표를 달성하는 사주다.

55점 이상은 중급 사주, 의식주 정도는 해결하는 사주다.

40점 이상은 하급 사주, 부족한 사주다.

40점 이하는 가장 나쁜 최하급 사주로 본다.

| A4 | | 9 | | 4 | |
|---|---|---|---|---|---|
| 安定 | 金 | 文書 | 金 | 安定 | 金 |
| 8 | | 4 | | 3 | |
| 財物 | 木 | 安定 | 金 | 鬼神 | 木 |
| 2 | | 7 | | 9 | |
| 變化 | 火 | 病(退食) | 火 | 文書 | 金 |
| 5 | | 2 | | 7 | |
| 驚破 | 土 | 變化 | 火 | 病(退食) | 火 |

| 日支別 吉凶月 | | | | | |
|---|---|---|---|---|---|
| 寅 | | 卯 | | 辰 | |
| 吉 1-5-9 | 凶 4-7-8-10 | 吉 2-6-9-10 | 凶 3-5-7-8-11 | 吉 3-7-8-11 | 凶 2-9-10-12 |
| 巳 | | 午 | | 未 | |
| 吉 4-8-12 | 凶 1-7-9-10 | 吉 1-5-6-9 | 凶 2-11-12 | 吉 2-5-6-10 | 凶 9-11-12 |
| 申 | | 酉 | | 戌 | |
| 吉 3-7-11 | 凶 1-2-4-10 | 吉 3-4-8-12 | 凶 1-2-9-11 | 吉 1-2-5-9 | 凶 3-4-6-8-12 |
| 亥 | | 子 | | 丑 | |
| 吉 2-6-10 | 凶 1-3-4-7 | 吉 3-7-11-12 | 凶 2-5-6-8 | 吉 4-8-11-12 | 凶 3-5-6-9 |

◈ 494

安定-文書-安定.

주도수 9는 文書다. 주도수 9를 중심으로 1월, 3월, 5월이 4(安定)이며 같은 金오행이다. 안정된 상태의 문서운이다. 이해에 목표를 세워 3년간 나아가면 좋은 결과를 낳는다.

生이 되면 사업자는 개업이 가능하고 직장인은 무사한 세월을 보낸다.

헌이 되면 괜히 불안하지만 불안하게 생각하는 일은 일어나지 않는다.


◈ 843

財物-安定-鬼神.

수험생은 이해의 주도수가 합격문서를 가리키므로 학업에 증진해야 한다.

4월에 生이 되면 재물이 들어오고 안정이 된다.

4월에 헌이 되면 돈이 나가므로 세금 납부를 미루다가 이때에 지출하라.

6월에 헌이 되면 보증서, 기안서, 보고서 등 문서적인 다툼이 발생한다.


◈ 279

變化-病/退食-文書. 오방산신난동수(五方山神亂動數)다.

일의 진행이 막힌다. 스트레스를 피하고 안정을 취하며 복지부동하라.

7월이 헌이 되는 寅, 卯 일주는 특히 매매, 이사, 이전 등 변화·변동하지 마라. 훗날에 후회하게 된다.

◈ 527

驚破-變化-病/退食.

生이 되면 행운이 따르고 각종 시험에서 좋은 결과가 있다. 훼이 되면
9(文書) 7(病)이므로 진단서(診斷書)가 된다.

몇 년 전 여성고객이 궁합을 보러 내방을 했다. 상대 未 일주 남성이
494 수리였는데 "8월 또는 12월에 입원·수술할 수 있다."고 말하니 "軍
에서 의병제대를 했는데 12월에 Y대학병원에 수술 날짜를 잡았다."며 크
게 놀라워했다. 그 뒤 두 사람은 큰 고객이 되었다.

# 5강 ⌒ 평생기본수 5수리

평생기본수 5수리는 각자의 생년월일 중에서 '음력 생월의 숫자 + 음력 생일의 숫자 + 1'을 9진법으로 계산하여 나머지가 5가 되는 사람의 운명이다.

평생기본수 5수리는 주도수 따라서 516, 527, 538, 549, 551, 562, 573, 584, 595 등 아홉 가지로 분류되며, 대운 9년 사이에서 주기적으로 운세가 변화한다.

평생기본수 4수리는 549일 때가 가장 운세가 상승한 때이며, 527일 때가 가장 운세가 하락한 때이다. 따라서 평생기본수 5수리는 최고점 549과 최저점 527를 오르내리며 운세가 변화한다.

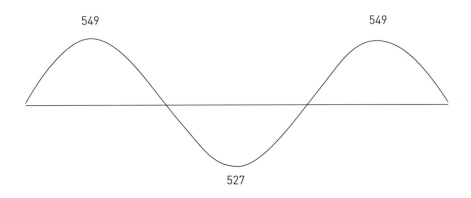

| 수리 | 516 | 527 | 538 | 549 | 551 | 562 | 573 | 584 | 595 |
|------|-----|-----|-----|-----|-----|-----|-----|-----|-----|
| 등급 | B | CC | A | AA | B | A | A | C | B |

AA 가장 좋음, A 좋음, B 보통, C 나쁨, CC 가장 나쁨

## ❀ 5-1-6(驚破-新生-官)

주도수 1은 신생(新生)이다. 수리의 등급은 B급이다.

이해에는 혁신적인 큰 변화가 온다.


4월부터 9월까지 6개월은 오방산신난동수(五方山神亂動數)다.

학생은 학업을 게을리한다. 남녀의 애정은 서로 갈등하고 처절한 사랑을 한다. 이해의 결혼은 10월 이후로 미루어야 한다.

남자는 이때에 軍 입대시켜라. 여자는 미혼이든 기혼이든 다른 이성이 생기고 이로 인해 이별, 별거, 이혼할 수 있다. 사업자는 침체 상태를 벗어나지 못한다.


9월 이후가 되어야 비로소 정상적으로 돌아갈 수 있다. 이해에 대학 입시에 실패하면 재수해도 안 된다.


**[예시] 여자 양력 1972년 3월 6일 辰時 生. SK대리점 사장**

- ✔ 목적사: 강원도 원주 휴대폰대리점 개업 상담.
- ✔ 해설: 丙申 일주 평생기본수 5, 주도수 1, 상담 시 수리는 516. 1월, 2월은 두 달 연속 剋이 되므로 조심하여야 하며, 개업은 3월에 하도록 권유하였다. 부적(符籍)을 써 주기를 희망하였다.
- ✔ 결론: 상담 후 3일째 되는 날 아침, 춘천~원주 고속도로에서 교통사고가 발생하여 입원하였으며 자동차는 폐차될 정도로 심하게 부서졌다. 부적을 빨리 써 주지 않아서 사고를 당했다며 나에게 입원치료비를 달라고 했다. 부적을 전달하기 前이라 부적 값만 환불해 주었다.

\* 상세한 사주 및 수리풀이는 〈나는 역학이다〉 강의 동영상을 참조하십시오.

| B5 | | 1 | | 6 | |
|---|---|---|---|---|---|
| 驚破 | 土 | 新生 | 水 | 官 | 水 |
| 2 | | 7 | | 9 | |
| 變化 | 火 | 病(退食) | 火 | 文書 | 金 |
| 2 | | 7 | | 9 | |
| 變化 | 火 | 病(退食) | 火 | 文書 | 金 |
| 9 | | 6 | | 6 | |
| 文書 | 金 | 官 | 水 | 官 | 水 |

| 日支別 吉凶月 | | | | | |
|---|---|---|---|---|---|
| 寅 | | 卯 | | 辰 | |
| 吉<br>1-5-9 | 凶<br>4-7-8-10 | 吉<br>2-6-9-10 | 凶<br>3-5-7-8-11 | 吉<br>3-7-8-11 | 凶<br>2-9-10-12 |
| 巳 | | 午 | | 未 | |
| 吉<br>4-8-12 | 凶<br>1-7-9-10 | 吉<br>1-5-6-9 | 凶<br>2-11-12 | 吉<br>2-5-6-10 | 凶<br>9-11-12 |
| 申 | | 酉 | | 戌 | |
| 吉<br>3-7-11 | 凶<br>1-2-4-10 | 吉<br>3-4-8-12 | 凶<br>1-2-9-11 | 吉<br>1-2-5-9 | 凶<br>3-4-6-8-12 |
| 亥 | | 子 | | 丑 | |
| 吉<br>2-6-10 | 凶<br>1-3-4-7 | 吉<br>3-7-11-12 | 凶<br>2-5-6-8 | 吉<br>4-8-11-12 | 凶<br>3-5-6-9 |

### ◈ 516

驚破-新生-官. 혁신수(革新數)다.

새로운 사람으로 인하여 혁신적인 변화와 좋은 일이 생긴다. 이해에 만나는 새로운 사람과 인간관계를 돈독히 쌓아야 한다. 새로운 귀인, 새로운 일로 인하여 명예가 뒤따른다.

### ◈ 279

變化-病/退食-文書. 오방산신난동수(五方山神亂動數)다.

이달부터 6개월간 오방산신난동수다. 의욕이 저하되고 심리적으로 갈등하며 긴장이 불안하다. 주도수와 2, 7은 서로 剋한다.

새로운 사람이 이성(異姓)이라면 주위에서 시기하고 질투하며 방해한다. 당연히 이성 간에는 갈등을 하는 때다.

729 또는 279에는 내담자에게 기도와 부적(符籍)을 권유하라. 부적은 간절히 염원을 담으면 크게 효력을 발휘한다. 정성을 들여 부적을 쓰고 소지하는 사람이 긍정적·미래 지향적으로 생각하면 효과가 크다. 부적은 이집트에서 가장 먼저 사용하였는데, 현재에도 동서고금을 통해 널리 사용하고 있다. 부적만 써서 한 달에 수천만 원을 버는 보살(菩薩)이 수원에서 業을 한다. 나의 제자다.

### ◈ 279

變化-病/退食-文書. 오방산신난동수(五方山神亂動數)다.

寅, 申, 巳, 亥 일주는 2 변화를 하지 말고 현실에 적응하라.

子, 午, 卯, 酉 일주는 7 건강에 각별히 조심해야 한다. 병원에 입원

한다.

辰, 戌, 丑, 未 일주는 9 매매, 결혼, 여행을 삼가야 한다.


◈ 966

文書-官-官. 명예수(名譽數) 행운수(幸運數)다.

生이 되면 명예가 상승한다. 자녀들의 일도 잘된다. 새로운 사람과의 인연은 좋은 결실을 맺는다. 새로운 일은 기대 이상으로 목표를 성취한다.

剋이 되면 새로운 사람과 일 때문에 갈등하고 반목한다. 부부의 불안한 애정은 이쯤에서 화해해야 한다. 여차하면 내년 639에 이혼할 수 있다.

## ⊛ 5-2-7(驚破-變化-病/退食)

주도수 2는 변화(變化)이다. 수리의 등급은 CC급이다.

평생기본수 5인 사람의 그해를 주도하는 숫자 2는 변화와 변동을 뜻한다.

이해는 평생기본수 5수리가 운이 가장 나쁜 시기다. 과격한 숫자 3, 5, 7이 모두 다 들어왔다.

가만히 자리를 지키며 현실에 만족하고 복지부동하면 되는데, 스스로 변화·변동을 하여 모든 일을 망친다.

4월부터 6월까지는 상문살이며, 7월부터 9월까지는 관재구설수다. 生이 되어도 운이 잘 따라 주지 않는다.

516, 527 두 해 동안에 이별, 이혼이 많다.

김대중(戊申 일주)은 527 6월(乙未)에 사망하였다. 천간 지지가 모두 剋이었다.

---

**[예시] 남자 양력 1961년 9월 14일 辰時 生. 조직폭력배**

✓ 목적사: 건축허가 가부(可否) 문제로 2021년에 상담.

✓ 해설: 庚戌 일주로서 사주팔자 내에 庚戌, 庚辰 괴강살(魁罡殺)이 있다. 평생기본수 5, 주도수 2, 수리는 527. 상문살 및 관재구설수이기 때문에 건축허가는 어려우며 특히 올해는 運이 가장 나쁘므로 매사 조심할 것을 일러 주었다.

✓ 결론: 몇 달 뒤 재방문해서는 본인이 과거 25년을 교도소에서 보낸 조직 폭력배 출신이라고 하며, 어쩌다 마약 사건에 연루되어 검찰에서 조사 중인데 도와달라고 하였다.
무조건 도망가라고 조언했는데 상담 후 연락이 없다.

* 상세한 사주 및 수리풀이는 〈나는 역학이다〉 강의 동영상을 참조하십시오.

| CC5 | | 2 | | 7 | |
|---|---|---|---|---|---|
| 驚破 | 土 | 變化 | 火 | 病(退食) | 火 |
| 3 | | 9 | | 3 | |
| 鬼神 | 木 | 文書 | 金 | 鬼神 | 木 |
| 6 | | 3 | | 9 | |
| 官 | 水 | 鬼神 | 木 | 文書 | 金 |
| 5 | | 5 | | 1 | |
| 驚破 | 土 | 驚破 | 土 | 新生 | 水 |

| 日支別 吉凶月 | | | | | |
|---|---|---|---|---|---|
| 寅 | | 卯 | | 辰 | |
| 吉 1-5-9 | 凶 4-7-8-10 | 吉 2-6-9-10 | 凶 3-5-7-8-11 | 吉 3-7-8-11 | 凶 2-9-10-12 |
| 巳 | | 午 | | 未 | |
| 吉 4-8-12 | 凶 1-7-9-10 | 吉 1-5-6-9 | 凶 2-11-12 | 吉 2-5-6-10 | 凶 9-11-12 |
| 申 | | 酉 | | 戌 | |
| 吉 3-7-11 | 凶 1-2-4-10 | 吉 3-4-8-12 | 凶 1-2-9-11 | 吉 1-2-5-9 | 凶 3-4-6-8-12 |
| 亥 | | 子 | | 丑 | |
| 吉 2-6-10 | 凶 1-3-4-7 | 吉 3-7-11-12 | 凶 2-5-6-8 | 吉 4-8-11-12 | 凶 3-5-6-9 |

## ◈ 527

驚破-變化-病/退食.

527은 불길(不吉)한 숫자다. 한 해 내내 헤맨다. 1년 중에 3숫자가 3개, 5숫자가 3개, 7숫자가 1개다. 이해에는 마음이 불안하고 건강을 상하게 되며 또한 수중에 돈이 마른다. 변화·변동하여 객지로 나가면 객사한다. 주도수와 7이 火오행이므로 外地에 나가서 화재 사고, 심장마비 등으로 객사할 수 있다.


## ◈ 393

鬼神-文書-鬼神. 상문살(喪門殺)이다.

사촌을 넘어서는 다른 사람의 상갓집 방문을 삼가라. 학생 또는 주부는 이때에 가출도 한다.

주도수 2가 9와 火克金이 되어 외지에서 교통사고를 당한다.

甲 일간이 가출을 하면 현실이 싫어서 무작정 가출을 한다. 언제 돌아오느냐고 묻거든 기약이 없다고 대답해라.

庚, 辛 일간이 가출을 하면 목표와 목적을 가지고 가출한다. 언제 돌아오느냐고 묻거든 수리가 2, 4, 6이 生이 될 때라고 대답해라.


## ◈ 639

官-鬼神-官. 관재구설수(官災口舌數)다.

이때의 관재구설은 이사 이전과 관련이 많다. 아파트, 주택, 공장, 상가, 토지 등 모든 부동산의 매매·임대, 이전을 조심해야 한다.

이해의 관재구설 기간에는 변화와 변동, 매매를 삼가하고 등기부등본,

매매계약서, 주민등록증 등 문서를 세밀히 살펴야 한다. 훼이 되면 사기 당한다. 이해에 안산시 대부도에 땅을 사서 17년 동안 팔지 못하는 고객이 있다.

◈ 551

驚破-驚破-新生. 10월이 되면 안정을 찾는다. 5는 편재이므로 生이 되면 매매가 성사된다. 훼이 되면 놀랄 일만 생길 뿐이다.

내년 538부터 573까지 5년 동안 A급으로 좋은 세월이 찾아온다.

## ❈ 5-3-8(驚破-鬼神-財物)

주도수 3은 귀신(鬼神)이다. 수리의 등급은 A급이다.

평생기본수 5인 사람의 그해를 주도하는 숫자 3은 鬼神이 발동하기보다는 조상이 도와준다는 뜻으로 풀이하라.

이해에는 生이 되든 剋이 되든 무난하게 지나간다.

평생기본수 3, 5, 7 수리는 주도수 3일 때에 나쁘지 않고 무난하다.

조상이 돌보아 주므로 이해 초에는 성묘를 다녀오고 제사는 빠짐없이 참석해야 한다.

### 역술인의 현주소(現住所)

1985년부터 시행된 우리나라의 공인중개사 합격자가 2020년까지 총 695,687명이라고 한다. 이에 비해 2021년 현재 대한경신신연합회에 가입한 무속인은 40만 명 정도이며 사주명리학을 포함한 역학을 공부한 사람은 대략 100만 명으로 추정한다.

역술(易術) 분야는 공인중개사처럼 자격시험이 없으며 자격증도 없다. 철학관을 찾는 손님 중에 자격증 보여 달라는 사람은 없다. 그래도 하수(下手)들은 각종 자격증을 철학관에 걸어 놓는다.

자격시험이 없으므로 역학을 공부하는 사람들은 자기의 실력을 판단할 수 있는 방법이 없으며, 역학을 가르치는 사람의 실력도 판단할 수 있는 방법이 없다. 그래서 공부 6개월 만에 철학관을 여는 사람이 있는가 하면, 10년이 되어도 공부만 하는 사람이 있다. 심지어 철학관 개업을 해보지도 않은 30대 젊은 이들이 유튜브에서 사주명리학 강의를 한다.

전국 1만여 개 철학관의 평균 수입이 한 달 200만 원이 안 되는 이유는 누구나 할 수 있는 공부이며 자격증이 필요 없고 쉽게 개업할 수 있기 때문이다.

복(福)을 지어야지, 업보(業報)를 지어서는 아니 된다.

| A5 | | 3 | | 8 | |
|---|---|---|---|---|---|
| 驚破 | 土 | 鬼神 | 木 | 財物 | 木 |
| 4 | | 2 | | 6 | |
| 安定 | 金 | 變化 | 火 | 官 | 水 |
| 1 | | 8 | | 9 | |
| 新生 | 水 | 財物 | 木 | 文書 | 金 |
| 1 | | 4 | | 5 | |
| 新生 | 水 | 安定 | 金 | 驚破 | 土 |

| 日支別 吉凶月 | | | | | |
|---|---|---|---|---|---|
| 寅 | | 卯 | | 辰 | |
| 吉 | 凶 | 吉 | 凶 | 吉 | 凶 |
| 1-5-9 | 4-7-8-10 | 2-6-9-10 | 3-5-7-8-11 | 3-7-8-11 | 2-9-10-12 |
| 巳 | | 午 | | 未 | |
| 吉 | 凶 | 吉 | 凶 | 吉 | 凶 |
| 4-8-12 | 1-7-9-10 | 1-5-6-9 | 2-11-12 | 2-5-6-10 | 9-11-12 |
| 申 | | 酉 | | 戌 | |
| 吉 | 凶 | 吉 | 凶 | 吉 | 凶 |
| 3-7-11 | 1-2-4-10 | 3-4-8-12 | 1-2-9-11 | 1-2-5-9 | 3-4-6-8-12 |
| 亥 | | 子 | | 丑 | |
| 吉 | 凶 | 吉 | 凶 | 吉 | 凶 |
| 2-6-10 | 1-3-4-7 | 3-7-11-12 | 2-5-6-8 | 4-8-11-12 | 3-5-6-9 |

◈ 538

驚破-鬼神-財物.

주도수 3은 귀신이다. 조상 덕을 입을 때다. 가장 나쁜 작년의 527에서 벗어나 538부터 5년간 길운(吉運)이 이어지므로 적극적으로 목표를 세우고 나아가야 한다. A급이므로 수리가 나빠도 문제될 것이 없다.


◈ 426

安定-變化-官.

올해의 주도수 3은 나쁘지 않다. 다만 신경계통의 疾患을 조심하고 심리직인 불안감을 잘 다스리면 된다.

주도수 3(木)이 2(火)를 生하므로 변화, 변동, 이사, 직업 전변 등 가정, 직장 모두 좋은 결과를 가져오며 안정이 된다.

6월의 6(官)이 剋이 되는 子, 丑 일주는 직업전변 또는 직장변동을 조심하라.


◈ 189

新生-財物-文書. 대길수(大吉數)다.

189의 효력이 100% 나타난다. 귀인의 도움으로 돈을 벌고 문서적으로도 발전한다.

生이 되면 돈이 들어오고 剋이 되면 돈이 나간다. 이럴 때에는 세금 납부를 미루어 運이 나쁜 달에 납부하여 액땜을 하면 된다.

◈ 145

新生-安定-驚破. 안정수(安定數)다.

7월과 마찬가지로 귀인이 나타나고 안정된다.

145에는 변화·변동을 하지 마라. 인간관계의 폭을 넓히고 주위에 덕을 베풀어라. 7월, 10월의 1은 주도수와 상생이다. 이때 만나는 이성과 내년 549에 결혼할 수 있다. 寅, 申, 巳, 亥 일주는 배우자를 연애로 만난다. 반면 辰, 戌, 丑, 未 일주는 소개로 만난다.

내년으로 갈수록 더 나아진다.

## ❀ 5-4-9(驚破-安定-文書)

주도수 4는 안정(安定)이다. 수리의 등급은 AA급이다.

평생기본수 5인 사람의 그해를 주도하는 숫자 4는 安定이다. 이해에는 심리적으로 안정되고 여유롭게 한 해를 보낸다.

주도수 4는 오행이 金이다. 549 土金金 相生이 되고 수리는 無難數다. 주도수가 剋하는 달은 11월 한 달뿐이다.

일이 성취되어 간다. 무슨 일이든 문제될 것이 없다. 10월부터 11월까지 관재구설수만 조심하면 된다.

평생기본수 5수리의 궁합은 아래를 참소하라.

陽干 甲, 丙, 戊, 庚, 壬 일간의 5수리 남자와 같은 陽干 5수리 여자는 서로 相剋이다.

陰干 乙, 丁, 己, 辛, 癸 일간의 5수리 남자와 같은 陰干 5수리 여자도 서로 相剋이다.


평생운이 549인 사람은 일생이 편안하다. 54세까지 매우 안정된 삶을 살아간다.


**壽福圓滿 德望高 立身興家 成大業**(수복원만 덕망고 입신흥가 성대업)
장수하고 만복을 누리니, 몸도 흥하고 가문도 흥하여 큰 업적을 이루다.


**財子壽全 貴人助 富貴繁榮 有餘慶**(재자수전 귀인조 부귀번영 유여경)
만복을 받은 위에 귀인이 도우니, 권세와 재물도 넉넉한데 명예도 높아지는구나.

| AA5 | | 4 | | 9 | |
|---|---|---|---|---|---|
| 驚破 | 土 | 安定 | 金 | 文書 | 金 |
| 5 | | 4 | | 9 | |
| 驚破 | 土 | 安定 | 金 | 文書 | 金 |
| 5 | | 4 | | 9 | |
| 驚破 | 土 | 安定 | 金 | 文書 | 金 |
| 6 | | 3 | | 9 | |
| 官 | 水 | 鬼神 | 木 | 文書 | 金 |

| 日支別 吉凶月 | | | | | |
|---|---|---|---|---|---|
| 寅 | | 卯 | | 辰 | |
| 吉<br>1-5-9 | 凶<br>4-7-8-10 | 吉<br>2-6-9-10 | 凶<br>3-5-7-8-11 | 吉<br>3-7-8-11 | 凶<br>2-9-10-12 |
| 巳 | | 午 | | 未 | |
| 吉<br>4-8-12 | 凶<br>1-7-9-10 | 吉<br>1-5-6-9 | 凶<br>2-11-12 | 吉<br>2-5-6-10 | 凶<br>9-11-12 |
| 申 | | 酉 | | 戌 | |
| 吉<br>3-7-11 | 凶<br>1-2-4-10 | 吉<br>3-4-8-12 | 凶<br>1-2-9-11 | 吉<br>1-2-5-9 | 凶<br>3-4-6-8-12 |
| 亥 | | 子 | | 丑 | |
| 吉<br>2-6-10 | 凶<br>1-3-4-7 | 吉<br>3-7-11-12 | 凶<br>2-5-6-8 | 吉<br>4-8-11-12 | 凶<br>3-5-6-9 |

## ◈ 549

驚破-安定-文書. 무난수(無難數)다.

주도수 4는 안정과 여유다. 이해에는 마음이 안정되고 실리를 추구할 수 있다. 刑, 沖, 破, 害, 元嗔이 와도 크게 문제되지 않는다.

철학관에 내방하는 손님들은 70% 이상이 C급 또는 CC급에서 온다. 그 해의 운세가 A급 또는 AA급일 때는 잘 오지 않는다. 철학관에 와야 할 이유가 없기 때문이다.


## ◈ 549

驚破-安定-文書. 무난수(無難數)다.

하는 일이 하나하나 잘 진행되어 간다. 생각했던 일들을 행동으로 옮기고 변화와 변동을 해도 좋다. 작년의 어려운 문제가 있었다면 올해에 해결할 수 있다.


## ◈ 549

驚破-安定-文書. 무난수(無難數)다.

마음이 여유로우니 계획대로 진행하면 된다. 가정, 직장, 사업 등 모든 면에서 좋은 기회를 잡을 수 있다. 자신의 능력을 발휘하는 데 아무런 어려움이나 지장이 없다. 작년에 만난 이성과 올해 결혼할 수 있다. 혼사택일(婚事擇日)은 신부(新婦)의 사주팔자를 기준으로 날을 뽑는다. 일주와 剋되는 달은 절대 피해야 한다.

◈ 639

官-鬼神-文書. 관재구설수(管財口舌數)다.

주위 사람과 마찰하고 구설에 오른다. 이때는 생기는 것 없이 혼자 바쁘다. 소문난 잔치 먹을 것 없는 꼴이다.

剋이 되면 관재구설을 당한다. 욕심 부리지 말고 겸손해야 한다.

剋이 되면 父母喪을 입는다. 이때에 돌아가시는 분은 천수(天壽)를 다하였다.

## ❀ 5-5-1(驚破-驚破-新生)

주도수 5는 경파(驚破)다. 수리의 등급은 B급이다.

평생기본수 5인 사람의 그해를 주도하는 숫자 5는 驚破다.

평생기본수가 1, 2, 4, 6, 8, 9인 사람은 주도수가 5일 때 좋지 않다.

그 반면 평생기본수가 3, 5, 7인 사람은 주도수가 5일 때 나쁘지 않다.

평생기본수가 5인 사람은 537부터 573까지 5년간 좋은 시절을 보낸다. A급의 숫자만으로 보면 9가지의 평생기본수 중에서 가장 많다.

숫자 5는 土 五行이며 편재(偏財)와 부동산을 의미한다.

81개 수리의 9월은 예외 없이 숫자가 9(文書)다. 따라서 모든 사람은 주도수가 5가 되는 해의 6 또는 9 수리와 生이 되는 달에 부동산을 매입하여, 주도수가 8이 되는 해의 6 또는 9 수리와 生이 되는 달에 부동산을 매도하여 큰 이익을 본다.

평생운이 551인 사람 중에서 성공한 공인중개사가 많다.

---

**[예시] 여자 양력 1979년 4월 6일 寅時 生. 부동산 업자**

✔ 목적사: 부동산 입찰 상담.

✔ 해설: 癸卯 일주 평생기본수 5, 주도수 5, 상담 시 수리는 551. 강남역 인근의 700억 상당 건물 입찰 건으로 상담.

✔ 결론: 9월에 입찰금액을 산출해 주었으며 낙찰받았다. 그 후 매도하여 150억 정도의 시세차익을 남겼다. 지금까지 매년 신수를 보러 내방하고 있으며 세 번째 남자와 살고 있다.

\* 상세한 사주 및 수리풀이는 〈나는 역학이다〉 강의 동영상을 참조하십시오.

| B5 | | 5 | | 1 | |
|---|---|---|---|---|---|
| 驚破 | 土 | 驚破 | 土 | 新生 | 水 |
| 6 | | 6 | | 3 | |
| 官 | 水 | 官 | 水 | 鬼神 | 木 |
| 9 | | 9 | | 9 | |
| 文書 | 金 | 文書 | 金 | 文書 | 金 |
| 2 | | 2 | | 4 | |
| 變化 | 火 | 變化 | 火 | 安定 | 金 |

| 日支別 吉凶月 | | | | | |
|---|---|---|---|---|---|
| 寅 | | 卯 | | 辰 | |
| 吉 1-5-9 | 凶 4-7-8-10 | 吉 2-6-9-10 | 凶 3-5-7-8-11 | 吉 3-7-8-11 | 凶 2-9-10-12 |
| 巳 | | 午 | | 未 | |
| 吉 4-8-12 | 凶 1-7-9-10 | 吉 1-5-6-9 | 凶 2-11-12 | 吉 2-5-6-10 | 凶 9-11-12 |
| 申 | | 酉 | | 戌 | |
| 吉 3-7-11 | 凶 1-2-4-10 | 吉 3-4-8-12 | 凶 1-2-9-11 | 吉 1-2-5-9 | 凶 3-4-6-8-12 |
| 亥 | | 子 | | 丑 | |
| 吉 2-6-10 | 凶 1-3-4-7 | 吉 3-7-11-12 | 凶 2-5-6-8 | 吉 4-8-11-12 | 凶 3-5-6-9 |

## ◈ 551

驚破-驚破-新生.

주도수 5는 경파다. 주도수가 5일 때는 사람들이 진취적이며 적극적인 활동을 하게 된다. 과욕을 부리면 運이 사라지므로 욕심을 자제해야 한다.

평생기본수 5수리가 주도수 5를 만날 때는 氣가 極에 달한다. 무엇이든지 하면 다 될 것 같은 생각에 무모해진다. "한다면 반드시 한다"는 식이다.

이해는 부동산에 투자할 때다.

3월에 剋이 되면 이때 만난 이성과는 올해 안에 헤어진다.


## ◈ 663

官-官-鬼神.

직장에서 최선을 다한다. 인정을 받고 승승장구할 수 있다.

剋이 되는 戌, 亥일주는 3월에 만난 새로운 사람 때문에 모욕적인 명예 실추를 당할 수 있다. 5월, 6월, 7월은 639 관재구설이다. 子, 丑 일주는 학교 또는 직장에서 왕따당한다.


## ◈ 999

文書-文書-文書. 여행수(旅行數)다.

3~999는 갑자기 풍(風)이 올 수 있다. 子, 丑, 寅, 卯 일주는 조심하라.

9가 生이 되는 달에 부동산을 매입한다. 매입 시기의 기준은 계약을 하는 때다. 이해에 부동산 매입은 금액은 최소 15단위부터 55단위까지의 금액이다(예시 최소 1억5천만 원, 최고 55억 원이다).

## ◈ 224

變化-變化-安定.

生이 되면 10월, 11월, 12월에 변화 · 변동을 한다. 매매와 이사, 이동의 기회다. 합격을 목표로 하는 학교나 회사를 변경한다. 특히 편입학을 준비하는 대학생에게는 절호의 기회다. 천간이 生이 되면 SKY대학이다.

튄이 되면 집에서 멀리 떨어진 곳이나 지방대학이 낫다.

# ❀ 5-6-2(驚破-官-變化)

주도수 6은 관(官)이다. 수리의 등급은 A급이다.

평생기본수 5인 사람의 그해를 주도하는 숫자 6은 官이다.

이해에는 주도수 官의 영향으로 합격, 승진 등 명예가 올라가고 결혼이 성사되며 경제적으로 안정이 지속된다. 生이 되든 剋이 되든 모두 좋은 운이다.

538, 549, 551, 562, 573 5년 동안에는 生이 되든 剋이 되든 모두 괜찮다. 수리가 좋기 때문에 무엇이든지 크게 나빠지지 않는다.

이런 해에 상담을 하러 오는 사람은 문제가 많은 이들이다.

대체로 사주팔자대로 살아가지 않거나, 엉뚱한 욕심을 부리다 일이 막히는 경우다.

---

### 수리역학매화역수 궁합(宮合)

수리역학매화역수로 궁합을 볼 때는 평생기본수의 오행을 비교한다.
첫째, 같은 오행이면 비견으로서 궁합이 좋다.
木오행과 木오행, 火오행과 火오행, 土오행과 土오행, 金오행과 金오행, 水오행과 木오행의 궁합은 좋다.

둘째, 짝수와 홀수의 조화를 본다.
짝수 2, 4, 6, 8과 홀수 1, 3, 5, 7, 9는 궁합이 좋다.
짝수와 짝수, 홀수와 홀수 부부는 궁합이 나쁘다.

셋째, 음양의 조화를 본다.
木오행 남성과 金오행 여성, 火오행 남성과 水오행 여성, 土오행 남성과 木오행 여성, 金오행 남성과 火오행 여성, 水오행 남성과 土오행 여성끼리는 궁합이 나쁘다.

| A5 | | 6 | | 2 | |
|---|---|---|---|---|---|
| 驚破 | 土 | 官 | 水 | 變化 | 火 |
| 7 | | 8 | | 6 | |
| 病(退食) | 火 | 財物 | 木 | 官 | 水 |
| 4 | | 5 | | 9 | |
| 安定 | 金 | 驚破 | 土 | 文書 | 金 |
| 7 | | 1 | | 8 | |
| 病(退食) | 火 | 新生 | 水 | 財物 | 木 |

| 日支別 吉凶月 | | | | | |
|---|---|---|---|---|---|
| 寅 | | 卯 | | 辰 | |
| 吉 1-5-9 | 凶 4-7-8-10 | 吉 2-6-9-10 | 凶 3-5-7-8-11 | 吉 3-7-8-11 | 凶 2-9-10-12 |
| 巳 | | 午 | | 未 | |
| 吉 4-8-12 | 凶 1-7-9-10 | 吉 1-5-6-9 | 凶 2-11-12 | 吉 2-5-6-10 | 凶 9-11-12 |
| 申 | | 酉 | | 戌 | |
| 吉 3-7-11 | 凶 1-2-4-10 | 吉 3-4-8-12 | 凶 1-2-9-11 | 吉 1-2-5-9 | 凶 3-4-6-8-12 |
| 亥 | | 子 | | 丑 | |
| 吉 2-6-10 | 凶 1-3-4-7 | 吉 3-7-11-12 | 凶 2-5-6-8 | 吉 4-8-11-12 | 凶 3-5-6-9 |

◈ 562

驚破-官-變化.

주도수 6은 官이다. 학교, 직장에서 능력을 발휘하며 목표를 이룬다.

生이 되면 합격, 취업, 승진 등 신분이 상승하는 시기다.

3월에는 직장인의 경우 인사이동으로 자리를 옮긴다.


◈ 786

病/退食-財物-官.

주도수 6(水)이 7(火)를 극한다. 寅, 申, 巳, 亥 일주는 건강을 조심해야
한다. 86은 재물과 행운이 따른다.

어느 때와 마찬가지로 특히 이때에는 좋은 달과 나쁜 달을 구분해야 한
다. 子, 丑 일주는 5월, 6월에 인내하고 기다리면 459에 좋은 일이 있다.


◈ 459

安定-驚破-文書. 무난수(無難數)다.

합격, 승진 등 기다려 온 보람이 나타난다. 능력을 발휘할 수 있으므로
좀 더 적극적으로 나설 때다.

魁이 되면 남의 일에 나서지 마라. 시비, 구설 등으로 곤욕을 치를 수
있다.


◈ 718

病/退食-新生-財物.

10월의 7(病)이 魁이 되면 드러눕는다. 그러나 11월의 1(新生)은 귀인이

나타나고 12월의 8(財物)은 돈이 들어온다.

특히 이해에 年柱와 日柱를 기준으로 空亡인 사람은 오랫동안 팔리지 않던 부동산이 매매된다. 지금까지 이용한 곳이 아닌 전혀 다른 부동산소개소에 매물을 내놓아라. 뜻밖에 매매가 일사천리(一瀉千里)로 진행된다.

午, 未 일주는 11월에 사기당할 수 있다.

## ❀ 5-7-3(驚破-病/退食-鬼神)

주도수 7은 병/퇴식(病/退食)이다. 수리의 등급은 A급이다.

평생기본수 5인 사람의 그해를 주도하는 숫자 7은 病이다. 이해에는 건강만 무너지지 않으면 수월하게 넘어갈 수 있다.

819 대길수가 4월부터 9월까지 6개월간 계속된다. 주도수가 7이지만 수리가 좋기 때문에 A급으로 본다.

10월부터 12월까지 상문살이 들어와도 평생기본수 5수리 중에서 죽는 사람은 없다.

---

**[예시] 여자 양력 1992년 11월 15일 午時 生. 우크라이나 출신 유학생**

✓ 목적사: 박사 학위 취득 상담.

✓ 해설: 乙未 일주 평생기본수 5, 주도수 7, 상담 시 수리는 573. 우크라이나 출신으로 서O대학교 박사 과정 유학생이다. 지도교수와의 마찰로 전공과목을 교체해야 하는 문제로 상담하였다. 573때는 여러 가지 문제가 복합적으로 발생한다. 다음 수리가 819 819이므로 큰 문제가 없다. 지도교수와의 마찰은 잠시뿐이므로 교수와의 적극적인 대화를 권유하였다.

✓ 결론: 다행히 지도교수와의 갈등은 해소되었으며 9월에 한국 남자와 결혼 문제로 재방문하였다.

\* 상세한 사주 및 수리풀이는 〈나는 역학이다〉 강의 동영상을 참조하십시오.

| A5 | | 7 | | 3 | |
|---|---|---|---|---|---|
| 驚破 | 土 | 病(退食) | 火 | 鬼神 | 木 |
| **8** | | **1** | | **9** | |
| 財物 | 木 | 新生 | 水 | 文書 | 金 |
| **8** | | **1** | | **9** | |
| 財物 | 木 | 新生 | 水 | 文書 | 金 |
| **3** | | **9** | | **3** | |
| 鬼神 | 木 | 文書 | 金 | 鬼神 | 木 |

| 日支別 吉凶月 | | | | | |
|---|---|---|---|---|---|
| 寅 | | 卯 | | 辰 | |
| 吉 | 凶 | 吉 | 凶 | 吉 | 凶 |
| 1-5-9 | 4-7-8-10 | 2-6-9-10 | 3-5-7-8-11 | 3-7-8-11 | 2-9-10-12 |
| 巳 | | 午 | | 未 | |
| 吉 | 凶 | 吉 | 凶 | 吉 | 凶 |
| 4-8-12 | 1-7-9-10 | 1-5-6-9 | 2-11-12 | 2-5-6-10 | 9-11-12 |
| 申 | | 酉 | | 戌 | |
| 吉 | 凶 | 吉 | 凶 | 吉 | 凶 |
| 3-7-11 | 1-2-4-10 | 3-4-8-12 | 1-2-9-11 | 1-2-5-9 | 3-4-6-8-12 |
| 亥 | | 子 | | 丑 | |
| 吉 | 凶 | 吉 | 凶 | 吉 | 凶 |
| 2-6-10 | 1-3-4-7 | 3-7-11-12 | 2-5-6-8 | 4-8-11-12 | 3-5-6-9 |

## ◈ 573

驚破-病/退食-鬼神. 대흉수(大凶數)다.

주도수 7은 病/退食이다. 2월의 질병과 스트레스만 조심하면 된다.

지난해에 아팠던 사람은 건강을 더욱 조심해야 한다. 노약자는 사망할 수 있다. 이때는 건강이 무너지거나 스트레스, 짜증 등으로 정신적으로 갈등하게 된다.

申, 酉 일주는 직장을 그만두고 싶고 사업자는 폐업 위기가 올 수 있다. 그러나 수리가 좋기 때문에 위기를 극복할 수 있다.


## ◈ 819

財物-新生-文書. 대길수(大吉數)다.

앞의 573으로 인하여 좋은 운이 50% 정도다.

A급이기 때문에 절대 불리하지 않다. 성급해 하지 말고 마음의 여유를 가지고 기다려라.

8이 훼이 되면 건강 문제로 인하여 병원비가 나간다.


## ◈ 819

財物-新生-文書. 대길수(大吉數)다.

돈이 들어오고 귀인이 나타나며 자기의 뜻을 이룰 수 있다.

寅 卯 일주는 건강 문제로 인하여 돈 잃고 몸 상하거나, 사람을 잘못 만나 금전 손실을 본다. 辰 巳 일주는 사람을 잘못 만나 명예가 실추당한다.

◈ 393

鬼神-文書-鬼神. 상문살(喪門殺)이다.

다른 사람의 조언을 잘 받아들이지 않을 때다.

7~393은 무서운 숫자다. 노약자는 사망에 이른다.

剋이 되면 상갓집에 가지 마라. 객지나 외국에 나가 있다가 집안 어른에 대한 비보(悲報)를 듣게 된다.

## ❀ 5-8-4(驚破-財物-安定)

주도수 8은 재물(財物)이다. 수리의 등급은 C급이다.

평생기본수 5인 사람의 그해를 주도하는 숫자 8은 財物이다.

3, 5, 7 숫자가 모두 다 나타난다. 이해는 돈을 버는 것보다 돈이 나가는 경우가 더 많다. 평생기본수 4 주도수 8의 483과 비슷하게 나쁜 운으로 흐른다. 돈을 벌려고 노력해도 수고한 만큼 소득이 적다.

지나간 551에 매입한 부동산의 매도에 전념하라. 이 방법이 돈을 남긴다.

이해의 새로운 투자는 투기로 변화여 재산을 탕진한다. 주식, 부동산 투자에 실패한 평생기본수 5수리 사람이 가장 많이 찾아오는 해다.

특히 辰, 巳, 午, 未 일주는 돈 욕심으로 크게 벌이다 패가망신할 수 있다.

### 재물운의 12운성

재물운(財物運)은 사주명리학에서 財星의 12운성으로 판단한다.

사주팔자에서 편재(偏財)가 있는 사람은 편재의 12운성 흐름을 보고, 정재(正財)가 있는 사람은 정재의 12운성 흐름을 본다. 편재와 정재가 다 함께 있는 사람은 직업에 따라서 구분한다.

자영업, 사업을 하는 사람의 경우 업태 종목이 기본 의식주에 관한 것이면 정재를 사용하고 그 외의 업태 종목이면 편재를 사용한다.

陽干의 경우 사지(死地), 묘지(墓地), 절지(絕地), 태지(胎地)에 놓일 때, 陰干의 경우 쇠지(衰地), 병지(病地), 사지(死地), 묘지(墓地)에 놓일 때 재성의 세력이 가장 약할 때다.

이 기간에는 밥만 먹고 살면 다행으로 생각하고 증설, 확장, 개업을 하지 않아야 한다. 사업은 양지(養地)에서 시작해야 한다.

| C5 | | 8 | | 4 | |
|---|---|---|---|---|---|
| 驚破 | 土 | 財物 | 木 | 安定 | 金 |
| 9 | | 3 | | 3 | |
| 文書 | 金 | 鬼神 | 木 | 鬼神 | 木 |
| 3 | | 6 | | 9 | |
| 鬼神 | 木 | 官 | 水 | 文書 | 金 |
| 8 | | 8 | | 7 | |
| 財物 | 木 | 財物 | 木 | 病(退食) | 火 |

| 日支別 吉凶月 | | | | | |
|---|---|---|---|---|---|
| 寅 | | 卯 | | 辰 | |
| 吉 1-5-9 | 凶 4-7-8-10 | 吉 2-6-9-10 | 凶 3-5-7-8-11 | 吉 3-7-8-11 | 凶 2-9-10-12 |
| 巳 | | 午 | | 未 | |
| 吉 4-8-12 | 凶 1-7-9-10 | 吉 1-5-6-9 | 凶 2-11-12 | 吉 2-5-6-10 | 凶 9-11-12 |
| 申 | | 酉 | | 戌 | |
| 吉 3-7-11 | 凶 1-2-4-10 | 吉 3-4-8-12 | 凶 1-2-9-11 | 吉 1-2-5-9 | 凶 3-4-6-8-12 |
| 亥 | | 子 | | 丑 | |
| 吉 2-6-10 | 凶 1-3-4-7 | 吉 3-7-11-12 | 凶 2-5-6-8 | 吉 4-8-11-12 | 凶 3-5-6-9 |

## ◈ 584

驚破-財物-安定.

주도수 8은 財物이다. 이해에 목표를 이루지 못하면 527까지 4년간 고생한다.

매월의 숫자가 4이든 6이든 3이든 매사가 돈에 얽힌 사연들이다.

2월과 10월, 11월의 8이 生이냐 剋이냐를 보고 판단하라. 수리가 나쁠 때에는 天干 地支를 모두 보고 판단하라. 특히 두 달 연속으로 剋이 되는 때의 干支가 財星이면 크게 재산을 잃는다.

## ◈ 933

文書-鬼神-鬼神. 상문살(喪門殺)이다.

상갓집만 가지 않으면 된다.

현대인들은 상문살을 믿지 않는다. 모두가 미신이라고 생각하면 대학에 동양철학과가 왜 있을까? 933일 때에 노인은 사망할 수 있다. 특히 요즘 이 시기에는 코로나 예방접종을 피해라.

寅, 申, 巳, 亥 일주는 재물·문서를 조심하고 子, 午, 卯, 酉 일주는 돈 때문에 갈등하며 辰, 戌, 丑, 未 일주는 주식에 투자하면 깡통계좌가 된다.

5월부터 9월까지는 일이 제대로 풀리지 않는다. 평생기본수 5수리가 527 또는 583에 철학관에 온다면 돈에 관련된 문제를 안고 온다. 필히 재성(財星)의 12운성을 같이 보라.

◈ 369

鬼神-官-文書. 관재구설수(官災口舌數)다.

주로 돈에 얽힌 사건 사고로 인한 시빗거리다. 이때는 나가는 돈이 들어오는 돈보다 더 많다.

刑이 되면 사기당하거나 소송에 휩쓸릴 수 있다. 재판에 임할 때는 상대의 수리를 파악해야 한다.

◈ 887

財物-財物-病/退食.

주도수 8과 10월 11월은 비견이다. 재물운이 좋다. 이해의 재물운은 이때가 클라이맥스다. 生이 되면 큰돈을 만질 수 있다. 복권을 사라. 부동산은 팔아라. 魁이 되면 돈과 관련된 모든 결정을 보류하라.

## ❀ 5-9-5(驚破-文書-驚破)

주도수 9는 문서(文書)이다. 수리의 등급은 B급이다.

평생기본수 5인 사람의 그해를 주도하는 숫자 9는 文書다. 숫자 5와 7이 많이 나타나지만 주도수 9(金)와 相剋이 되는 달이 없다.


평생기본수 5수리는 과감하고 적극적이며 남성적인 숫자다.

평생기본수 3, 5, 7은 인생의 30%는 잘 살고 70%는 헤맨다. 잘 살 때는 아주 잘 살고, 못 살 때는 아주 못 산다. 돈을 벌 때는 한 방에 벌려고 하고 투기를 좋아한다.


595일 때에 5수리는 결혼을 하기 쉽다. 5수리는 4수리 또는 7수리 상대를 만날 때에 좋다.


평생기본수 5수리는 가정에 대해서 무관심하고 계획성이 없으며 자기본위적이다. 부부가 싸울 때에는 다소 폭력적이며 융통성이 부족하다.

평생기본수 5수리는 부모를 잘 모시지 않는다. 따라서 여자가 5수리에게 시집갈 때는 고부 갈등이 별로 없다.

수리 중에서 불구자가 많으며, 生을 마감하는 시기에는 삶에 대한 애착이 많다.

| B5 | | 9 | | 5 | |
|---|---|---|---|---|---|
| 驚破 | 土 | 文書 | 金 | 驚破 | 土 |
| **1** | | **5** | | **6** | |
| 新生 | 水 | 驚破 | 土 | 官 | 水 |
| **7** | | **2** | | **9** | |
| 病(退食) | 火 | 變化 | 火 | 文書 | 金 |
| **4** | | **7** | | **2** | |
| 安定 | 金 | 病(退食) | 火 | 變化 | 火 |

| 日支別 吉凶月 | | | | | |
|---|---|---|---|---|---|
| 寅 | | 卯 | | 辰 | |
| 吉 1-5-9 | 凶 4-7-8-10 | 吉 2-6-9-10 | 凶 3-5-7-8-11 | 吉 3-7-8-11 | 凶 2-9-10-12 |
| 巳 | | 午 | | 未 | |
| 吉 4-8-12 | 凶 1-7-9-10 | 吉 1-5-6-9 | 凶 2-11-12 | 吉 2-5-6-10 | 凶 9-11-12 |
| 申 | | 酉 | | 戌 | |
| 吉 3-7-11 | 凶 1-2-4-10 | 吉 3-4-8-12 | 凶 1-2-9-11 | 吉 1-2-5-9 | 凶 3-4-6-8-12 |
| 亥 | | 子 | | 丑 | |
| 吉 2-6-10 | 凶 1-3-4-7 | 吉 3-7-11-12 | 凶 2-5-6-8 | 吉 4-8-11-12 | 凶 3-5-6-9 |

## ◈ 595

驚破-文書-驚破.

주도수 9는 文書다.

상반기 6개월은 대체로 무난하다. 1월부터 6월까지 모든 숫자가 주도수와 서로 相生한다. 주도수 9는 吉運이 따르는 괜찮은 문서다. 이때에는 부동산을 사야 한다.


## ◈ 156

新生-驚破-官. 혁신수(革新數)다.

평생기본수 5인 사람이 156 또는 516을 맞이할 기회는 이해와 다음 해뿐이다. 목표가 있다면 최선을 다해야 한다.

새로운 인연을 만나고 새로운 일을 시작할 수 있다. 합격, 취업이 이루어지는 시기다. 6월에 첫 출근을 할 것이다.

寅, 申, 亥 일주는 1이 손해를 가져오는 사람이며 재수가 없는 사람이다.

巳 일주는 1이 서로 갈등하는 사이가 된다.

6월과 沖이 되는 丑 일주 사업자는 官과 관련된 보건위생, 소방, 세금 등의 문제가 야기된다. 즉시 해결하지 못하면 729에 영업정지를 당한다.


## ◈ 729

病/退食-變化-文書. 오방산신난동수(五方山神亂動數)다.

生이 되어도 모든 일을 잠정적으로 보류하는 것이 낫다.

剋이 되면 건강 때문에 휴직을 하거나 휴업을 하게 된다.

좌우지간 729 또는 279에는 가만히 있는 최상의 방법이다.

이때에 잘못하면 지난해 번 돈을 모두 날린다.


◈ 472

安定-病/退食-變化. 여유로운 상황에서 변화에 대처하라.

　11월의 병(病)을 대처하기 위해서 치아 보정, 모발 이식 또는 얼굴 성형 등 미용(美容) 수술을 미루다가 이때에 하면 된다. 병원은 ㄴ, ㄷ, ㄹ, ㅌ으로 시작하는 주소나 상호를 찾아라. 卯 일주는 이해에 출산하고 다음 해에 이혼할 수 있다. 己卯 일주는 11월에 명(命)을 다하기도 한다. 60甲子 중에서 가장 命이 짧다.

# 6강 ~ 평생기본수 6수리

평생기본수 6수리는 태어난 생년월일 중에서 '음력 생월의 숫자 + 음력 생일의 숫자 + 1'을 9진법으로 계산하여 나머지가 6이 되는 사람의 운명이다.

평생기본수 6수리는 주도수에 따라서 617, 628, 639, 641, 652, 663, 674, 685, 696 등 아홉 가지로 분류되며, 대운 9년 기간 내에서 주기적으로 운세가 변화한다.

평생기본수 6수리는 685일 때가 운세가 최고로 상승한 때이며, 639일 때가 운세가 최저로 하락한 때다. 따라서 평생기본수 6수리는 최고점 685와 최저점 639 사이를 오르내리며 운세가 변화한다.

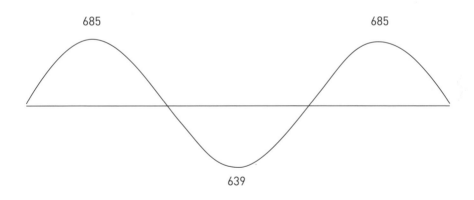

| 수리 | 617 | 628 | 639 | 641 | 652 | 663 | 674 | 685 | 696 |
|------|-----|-----|-----|-----|-----|-----|-----|-----|-----|
| 등급 | B | A | CC | C | B | A | C | AA | B |

AA 가장 좋음, A 좋음, B 보통, C 나쁨, CC 가장 나쁨

## ❊ 6-1-7(官-新生-病/退食)

주도수 1은 신생(新生)이다. 수리의 등급은 B급이다.

평생기본수 6인 사람이 그해를 주도하는 숫자 1은 새로운 일 또는 새로운 사람을 뜻한다.

이해에는 좋은 달과 나쁜 달을 확실히 구분지어 대응하면 된다.


사람은 평생 동안 매년 열두 달 중에서 運이 나쁜 달이 있다. 이러한 나쁜 달은 평생 동안 변하지 않는다. 이때에는 건강, 학업, 취업, 이동, 이성 교제, 결혼, 승진, 사업 등등 모든 일들이 순리대로 되지 않는다.

그리고 운이 나쁜 달 중에서 剋이 되는 두 달이 연이어 있다. 이때가 가장 나쁜 달이며 이러한 가장 나쁜 달도 평생 동안 변하지 않는다.


寅, 卯 일지는 7월과 8월이 가장 나쁘다.

辰, 巳 일지는 9월과 10월이 가장 나쁘다.

午, 未 일지는 11월과 12월이 가장 나쁘다.

申, 酉 일지는 1월과 2월이 가장 나쁘다.

戌, 亥 일지는 3월과 4월이 가장 나쁘다.

子, 丑 일지는 5월과 6월이 가장 나쁘다.


午, 未 일지는 대학 입시 기간에 가장 나쁜 두 달이 놓인다. 10만 명 이상의 실관(實官)을 해 오면서 午, 未 일지 사람은 본인이 바라는 대학으로 진학하지 못하는 경우가 80% 이상이었다.

| B6 | | 1 | | 7 | |
|---|---|---|---|---|---|
| 官 | 水 | 新生 | 水 | 病(退食) | 火 |
| 4 | | 8 | | 3 | |
| 安定 | 金 | 財物 | 木 | 鬼神 | 木 |
| 7 | | 2 | | 9 | |
| 病(退食) | 火 | 變化 | 火 | 文書 | 金 |
| 8 | | 2 | | 1 | |
| 財物 | 木 | 變化 | 火 | 新生 | 水 |

| 日支別 吉凶月 | | | | | |
|---|---|---|---|---|---|
| 寅 | | 卯 | | 辰 | |
| 吉 | 凶 | 吉 | 凶 | 吉 | 凶 |
| 1-5-9 | 4-7-8-10 | 2-6-9-10 | 3-5-7-8-11 | 3-7-8-11 | 2-9-10-12 |
| 巳 | | 午 | | 未 | |
| 吉 | 凶 | 吉 | 凶 | 吉 | 凶 |
| 4-8-12 | 1-7-9-10 | 1-5-6-9 | 2-11-12 | 2-5-6-10 | 9-11-12 |
| 申 | | 酉 | | 戌 | |
| 吉 | 凶 | 吉 | 凶 | 吉 | 凶 |
| 3-7-11 | 1-2-4-10 | 3-4-8-12 | 1-2-9-11 | 1-2-5-9 | 3-4-6-8-12 |
| 亥 | | 子 | | 丑 | |
| 吉 | 凶 | 吉 | 凶 | 吉 | 凶 |
| 2-6-10 | 1-3-4-7 | 3-7-11-12 | 2-5-6-8 | 4-8-11-12 | 3-5-6-9 |

◈ 617

官-新生-病/退食.

올해에는 모든 사연들이 새로운 사람 또는 새로운 일과 관련된다.

2월의 1(新生)이 生이 되면 직장 내에서 좋은 동반자가 나타나고 활력이 솟는다. 剋이 되면 2월 한 달 좋았다가 3월에 건강을 해친다.

申, 酉 일주는 1월, 2월이 가장 나쁘다. 官-新生이므로 조직에 새로 부임해 온 사람과 서로 반목한다.

戌, 亥 일주는 3월, 4월이 가장 나쁘다. 新生-病/退食이므로 새로운 일 때문에 과로로 드러눕는다. 또한 새로운 사람 때문에 스트레스를 받게 된다

◈ 483

安定-財物-鬼神.

子, 丑 일주는 5월, 6월이 가장 나쁘다. 財物-鬼神이므로 돈이 나간다. 분실 또는 사기당할 수도 있다 戌 일주는 6월이 刑, 破이므로 2월에 만나 사람과 헤어지거나 2월에 시작한 일이 중단되고 손실을 입는다.

◈ 729

病/退食-變化-文書. 오방산신난동수(五方山神亂動數)다.

오방산신난동수 때에는 모든 일주가 조심을 해야 한다.

寅, 卯 일주는 7월, 8월이 가장 나쁘다. 病/退食-變化이므로 건강을 해친다. 이해에는 여름철 식품위생을 유의하고 멀리 가지 마라.

辰, 巳 일주는 9월, 10월이 가장 나쁘다. 文書-財物이므로 보증을 서

지 마라. 도와주고 뺨 맞는 꼴이 된다.

辰 일주는 7월, 8월이 좋다. 그러나 수리가 좋지 않으므로 가벼운 감기 몸살 정도로 아플 수 있다.


### ◈ 821

財物-變化-新生. 午, 未 일주는 11월, 12월이 가장 나쁘다. 變化-新生이므로 새로운 시작과 변화·변동은 하지 마라. 수험생은 실력보다 한 단계 낮추어서 시험을 치르고, 이해에 대학 입시에 실패하면 재수를 하여 목표를 이룬다.

## ⌘ 6-2-8 (官-變化-財物)

주도수 2는 변화(變化)다. 수리의 등급은 A급이다.

평생기본수 6인 사람의 그해를 주도하는 숫자 2는 변화와 변동을 뜻한다.

이해에는 무엇인가 변화 변동하고자 하는 의욕과 욕구가 생긴다.

수리가 A급이므로 이런 해에는 변화 · 변동을 통해 목표를 이루어야 한다. 다음 해는 가장 나쁜 CC급이므로 이해에 하고자 하는 일을 내년으로 미루지 않아야 한다.

2수리가 生이 될 때에 이사, 이전 등 변화 · 변동을 하면 吉하다.

그러나 2수리가 剋이 될 때에 이사, 이전 등 변화 · 변동은 不吉하다. 이때에 이사를 하면 이사 중에 사고가 발생하고, 살던 곳보다 더 못한 곳으로 가거나, 새집에서 하자(瑕疵)가 발견되거나, 사기를 당하기도 한다.

### 신강신약사주(身强身弱四柱) 판단법(判斷法)

사주팔자원국의 용신(用神)을 찾기 위해서 일간의 신강 · 신약을 따져 본다. 이때 쓰이는 도구가 신강신약판단법이다.

일간을 돕거나 일간이 필요한 오행인 비겁과 인성이 많거나 강하면 신강사주이며, 그 반대로 식상 재성 관성이 많거나 강하면 신약사주다.

100점을 만점으로 하여 월지는 30점, 일지는 20점, 나머지는 10점을 배정한다. 자기 계절에 태어난 경우는 30점을 준다.

| 時干 | 日干 | 月干 | 年干 |
|------|------|------|------|
| 10 | | 10 | 10 |
| 10 | 20 | 30 | 10 |
| 時支 | 日支 | 月支 | 年支 |

| A6 | | 2 | | 8 | |
|---|---|---|---|---|---|
| 官 | 水 | 變化 | 火 | 財物 | 木 |
| 5 | | 1 | | 6 | |
| 驚破 | 土 | 新生 | 水 | 官 | 水 |
| 2 | | 7 | | 9 | |
| 變化 | 火 | 病(退食) | 火 | 文書 | 金 |
| 4 | | 1 | | 5 | |
| 安定 | 金 | 新生 | 水 | 驚破 | 土 |

## 日支別 吉凶月

| 寅 | | 卯 | | 辰 | |
|---|---|---|---|---|---|
| 吉 | 凶 | 吉 | 凶 | 吉 | 凶 |
| 1-5-9 | 4-7-8-10 | 2-6-9-10 | 3-5-7-8-11 | 3-7-8-11 | 2-9-10-12 |
| 巳 | | 午 | | 未 | |
| 吉 | 凶 | 吉 | 凶 | 吉 | 凶 |
| 4-8-12 | 1-7-9-10 | 1-5-6-9 | 2-11-12 | 2-5-6-10 | 9-11-12 |
| 申 | | 酉 | | 戌 | |
| 吉 | 凶 | 吉 | 凶 | 吉 | 凶 |
| 3-7-11 | 1-2-4-10 | 3-4-8-12 | 1-2-9-11 | 1-2-5-9 | 3-4-6-8-12 |
| 亥 | | 子 | | 丑 | |
| 吉 | 凶 | 吉 | 凶 | 吉 | 凶 |
| 2-6-10 | 1-3-4-7 | 3-7-11-12 | 2-5-6-8 | 4-8-11-12 | 3-5-6-9 |

## ◈ 628

官-變化-財物.

무엇인가 변화를 하고 싶고 재물에 대한 욕구가 강해진다. 이해에는 모든 수리와 모든 일들이 변화 · 변동으로 인하여 발생한다. 본인 스스로 변화하지 않아도 변화할 일들이 생기게 된다. 변화할 것이 없으면 방 안의 가재도구라도 다른 쪽으로 옮기고 싶다.

3월에는 뜻하지 않는 수입도 생긴다.


## ◈ 516

驚破-新生-官. 혁신수(革新數)다.

변화와 변동을 통하여 적극적으로 능력을 발휘하라. 혁신적인 변화를 통하여 좋은 결과를 낳는다. 귀인이 나타나고 새로운 일이 생긴다. 합격 또는 취업 등 문서적인 행운도 따른다.

剋이 되면 변화로 인하여 적을 만들고 주위 사람이 원수로 돌변한다. 인사이동은 낮은 직으로 떨어지거나 멀리 외지로 발령된다.


## ◈ 279

變化-病/退食-文書. 오방산신난동수(五方山神亂動數)다.

주도수 2와 2, 7은 같은 오행이다. 큰 영향은 없다. 가벼운 감기 정도다. 生이 되면 변화로 인하여 문서적인 이익이 생기지만 크지는 않다.

寅, 巳 일주는 三刑이 되므로 官廳으로부터 민 · 형사적 문제로 고소 · 고발된다.

申, 酉 일주는 冲이 되므로 계약이 파기되거나 직장에서 퇴사당할 수 있다.


◈ 415

安定-新生-驚破. 안정수(安定數)다.

生이 되면 귀인이 나타나고 많은 도움을 받는다.

剋이 되면 안정이 되지 않으며 이성 문제로 놀랄 일이 생긴다. 이성이란 반드시 연인이 아니어도 남자의 경우 어머니, 배우자, 딸, 여형제를 포함한다.

11월에 剋이 되는 卯, 午, 未, 酉 일주는 변화를 하려다 중단된다.

## ❀ 6-3-9(官-鬼神-文書)

주도수 3은 귀신(鬼神)이다. 수리의 등급은 CC급이다.

평생기본수 6인 사람의 그해를 주도하는 숫자 3은 鬼神이 발동한다는 뜻이다.

이해는 평생기본수 6수리 사람들이 가장 운이 나쁜 대흉운(大凶運)이다. 이런 해는 되는 일이 없다. 자살 충동마저 있으며 실제로 많이 죽는 때다.

가정이 풍비박산 날 수 있으며, 직장에 다니기가 싫고, 사업은 거덜 날 수 있다.

평생운이 639이면 54세까지 한(限) 많은 인생을 살게 된다.

여자의 경우 이성에 일찍 눈을 뜨며 남자가 많이 따른다. 결혼을 하지 않고 홀로 살거나, 결혼을 하게 되면 초혼(初婚)은 반드시 실패한다. 부모가 반대하는 결혼을 하는 것이 오히려 도움이 되고 남편이 바람을 피우거나 생리사별한다.

어려서부터 교도소에서 오랜 세월을 보내는 사람들도 많다.

---

**우울증(憂鬱症)**

우울증은 정신병이다. 마음이 침울하여 고민, 번민, 비관, 염세(厭世), 자살 따위의 증세가 나타난다.

수리역학매화역수에서는 369 또는 639 때에 우울증이 발생한다.

사주명리학에서 우울증은 편인(偏印)우울증과 편관(偏官)우울증이 있다. 사주 팔자에서 편인이 많고 강한 것을 편인우울증이라고 하며, 편관이 많고 강한 것을 편관우울증이라고 한다.

편인우울증은 방구석에 콕 처박히는 증세를 보이며, 편관우울증은 자살 등 극단적인 선택을 한다.

| CC6 | | 3 | | 9 | |
|---|---|---|---|---|---|
| 官 | 水 | 鬼神 | 木 | 文書 | 金 |
| 6 | | 3 | | 9 | |
| 官 | 水 | 鬼神 | 木 | 文書 | 金 |
| 6 | | 3 | | 9 | |
| 官 | 水 | 鬼神 | 木 | 文書 | 金 |
| 9 | | 9 | | 9 | |
| 文書 | 金 | 文書 | 金 | 文書 | 金 |

| 日支別 吉凶月 | | | | | |
|---|---|---|---|---|---|
| 寅 | | 卯 | | 辰 | |
| 吉<br>1-5-9 | 凶<br>4-7-8-10 | 吉<br>2-6-9-10 | 凶<br>3-5-7-8-11 | 吉<br>3-7-8-11 | 凶<br>2-9-10-12 |
| 巳 | | 午 | | 未 | |
| 吉<br>4-8-12 | 凶<br>1-7-9-10 | 吉<br>1-5-6-9 | 凶<br>2-11-12 | 吉<br>2-5-6-10 | 凶<br>9-11-12 |
| 申 | | 酉 | | 戌 | |
| 吉<br>3-7-11 | 凶<br>1-2-4-10 | 吉<br>3-4-8-12 | 凶<br>1-2-9-11 | 吉<br>1-2-5-9 | 凶<br>3-4-6-8-12 |
| 亥 | | 子 | | 丑 | |
| 吉<br>2-6-10 | 凶<br>1-3-4-7 | 吉<br>3-7-11-12 | 凶<br>2-5-6-8 | 吉<br>4-8-11-12 | 凶<br>3-5-6-9 |

◈ 639

官-鬼神-文書. 관재구설수(官災口舌數)다.

주도수 3은 귀신이다. 9개월간 관재구설이다. 마치 삼재(三災)와 같은 해다. 심리적 갈등과 정신적 불안으로 일이 손에 잡히지 않으며, 학교, 가정, 직장 등 제자리에 있기가 싫다. 현실에서 벗어나 어디론가 도망가고 싶다.

특히 639수리는 우울증으로 자살 충동을 느끼며 자포자기(自暴自棄)한다.

노약자의 경우 사망할 수 있다. 부모와 자식이 동시에 639에 놓이면 부모가 사망한다.


◈ 639

官-鬼神-文書. 관재구설수(官災口舌數)다.

학생은 공부를 하지 않으며 가출도 하게 된다. 대화로써 포용해 주어라.

부부는 639가 계속 이어지면 이혼 · 이별수가 된다. 거의 이혼한다.

직장인은 직장 내에서 왕따당하고 출근하기 싫어지며 그만두고 싶다. 이때에 퇴사하면 내년까지 갈 곳이 없다.

무속인은 神氣가 약해지고 상담이 어렵다. 기도를 하러 가야 한다.

이때 과거에 저지른 범법 행위로 조사받을 경우는 적극적으로 대처하라.


◈ 639

官-鬼神-文書. 관재구설수(官災口舌數)다.

특히 子, 午, 卯, 酉 일주는 3(鬼神)이 剋이 되므로 대단히 조심해야 한다. 부부 어느 한쪽 또는 양쪽 모두 이혼을 하려는 마음이 강하다.

## ◈ 999

文書-文書-文書. 여행수(旅行數)다.

주도수와 相剋이다. 모든 문서가 깨져 버린다.

주도수 3은 亡한다, 亡친다는 뜻이다. 사망(死亡), 멸망(滅亡), 도망(逃亡), 망신(亡身)의 의미를 모두 포함한다. 이때의 999는 여행보다는 도망 간다고 해석하라.

이때에 재판에 임할 때에는 吉凶 달을 철저히 따져서 출두하라. 민사소송이면 되도록 2년 후 652까지 끌고 나가라.

## ❈ 6-4-1 (官-安定-新生)

주도수 4는 안정(安定)이다. 수리의 등급은 C급이다.

평생기본수 6인 사람의 그해를 주도하는 숫자 4는 安定과 여유다.


평생기본수 6은 9년간의 대운 중에서 639의 1월부터 641의 6월까지 1년 반 동안이 가장 나쁘다. 이해의 상반기 6개월은 지난해의 후유증이 남아 있다.

어떤 사람이든 753이 놓이면 무엇을 새로이 하려 하면 안 된다. 얻는 것보다 잃는 것이 더 많다.


주도수 4는 오행이 金이다. 金克木으로서 주도수가 극하는 달은 6월, 8월, 11월 석 달이다. 따라서 이해의 8 財物은 대체로 나가는 돈이다.


수리 753 다음에는 예외 없이 189가 들어온다.


**[예시] 여자 양력 1987년 8월 20일 午時 生. S그룹 근무**

✓ 목적사: 창업 상담.

✓ 해설: 辛丑 일주 평생기본수 6, 주도수 4, 상담 시 수리는 641. 부모님들이 선(先)을 보라고 재촉하여 상담 요청하였다. 사주팔자 원국에 식상이 없으므로 일찍 결혼 생각이 없는데 26세부터 대운에서 식상운이 들어왔다. 7월에 귀인이 나타나므로 선을 보라고 권유하였다

✓ 결론: 어머니와 함께 9월에 재방문하여 7월에 만난 남자와의 궁합을 보았다.

\* 상세한 사주 및 수리풀이는 〈나는 역학이다〉 강의 동영상을 참조하십시오.

| C6 | | 4 | | 1 | |
|---|---|---|---|---|---|
| 官 | 水 | 安定 | 金 | 新生 | 水 |
| **7** | | **5** | | **3** | |
| 病(退食) | 火 | 驚破 | 土 | 鬼神 | 木 |
| **1** | | **8** | | **9** | |
| 新生 | 水 | 財物 | 木 | 文書 | 金 |
| **5** | | **8** | | **4** | |
| 驚破 | 土 | 財物 | 木 | 安定 | 金 |

| 日支別 吉凶月 | | | | | |
|---|---|---|---|---|---|
| 寅 | | 卯 | | 辰 | |
| 吉 | 凶 | 吉 | 凶 | 吉 | 凶 |
| 1-5-9 | 4-7-8-10 | 2-6-9-10 | 3-5-7-8-11 | 3-7-8-11 | 2-9-10-12 |
| 巳 | | 午 | | 未 | |
| 吉 | 凶 | 吉 | 凶 | 吉 | 凶 |
| 4-8-12 | 1-7-9-10 | 1-5-6-9 | 2-11-12 | 2-5-6-10 | 9-11-12 |
| 申 | | 酉 | | 戌 | |
| 吉 | 凶 | 吉 | 凶 | 吉 | 凶 |
| 3-7-11 | 1-2-4-10 | 3-4-8-12 | 1-2-9-11 | 1-2-5-9 | 3-4-6-8-12 |
| 亥 | | 子 | | 丑 | |
| 吉 | 凶 | 吉 | 凶 | 吉 | 凶 |
| 2-6-10 | 1-3-4-7 | 3-7-11-12 | 2-5-6-8 | 4-8-11-12 | 3-5-6-9 |

◈ 641

官-安定-新生.

주도수 4는 안정이다. 그러나 안정의 효과는 7월 이후에야 나타난다.

1월부터 6월까지는 지난해 639와 비슷한 CC급이며 7월부터 12월까지는 A급이다.

안정과 여유를 가지고 주어진 현실에 순응하라. 生이 되든 剋이 되든 6월까지 좋지 않다. 3월의 1이 剋이 되면 1은 아무런 도움 없이 나쁜 결과만 남기는 사람이다.


◈ 753

病/退食-驚破-鬼神. 대흉수(大凶數)다.

나쁜 운이 마지막으로 발동한다. 가정, 직장, 사업 모든 곳에서 진퇴난양이다. 동 트기 전 丑時가 가장 춥고 어둡듯이 이때가 가장 잔혹하다.

辰, 戌, 丑, 未 일주는 지난 3월에 나타난 사람 때문에 크게 고통을 받는다. 여자의 경우 3월에 만난 남자와 임신을 하게 되고 처절한 사랑을 한다.

평생기본수 2와 6은 753에 자살을 많이 한다.


◈ 189

新生-財物-文書. 대길수(大吉數)다.

이제부터 점차 회복이 된다. 그러나 753 뒤의 189이므로 좋은 기운은 50% 정도다. 자동차가 캄캄한 터널을 빠져나오는 순간과 같다. 귀인이 나타나고 재물이 들어오고 문서적인 행운도 따른다. 개업, 이사 등등 미루어

오던 일들을 이제부터 시작하면 된다. 미루어 오던 혼인도 가능하다.


◈ 584

驚破-財物-安定.

자신의 계획을 점진적으로 추진해라. 서서히 좋은 결과가 나타날 것이다. 갈수록 형편이 점점 나아지는 것을 본인 스스로 알게 된다.

8월과 11월이 훼이 되면 투자, 투기는 절대 금지해야 한다.

## ❀ 6-5-2(官-驚破-變化)

주도수 5는 경파(驚破)다. 수리의 등급은 B급이다.

평생기본수 6인 사람의 그해를 주도하는 숫자 5는 驚破다.

평생기본수 6수리는 대체로 652부터 운이 상승한다.

이때부터 변화 · 변동은 좋은 방향으로 이끌어 준다. 652 때에는 지난 2년간 워낙 골병이 들었기 때문에 이제부터 무엇인가 해 보려고 내방하는 사람들이 많다.

재물에 대한 목적사는 숫자 5 또는 8과 財星의 12운성의 흐름을 본다.

명예에 대한 목적사는 숫자 6 또는 9와 官星의 12운성의 흐름을 본다.

건강에 대한 목적사는 숫자 7과 食神의 12운성의 흐름을 본다.

학업에 대한 목적사는 6 또는 9와 印星의 12운성의 흐름을 본다.

이사 · 이동 · 이직 등의 변화와 변동은 2 숫자의 生, 剋을 본다.

애정 · 결혼, 부모형제에 대한 목적사는 1 또는 6 숫자의 生, 剋을 본다.

흥망성쇠(興亡盛衰), 사망에 대한 목적사는 3 숫자의 生, 剋을 본다.

---

**[예시] 여자 음력 1978년 12월 11일 未時 生. 초등학교 교사**

✓ 목적사: 신수 상담.

✓ 해설: 丙子 일주 평생기본수 6, 주도수 5, 상담 시 수리는 652.
2022년 1월에 배우자(의사), 본인(초등학교 교사), 아들의 신수 상담. 남편의 수리는 573, 아들은 461. 본인에게 올해 5월에 입원, 수술하겠다고 하였다. 현재 담석증으로 동네 한의원에서 치료받는 중이라고 하여 수술을 권유하였다. 수술후 6월에 내방하여 본인과 아들 이름 개명.

\* 상세한 사주 및 수리풀이는 〈나는 역학이다〉 강의 동영상을 참조하십시오.

| B6 | | 5 | | 2 | |
|---|---|---|---|---|---|
| 官 | 水 | 驚破 | 土 | 變化 | 火 |
| 8 | | 7 | | 6 | |
| 財物 | 木 | 病(退食) | 火 | 官 | 水 |
| 5 | | 4 | | 9 | |
| 驚破 | 土 | 安定 | 金 | 文書 | 金 |
| 1 | | 7 | | 8 | |
| 新生 | 水 | 病(退食) | 火 | 財物 | 木 |

| 日支別 吉凶月 | | | | | |
|---|---|---|---|---|---|
| 寅 | | 卯 | | 辰 | |
| 吉 1-5-9 | 凶 4-7-8-10 | 吉 2-6-9-10 | 凶 3-5-7-8-11 | 吉 3-7-8-11 | 凶 2-9-10-12 |
| 巳 | | 午 | | 未 | |
| 吉 4-8-12 | 凶 1-7-9-10 | 吉 1-5-6-9 | 凶 2-11-12 | 吉 2-5-6-10 | 凶 9-11-12 |
| 申 | | 酉 | | 戌 | |
| 吉 3-7-11 | 凶 1-2-4-10 | 吉 3-4-8-12 | 凶 1-2-9-11 | 吉 1-2-5-9 | 凶 3-4-6-8-12 |
| 亥 | | 子 | | 丑 | |
| 吉 2-6-10 | 凶 1-3-4-7 | 吉 3-7-11-12 | 凶 2-5-6-8 | 吉 4-8-11-12 | 凶 3-5-6-9 |

### ◈ 652

官-驚破-變化.

지난 2년간 고생 후에 회복을 하는 시기다. 生이냐 剋이냐에 따라서 재물을 모을 수도 있고 버릴 수도 있다. 주도수 5는 경파(驚破)다. 이해의 5는 경파보다는 재성(財星)과 편재(偏財)로 해석한다. 또한 주도수 5는 土 오행으로 토지, 건물 등 부동산을 뜻한다. 이때에 부동산에 투자하면 3년 후 685에 돈이 된다. 평생기본수 6수리는 고집이 세다. 어지간하면 주위에서 말려도 고집스럽게 투자에 나선다.

### ◈ 876

財物-病/退食-官.

이해에는 현금은 보유하거나 저축하는 것보다는 투자하는 것이 더 낫다.

숫자 5, 8과 生이 되면 주식 투자 또는 부동산을 매입한다. 현실에 만족하지 말고 좀 더 적극적으로 나서라. 6, 9가 生이 되면 대출을 받아서라도 투자에 나서라. 주도수 5와 8이 모두 剋이 되면 투자로 돈을 날린다.

### ◈ 549

驚破-安定-文書. 무난수(無難數)다.

9월까지 부동산 매매계약서 체결을 끝내야 한다.

투자 시기에 따라 부동산의 종류가 다르다. 시기에 따라서 적정한 투자처를 찾을 때에 성공 확률이 높고 이익이 크다.

1월부터 3월까지 3개월은 10층 이하의 건물에 투자한다.

4월에는 6월까지는 3개월은 10층 이상의 높은 건물에 투자한다.

7월에는 9월까지는 3개월은 야산 또는 개발 예정지에 투자한다.

10월에는 12월까지는 3개월은 논·밭 등 전답에 투자한다.

◆ 178

新生-病/退食-財物.

1이 生이 되면 귀인이 나타나고 재물이 뒤따른다.

1이 克이 되면 이별을 암시하며 유산(遺産)이 되는 경우도 있다.

## ❈ 6-6-3(官-官-鬼神)

주도수 6은 관(官)이다. 수리의 등급은 A급이다.

626 후 4년 만에 찾아오는 A급 운세다.

평생기본수 6인 사람의 그해를 주도하는 숫자 6는 官이다.


生이 되면 官運이 발동하여 명예 상승의 좋은 시기이다. 학생은 합격을 하고, 취업준비생은 취업을 하며, 직장인은 승진을 하고, 선거에 출마하면 당선을 한다.

剋이 되면 정반대의 현상이다.


이해에는 모든 일들이 잘 이루어진다. 주도수 6과 剋이 되는 숫자가 없다. 평생운이 663이면 공직(公職)으로 성공하는 사람이다.

### 발복(發福)의 시기

사주명리학의 大運은 10년마다 바뀐다. 이에 비해 수리역학매화역수의 大運은 9년을 주기로 변한다.

사주팔자 원국에서 十星 중 하나 이상이 없는 팔자가 많다. 없는 글자는 사주팔자 日干의 삶의 한계를 가리킨다. 십성 중 하나 이상이 없는 경우에는 대운의 흐름을 살펴보아야 한다.

대체로 사람들은 사주팔자원국에서 없는 십성이 대운에서 들어올 때에 발복(發福)한다. 예를 들어 사주팔자원국 내에 財星이 없는 사람은 사주팔자원국 내에 財星이 있는 사람보다 대운에서 財星이 들어올 때에 더 잘 써먹는다.

마찬가지로 사주팔자에서 財星이 없는 사람은 포국도에서 8이 들어올 때에 발복(發福)을 하고, 官星이 없는 사람은 포국도에서 6이 들어올 때에 발복을 한다.

| A6 | | 6 | | 3 | |
|---|---|---|---|---|---|
| 官 | 水 | 官 | 水 | 鬼神 | 木 |
| 9 | | 9 | | 9 | |
| 文書 | 金 | 文書 | 金 | 文書 | 金 |
| 9 | | 9 | | 9 | |
| 文書 | 金 | 文書 | 金 | 文書 | 金 |
| 6 | | 6 | | 3 | |
| 官 | 水 | 官 | 水 | 鬼神 | 木 |

| 日支別 吉凶月 | | | | | |
|---|---|---|---|---|---|
| 寅 | | 卯 | | 辰 | |
| 吉<br>1-5-9 | 凶<br>4-7-8-10 | 吉<br>2-6-9-10 | 凶<br>3-5-7-8-11 | 吉<br>3-7-8-11 | 凶<br>2-9-10-12 |
| 巳 | | 午 | | 未 | |
| 吉<br>4-8-12 | 凶<br>1-7-9-10 | 吉<br>1-5-6-9 | 凶<br>2-11-12 | 吉<br>2-5-6-10 | 凶<br>9-11-12 |
| 申 | | 酉 | | 戌 | |
| 吉<br>3-7-11 | 凶<br>1-2-4-10 | 吉<br>3-4-8-12 | 凶<br>1-2-9-11 | 吉<br>1-2-5-9 | 凶<br>3-4-6-8-12 |
| 亥 | | 子 | | 丑 | |
| 吉<br>2-6-10 | 凶<br>1-3-4-7 | 吉<br>3-7-11-12 | 凶<br>2-5-6-8 | 吉<br>4-8-11-12 | 凶<br>3-5-6-9 |

## ◈ 663

官-官-鬼神.

주도수 6은 官이다. 官運(직장운, 직업운)이 가장 좋은 때다.

평생기본수 6수리는 이해에 외국으로 이민을 많이 간다.

3~999는 풍(風)이 발동하는 때다. 3월, 4월이 가장 나쁜 戌, 亥 일주는 각별히 주의해야 한다. 이때에 풍을 맞으면 6개월간 고생한다. 올해 안에 회복하지 못하면 다음 해 674에 사망할 수도 있다.

평생운이 663이면 공직(公職)에서 크게 성공하는 사람이다.

## ◈ 999

文書-文書-文書. 여행수(旅行數)다.

999 문서운이 6개월간 지속된다.

학생의 경우 잠시 쉬어라. 오히려 학업증진에 도움이 된다.

직장인은 해외 출장, 파견 등의 기회가 온다.

## ◈ 999

文書-文書-文書. 여행수(旅行數)다.

본인의 의지대로 행동할 때다. 刑, 沖, 破, 害, 元嗔이 되어도 큰 문제 없이 지나간다.

부모에게는 효도관광을 보내 드려라. 제주도 또는 미국, 캐나다, 북유럽이 좋은 방향이다. 내년의 흉운을 액땜할 수 있다.

## ❖ 663

官-官-鬼神.

학생은 상급학교로 무난히 진학할 수 있다. 수시의 경우는 집에서 멀리 떨어진 학교로 보내라.

대학에 낙방하여 재수를 할 경우 내년에는 성적이 더 나쁘다. 이러할 경우에는 우선 진학을 하고, 2년 뒤 698 대학 2학년 말에 희망하는 학교로 편입학을 하도록 하라.

## ⊛ 6-7-4(官-病/退食-安定)

주도수 7은 병/퇴식(病/退食)이다. 수리의 등급은 C급이다.

평생기본수 6인 사람의 그해를 주도하는 숫자 7은 病/退食이다. 평생기본수가 어느 수리이든 주도수가 7이 들어올 때는 특히 건강을 조심해야 한다.

수리역학매화역수의 9개 수리 중에서 7의 적용이 가장 명쾌하다. 7수리가 주도수이든 각각의 월에서 들어오든 건강에 대한 해석이 분명하다.

주도수가 7이 들어올 때 성형수술을 하면 액땜이 된다. 따라서 성형수술은 주도수 7이 들어올 때에 하는 것이다.

이해의 특징은 결혼을 685로 미루어야 한다는 것이다.

이해에 아이를 출산하면 집안을 망(亡)하게 하는 아이가 나오고, 다음해 685에 나이를 출산하면 집안을 번창시키는 아이가 나온다.

**[예시] 남자 양력 1953년 2월 26일 辰時 生. ○○항공사 사장**

✓ 목적사: 창업 상담.

✓ 해설: 戊申 일주 평생기본수 6, 주도수 1, 상담 시 수리는 617. 공군사관학교 출신으로 공군 조종사 및 항공사 기장으로 근무 후 창업 준비 중. 수리는 B-A-CC로 흐르고 재성은 절지-묘지-사지로 흐른다. 따라서 창업을 만류하였다.

✓ 결론: 상담 내용을 받아들이지 않고 헬리콥터 회사를 창업하여 639에 亡하고 신용불량자가 되었다.

\* 상세한 사주 및 수리풀이는 〈나는 역학이다〉 강의 동영상을 참조하십시오.

| C6 | | 7 | | 4 | |
|---|---|---|---|---|---|
| 官 | 水 | 病(退食) | 火 | 安定 | 金 |
| 1 | | 2 | | 3 | |
| 新生 | 水 | 變化 | 火 | 鬼神 | 木 |
| 4 | | 5 | | 9 | |
| 安定 | 金 | 驚破 | 土 | 文書 | 金 |
| 2 | | 5 | | 7 | |
| 變化 | 火 | 驚破 | 土 | 病(退食) | 火 |

| 日支別 吉凶月 | | | | | |
|---|---|---|---|---|---|
| 寅 | | 卯 | | 辰 | |
| 吉 1-5-9 | 凶 4-7-8-10 | 吉 2-6-9-10 | 凶 3-5-7-8-11 | 吉 3-7-8-11 | 凶 2-9-10-12 |
| 巳 | | 午 | | 未 | |
| 吉 4-8-12 | 凶 1-7-9-10 | 吉 1-5-6-9 | 凶 2-11-12 | 吉 2-5-6-10 | 凶 9-11-12 |
| 申 | | 酉 | | 戌 | |
| 吉 3-7-11 | 凶 1-2-4-10 | 吉 3-4-8-12 | 凶 1-2-9-11 | 吉 1-2-5-9 | 凶 3-4-6-8-12 |
| 亥 | | 子 | | 丑 | |
| 吉 2-6-10 | 凶 1-3-4-7 | 吉 3-7-11-12 | 凶 2-5-6-8 | 吉 4-8-11-12 | 凶 3-5-6-9 |

◈ 674

官-病/退食-安定.

주도수 7은 病/退食이다. 한 해 내내 의욕이 상실되고 건강상 문제가 발생한다. 이해에는 건강을 조심해야 한다. 상반기 내내 불안하다.

674시기에 학생은 공부를 안 한다. 이성을 알게 되고 목표가 없어진다.

직장인은 5월에 2수리가 들어올 때 이직을 하려고 하며, 노약자는 이때부터 시름시름 앓다가 123에 사망한다. 이상하게 이렇게 나쁜 運의 시기에 사람들은 직장을 그만두고 창업을 하려고 한다. 말려도 소용이 없다.


◈ 123

新生-變化-鬼神. 이별수(離別數)다.

가출, 이별, 별거, 이혼 등의 현상이 많이 나타난다.

生이 되면 옛날 헤어진 친구나 연인과 재회를 한다. 헨이 되면 1수리가 원수로 돌변하여 부모, 형제, 주변 등 모든 사람들이 등을 돌린다. 2수리가 헨이 되면 변화 · 변동에 대한 갈등으로 인하여 스트레스를 많이 받는다.

이해 1월부터 6월까지는 되는 일이 없을 정도다.


◈ 459

安定-驚破-文書. 무난수(無難數)다.

459는 서로 相生이므로 좋은 시기다. 7월부터 조금씩 나아진다.

그러나 이해는 C급이지만 거의 CC급과 같다. 좋든 싫든 결혼, 창업, 잔치 등 大事는 미루는 것이 좋다.

내년은 AA급이다. 따라서 중요한 일의 진행은 내년으로 미루고 작은 일만 간단하게 행하여야 한다.

◈ 257

變化-驚破-病/退食.

257은 火土火로써 서로 相生이지만 이때 움직이지 마라. 257은 수리가 좋지 않다. 변화를 하면 놀랄 일이 일어나고 건강을 잃는다.

주도수가 7이며 12월이 7이다. 건강 때문에 크게 놀랄 수 있다. 이때 질병에 노출되면 다음 해 685의 좋은 기회가 사라진다.

## ❀ 6-8-5(官-財物-驚破)

주도수 8은 재물(財物)이다. 수리의 등급은 AA급이다.
평생기본수 8인 사람의 그해를 주도하는 숫자 8은 財物이다.


이해에는 모든 일들이 돈과 관련된다.
평생기본수 6수리의 大運 9년 중에서 가장 좋은 해다. 刑, 沖, 破, 害, 元嗔이 들어와도 무난하다. 뜻하는 대로 적극적으로 임해야 한다. 특히 돈과 관련되는 투자에 관한 일들은 잘 해결된다.


生과 剋이 되는 달을 잘 따져서 해설해야 한다.
沖이 되면 뇌물, 횡령, 배임 등 경제사범들이 많이 찾아온다. 대체로 공무원이나 준공무원들이 돈과 관련되는 사건들이 일어난다.
사주팔자 내에 편재의 유무(有無)를 따져서 편재가 있는 사람이면 돈으로 막으라고 해라. 막지 못하면 다음 해 369에 큰 변을 당한다.


평생운이 685인 사람은 평생 잘 산다. 노태우, 노무현, 안철수 등이 이에 속하며 재물운이 있고 배우자 복도 있다.

| AA6 | | 8 | | 5 | |
|---|---|---|---|---|---|
| 官 | 水 | 財物 | 木 | 驚破 | 土 |
| 2 | | 4 | | 6 | |
| 變化 | 火 | 安定 | 金 | 官 | 水 |
| 8 | | 1 | | 9 | |
| 財物 | 木 | 新生 | 水 | 文書 | 金 |
| 7 | | 4 | | 2 | |
| 病(退食) | 火 | 安定 | 金 | 變化 | 火 |

| 日支別 吉凶月 | | | | | |
|---|---|---|---|---|---|
| 寅 | | 卯 | | 辰 | |
| 吉 1–5–9 | 凶 4–7–8–10 | 吉 2–6–9–10 | 凶 3–5–7–8–11 | 吉 3–7–8–11 | 凶 2–9–10–12 |
| 巳 | | 午 | | 未 | |
| 吉 4–8–12 | 凶 1–7–9–10 | 吉 1–5–6–9 | 凶 2–11–12 | 吉 2–5–6–10 | 凶 9–11–12 |
| 申 | | 酉 | | 戌 | |
| 吉 3–7–11 | 凶 1–2–4–10 | 吉 3–4–8–12 | 凶 1–2–9–11 | 吉 1–2–5–9 | 凶 3–4–6–8–12 |
| 亥 | | 子 | | 丑 | |
| 吉 2–6–10 | 凶 1–3–4–7 | 吉 3–7–11–12 | 凶 2–5–6–8 | 吉 4–8–11–12 | 凶 3–5–6–9 |

## ◈ 685

官-財物-驚破.

주도수 8은 財物이다. 이해에는 금전에 대한 욕구가 가득하다. 어떤 일이라도 뜻대로 잘 이루어진다. 한 해 동안 일어나는 모든 사연들은 수리에 관계없이 돈과 연결된다. AA급으로서 운세(運世)가 좋으니 무엇이든 적극 나서서 결실을 맺어야 한다.

申, 酉 일주 사업자는 자금 관리에 주의하라. 경리 서랍을 뒤져 보면 장부에 없는 돈이 발견될 것이다.


## ◈ 246

變化-安定-官.

246은 무난하고 안정이 되는 때다. 변화·변동으로 안정이 되며 직장에서 급여 인상이나 보너스 등으로 수입이 늘어난다.

이때는 뇌물을 받아도 별 탈이 없다. 다만 증거를 두지 마라. 이 돈 때문에 내년 696에 관재구설을 당한다.

戌, 亥 일주는 돈을 감추어라. 이때에 돈 빌려주면 못 받는다.

子, 丑 일주는 돈 때문에 불안하고 명예가 실추된다.


## ◈ 819

財物-新生-文書. 대길수(大吉數)다.

돈이 생기고 좋은 사람을 만나며 모든 일들이 일사천리로 진행된다.

生이 되면 개업, 창업, 사세확장의 때다. 미혼자는 결혼이 가능하며 기혼자는 임신과 출산이 가능하다. 이때에는 헌이 되어도 큰 문제는 없다.

형, 충, 파, 해, 원진이 되어도 나쁜 영향이 거의 없다.

辰, 巳 일주는 간, 담, 신경계통의 질병이 올 수 있다.

◈ 742

病/退食−安定−變化. 안정을 바탕으로 매사에 신중하라.

10월이 沖이 되면 건강을 조심하라. 주로 과로로 인한 건강 상실이다.

7(火) 4(金) 2(火)로 서로 相克이므로 이때에는 변화·변동하지 않는 것
이 낫다.

## ❀ 6-9-6(官-文書-官)

주도수 9는 문서(文書)다. 수리의 등급은 B급이다.

평생기본수 6인 사람의 그해를 주도하는 숫자 9는 文書다.

4월부터 11월까지 여덟 달 동안 숫자 3이 네 달에 걸쳐 있다. 369 관재 구설수가 6개월간 계속된다.

生이 되면 6 또는 9가 들어오는 달에 시험 합격, 진학, 취업이 가능하다.

剋이 되면 관재구설이다. 시비, 다툼, 모함, 왕따, 사고, 조사, 소송, 이혼 등 여러 가지 문제가 발생하며, 9월, 10월, 11월 933은 상문살이 형성되어 노약자는 이때에 사망한다.

10월부터 직장인들이 직장 內 여러 문제를 상담하러 온다. 정작 관재구 설이 발동하는 기간에는 자기가 모함당하고 왕따당하는 것을 느끼지 못하 다가 뒤늦게 알고 찾아오는 경우가 많다.

---

**여자 무관 팔자(女子 無官 八字)**

여자가 관성(官星)이 사주팔자 안에 없을 때, 상관(傷官) 기질이 드러난다.

관성이 없는 여자는 연애 기술이 부족하다. 상대방 남자 측에서 보면 좋아하 는지 싫어하는지, 하자는 건지 하지 말자는 건지 판단이 어렵다. 또한 남자를 받들고 살지 않으며 쉽게 남자를 하대하는 경향이 있다.

이런 사람이 時上 傷官이거나, 이름에서 利格, 總格이 21數, 23數, 33數, 39數이면 100% 이혼한다.

| B6 | | 9 | | 6 | |
|---|---|---|---|---|---|
| 官 | 水 | 文書 | 金 | 官 | 水 |
| 3 | | 6 | | 9 | |
| 鬼神 | 木 | 官 | 水 | 文書 | 金 |
| 3 | | 6 | | 9 | |
| 鬼神 | 木 | 官 | 水 | 文書 | 金 |
| 3 | | 3 | | 6 | |
| 鬼神 | 木 | 鬼神 | 木 | 官 | 水 |

| 日支別 吉凶月 | | | | | |
|---|---|---|---|---|---|
| 寅 | | 卯 | | 辰 | |
| 吉 1-5-9 | 凶 4-7-8-10 | 吉 2-6-9-10 | 凶 3-5-7-8-11 | 吉 3-7-8-11 | 凶 2-9-10-12 |
| 巳 | | 午 | | 未 | |
| 吉 4-8-12 | 凶 1-7-9-10 | 吉 1-5-6-9 | 凶 2-11-12 | 吉 2-5-6-10 | 凶 9-11-12 |
| 申 | | 酉 | | 戌 | |
| 吉 3-7-11 | 凶 1-2-4-10 | 吉 3-4-8-12 | 凶 1-2-9-11 | 吉 1-2-5-9 | 凶 3-4-6-8-12 |
| 亥 | | 子 | | 丑 | |
| 吉 2-6-10 | 凶 1-3-4-7 | 吉 3-7-11-12 | 凶 2-5-6-8 | 吉 4-8-11-12 | 凶 3-5-6-9 |

◈ 696

官-文書-官. 명예수(名譽數), 행운수(幸運數)다.

주도수 9는 文書다.

生이 되면 합격, 취업, 승진 등 문서에 관한 일은 무조건 좋다.

剋이 되면 관재구설이다. 사고, 조사, 소송, 왕따, 이별, 이혼 등 사람과 사람 사이에 일어나는 불미스러운 일들은 모두 일어날 수 있다.

남의 일에 참견하거나 나서지 마라.


◈ 369

鬼神-官-文書. 관재구설수(官災口舌數)다.

寅, 申, 巳, 亥 일주는 3이 剋 된다. 3은 鬼神이며 관재구설이다.

子, 午, 卯, 酉 일주는 6이 剋 된다. 6은 官이며 명예 실추다.

辰, 戌, 丑, 未 일주는 9가 剋 된다. 9는 文書이며 업무서류, 계약서류, 대출서류, 보증서류 등 모든 서류를 조심해야 한다.


◈ 369

鬼神-官-文書. 관재구설수(官災口舌數)다.

6이 剋이 되면 직장인은 자의든 타의든 직장에서 나오려고 한다. 참고 견디면 다음 해는 올해보다 나은 B급이다. 운이 나쁘므로 직장을 옮겨도 지금보다 크게 나아질 것은 없다.

이때에 부부 양측이 모두 관재구설수에 놓이면 십중팔구 이혼한다. 부부가 이혼 문제로 찾아올 때의 수리는 대부분이 369 또는 639다.

◈ 336

鬼神-鬼神-官.

지난달 9월과 이어지는 상문살이다. 또한 336은 상관(傷官)의 의미를 지니고 있다. 자기 스스로 官에 해당하는 가정, 학교, 직장 등을 克해 버린다. 이혼을 하려 하고, 학교를 중퇴하고, 직장을 이탈하게 된다. 마음을 다스리지 못하고 일을 저지를 때다.

33이 연속되면 7과 같은 효력이다. 이때 沖이 되면 심하게 아프며, 生이 되면 감기라도 앓고 지나간다.

# 7강 〜 평생기본수 7수리

평생기본수 7수리는 태어난 생년월일 중에서 '음력 생월의 숫자 + 음력 생일의 숫자 + 1'을 9진법으로 계산하여 나머지가 7이 되는 사람의 운명이다.

평생기본수 7수리는 주도수에 따라서 718, 729, 731, 742, 753, 764, 775, 786, 797 등 아홉 가지로 분류되며, 대운 9년 기간 내에서 주기적으로 운세가 변화한다.

평생기본수 7수리는 753일 때가 운세가 최고로 상승한 때이며, 729일 때가 운세가 최저로 하락한 때다. 따라서 평생기본수 7수리는 최고점 753과 최저점 729 사이를 오르내리며 운세가 변화한다.

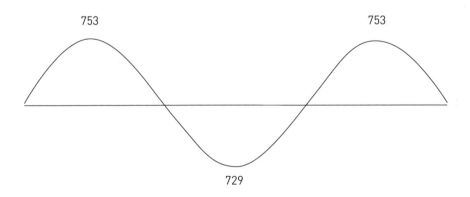

| 수리 | 718 | 729 | 731 | 742 | 753 | 764 | 775 | 786 | 797 |
|------|-----|-----|-----|-----|-----|-----|-----|-----|-----|
| 등급 | B | CC | B | A | AA | C | C | A | C |

AA 가장 좋음, A 좋음, B 보통, C 나쁨, CC 가장 나쁨

## ✽ 7-1-8(病/退食-新生-財物)

주도수 1은 신생(新生)이다. 수리의 등급은 B급이다.

평생기본수 7인 사람이 그해를 주도하는 숫자 1은 새로운 일 또는 새로운 사람을 뜻한다.


숫자의 의미 중에서 7수리의 병(病)이 가장 명확하다.

숫자 7이 나올 때는 무조건 건강 이상을 말하라. 맞힐 확률이 90% 이상이다.


평생기본수 7수리는 자기중심적이며 자존심과 고집이 세다. 3, 5, 7 수리 중에서 행동력 실천력이 가장 강하다.

7수리는 다른 수리에 비해 사주운세 상담자가 많은 편이다. 그러나 귀담아듣지 않고 결국에는 자기 뜻대로 한다.


### [예시] 여자 양력 1958년 5월 20일 申時 生. 가정주부

✔ 목적사: 이혼(離婚) 상담.

✔ 해설: 정유(丁酉) 일주 평생기본수 7, 주도수 1, 상담 시 수리는 718. 월주 남편궁이 空亡이며 이름(金慈이)은 중단격(中斷格)이다. 본인이 나에게 밝히지 않았지만 2월에 만난 새로운 남자와는 헤어진다. 지금의 남편은 수리가 459다.

✔ 결론: 이혼한 후 다음 해에 다른 남자와의 궁합을 보러 왔다.


* 상세한 사주 및 수리풀이는 〈나는 역학이다〉 강의 동영상을 참조하십시오.

| B7 | | 1 | | 8 | |
|---|---|---|---|---|---|
| 病(退食) | 火 | 新生 | 水 | 財物 | 木 |
| 6 | | 9 | | 6 | |
| 官 | 水 | 文書 | 金 | 官 | 水 |
| 3 | | 6 | | 9 | |
| 鬼神 | 木 | 官 | 水 | 文書 | 金 |
| 7 | | 7 | | 5 | |
| 病(退食) | 火 | 病(退食) | 火 | 驚破 | 土 |

| 日支別 吉凶月 | | | | | |
|---|---|---|---|---|---|
| 寅 | | 卯 | | 辰 | |
| 吉 1-5-9 | 凶 4-7-8-10 | 吉 2-6-9-10 | 凶 3-5-7-8-11 | 吉 3-7-8-11 | 凶 2-9-10-12 |
| 巳 | | 午 | | 未 | |
| 吉 4-8-12 | 凶 1-7-9-10 | 吉 1-5-6-9 | 凶 2-11-12 | 吉 2-5-6-10 | 凶 9-11-12 |
| 申 | | 酉 | | 戌 | |
| 吉 3-7-11 | 凶 1-2-4-10 | 吉 3-4-8-12 | 凶 1-2-9-11 | 吉 1-2-5-9 | 凶 3-4-6-8-12 |
| 亥 | | 子 | | 丑 | |
| 吉 2-6-10 | 凶 1-3-4-7 | 吉 3-7-11-12 | 凶 2-5-6-8 | 吉 4-8-11-12 | 凶 3-5-6-9 |

◈ 718

病/退食-新生-財物.

열심히 하면 괜찮은 때다. 무언가를 시작하려는 활력이 넘치는 때다.

새로운 사람과 새로운 일로 인한 사연들이 한 해 내내 계속된다. 새로운 사람의 도움으로 재물이 따르고 능력을 발휘한다.

797에 만난 사람과 결혼이 가능하고 임신, 출산도 가능하다.

그러나 718에 새롭게 만나는 이성은 729에 이별한다.

申, 酉 일주 사업자는 2월에 새로이 만나는 1이 문제를 일으키는 사람이다.

戌, 亥 일주는 3월, 4월에 새로운 사람과 시비 다툼이 일어난다. 돈 잃고 사람 잃는다.


◈ 696

官-文書-官. 명예수(名譽數) 행운수(幸運數)다.

명예, 문서, 행운이 따른다. 696에는 행운의 복권을 사라.

生이 되는 午, 未 일주는 5, 6월에 명예가 상승한다.

剋이 되는 子, 丑 일주는 5, 6월에 보증을 서거나 원거리로 나서지 마라.


◈ 369

鬼神-官-文書. 관재구설수(官災口舌數)다.

부질없는 고집과 배짱이 생긴다. 무리하지 마라. 새로운 사람과의 관계에서 구설에 오를 수 있으니 매사 겸손하고 이해하는 여유를 가져라.

2월에 만난 사람이 삼각관계이면 이때에 헤어진다.

## ◈ 775

病/退食－病/退食－驚破.

평생기본수 7이 연이어 77이 들어올 때는 718의 10월 11월, 그리고 775의 1월 2월, 797의 1월부터 5월까지다. 건강이 대단히 나쁠 때다.

주도수 1(水)와 77(火火)은 상극이다. 水克火로서 울화병(鬱火病)이 도진다. 生이 되어도 감기몸살을 앓고 지나간다.

내년은 729로서 가장 나쁜 해다. 올해에 대학 진학을 하지 못하면 내년에는 성적이 더 나빠진다.

## ❀ 7-2-9(病/退食-變化-文書)

주도수 2는 변화(變化)다. 수리의 등급은 CC급이다.

평생기본수 7인 사람의 그해를 주도하는 숫자 2는 변화와 변동을 뜻한다.

평생기본수 7은 의리와 신의가 있으며 사내다운 면이 있으나 인덕(人德)이 없다. 부모 형제와 화합을 이루지 못하고 주위 사람들과도 마찬가지다. 재물 또한 부족하게 살며, 대체로 전문 직업에 종사한다.

이해는 한 해 내내 되는 일이 없다. 최악의 상태가 계속된다. 모든 일이 퇴보하고 의식주가 불안정하며 심리는 공황 상태다.

학생은 문제만 일으키시 않으면 다행이다. 직장인은 직장에서 나오려고 한다. 사업자는 적자를 면하지 못하고 채무에 시달린다. 가정주부는 히스테리 형상을 나타내고 부부 관계가 불안해진다. 노인은 변덕을 부리고 망령기를 드러낸다.

이해에는 가만히 있는 것이 상책이다. 81개 수리 중 가장 나쁜 수리 중 하나다.


평생운이 729인 사람은 일생이 어렵다. 아래 구절을 읽어 주어라.


**破運別親 災禍重 百事不全 不如意**(파운별친 재화중 백사불전 불여의)
재화가 겹겹하고 파 운에 별친까지, 백가지 일을 해도 이루어짐은 전혀 없고


**病弱短命 孤寡愁 一生不安 陷逆境**(병약단명 고과수 일생불안 함역경)
병들고 단명한데 과부가 웬 말인가. 한평생 어두운데 고초만 깊어진다.

| CC7 | | 2 | | 9 | |
|---|---|---|---|---|---|
| 病(退食) | 火 | 變化 | 火 | 文書 | 金 |
| 7 | | 2 | | 9 | |
| 病(退食) | 火 | 變化 | 火 | 文書 | 金 |
| 7 | | 2 | | 9 | |
| 病(退食) | 火 | 變化 | 火 | 文書 | 金 |
| 3 | | 6 | | 9 | |
| 鬼神 | 木 | 官 | 水 | 文書 | 金 |

| 日支別 吉凶月 | | | | | |
|---|---|---|---|---|---|
| 寅 | | 卯 | | 辰 | |
| 吉<br>1-5-9 | 凶<br>4-7-8-10 | 吉<br>2-6-9-10 | 凶<br>3-5-7-8-11 | 吉<br>3-7-8-11 | 凶<br>2-9-10-12 |
| 巳 | | 午 | | 未 | |
| 吉<br>4-8-12 | 凶<br>1-7-9-10 | 吉<br>1-5-6-9 | 凶<br>2-11-12 | 吉<br>2-5-6-10 | 凶<br>9-11-12 |
| 申 | | 酉 | | 戌 | |
| 吉<br>3-7-11 | 凶<br>1-2-4-10 | 吉<br>3-4-8-12 | 凶<br>1-2-9-11 | 吉<br>1-2-5-9 | 凶<br>3-4-6-8-12 |
| 亥 | | 子 | | 丑 | |
| 吉<br>2-6-10 | 凶<br>1-3-4-7 | 吉<br>3-7-11-12 | 凶<br>2-5-6-8 | 吉<br>4-8-11-12 | 凶<br>3-5-6-9 |

## ◆ 729

病/退食－變化－文書. 오방산신난동수(五方山神亂動數)다.

9개월 동안 오방산신난동수다. 그다음 3개월은 관재구설수다. 이런 해
는 경험하지 못한 사람들은 얼마나 피해가 큰지 모른다. 1년 내내 건강이
쇠해지고 정신적으로 불안하며 현실에서 도피하고 싶다. 울고 싶고, 잠수
타고 싶고, 심지어 자살 충동에 빠질 수도 있다.


## ◆ 729

病/退食－變化－文書. 오방산신난동수(五方山神亂動數)다.

건강이 나빠지며 변화 변동을 하면 문서에 관한 나쁜 일만 발생한다. 건
강 문제와 변화가 동시에 일어난다.

寅, 申, 巳, 亥 일주는 건강이 악화된다.

子, 午, 卯, 酉 일주는 변화·변동하지 말고 현실에 만족하라.

辰, 戌, 丑, 未 일주는 문서에 관한 일에 신중을 기하라.


## ◆ 729

病/退食－變化－文書. 오방산신난동수(五方山神亂動數)다.

대입준비생의 경우 작년 718에 실패했다면 올해도 마찬가지로 실패한
다. 졸업반 학생은 졸업만 해도 다행이다. 이때의 악몽(惡夢) 같은 일들이
평생토록 꿈에서 자주 나타나다. 이때에 가출하면 올해 안에 집으로 돌아
오지 못한다.

자식이 軍 복무 중인 부모는 면회를 가서 다독거리고 위로해 주어라.

직장인과 사업자는 이때 위법 탈법 행위를 저지르면 큰일 난다.

사업자는 자본금을 잠식당하고 거덜 날 수 있다. 집안이 풍비박산 난다.


◈ 369

鬼神−官−文書. 관재구설수(官災口舌數)다.

이해에는 산전수전 다 겪는다. 시비, 다툼, 조사, 소송은 불리하다. 원만하게 해결하라. 대체로 이런 해의 재판 판결은 다음 해로 미루어야 한다.

午, 未 일주가 이때에 변화·변동하면 길거리로 나앉는다.

## ⊛ 7-3-1(病/退食-鬼神-新生)

주도수 3은 귀신(鬼神)이다. 수리의 등급은 B급이다.

평생기본수 7인 사람의 그해를 주도하는 숫자 3은 鬼神이 발동한다는 뜻이다.

평생기본수 3, 5, 7인 사람은 주도수가 3(鬼神) 또는 5(驚破)일 때 나쁘지 않다.

평생기본수 3인 사람은 주도수 3일 때는 A급이며 5일 때는 AA급이다.

평생기본수 5인 사람은 주도수 3일 때는 A급이며 5일 때는 B급이다.

평생기본수 7인 사람은 주도수 3일 때는 B급이며 5일 때는 AA급이다.

주도수가 3일 때는 모든 사람들이 심리적으로 불안하며 갈등하고 장래에 대한 걱정이 앞선다. 내담자를 위로하고 격려하라. 세상 사람들이 걱정하는 미래에 대한 문제가 실제로 발생하는 경우는 10% 정도에 지나지 않는다.

**[예시] 여자 양력 1989년 1월 19일 巳時生. 공기업 사원**

- ✓ 목적사: 직장 내 왕따 및 이직 상담.
- ✓ 해설: 己卯일주 평생기본수 7, 주도수 3, 상담 시 수리는 731. 작년은 1년 내내 729 오방산신난동수와 369 관재구설이었으며 현재 수리는 731로서 1이 합이 되어 이직할 수 있다. 새로운 직장이 생길 때이므로 이직을 적극 권유하였다.
- ✓ 결론: 9월에 새 직장을 구했다.

\* 상세한 사주 및 수리풀이는 〈나는 역학이다〉 강의 동영상을 참조하십시오.

| B7 | | 3 | | 1 | |
|---|---|---|---|---|---|
| 病(退食) | 火 | 鬼神 | 木 | 新生 | 水 |
| 8 | | 4 | | 3 | |
| 財物 | 木 | 安定 | 金 | 鬼神 | 木 |
| 2 | | 7 | | 9 | |
| 變化 | 火 | 病(退食) | 火 | 文書 | 金 |
| 8 | | 5 | | 4 | |
| 財物 | 木 | 驚破 | 土 | 安定 | 金 |

| 日支別 吉凶月 | | | | | |
|---|---|---|---|---|---|
| 寅 | | 卯 | | 辰 | |
| 吉 | 凶 | 吉 | 凶 | 吉 | 凶 |
| 1-5-9 | 4-7-8-10 | 2-6-9-10 | 3-5-7-8-11 | 3-7-8-11 | 2-9-10-12 |
| 巳 | | 午 | | 未 | |
| 吉 | 凶 | 吉 | 凶 | 吉 | 凶 |
| 4-8-12 | 1-7-9-10 | 1-5-6-9 | 2-11-12 | 2-5-6-10 | 9-11-12 |
| 申 | | 酉 | | 戌 | |
| 吉 | 凶 | 吉 | 凶 | 吉 | 凶 |
| 3-7-11 | 1-2-4-10 | 3-4-8-12 | 1-2-9-11 | 1-2-5-9 | 3-4-6-8-12 |
| 亥 | | 子 | | 丑 | |
| 吉 | 凶 | 吉 | 凶 | 吉 | 凶 |
| 2-6-10 | 1-3-4-7 | 3-7-11-12 | 2-5-6-8 | 4-8-11-12 | 3-5-6-9 |

◈ 731

病/退食-鬼神-新生.

평생기본수 7수리는 주도수가 3일 때에 여유를 가져야 한다.

작년의 대흉운(大凶運)을 보상받는 때가 올해부터 3년간이다. 3월의 1이 生이 되면 나에게 큰 도움을 주는 귀인(貴人)으로 해석하고, 剋이 되면 나에게 큰 해로움을 끼치는 사기꾼과 같은 존재다. 이때 새로이 만난 사람은 279 가을에 인연이 끝나는 안타까운 이성이다.


◈ 843

財物-安定-鬼神.

재물이 들어오니 마음이 안정된다. 과욕을 삼가하고 상식선에서 움직여라.

이해에 3이 들어오는 달은 천간지지의 생극제화를 모두 풀이해라.

성묘를 하고, 혹시 가지 못하면 조상과 부모가 있는 방향으로 기도를 하라.

子 일주는 2월의 3(鬼神)과 6월의 3(鬼神)이 모두 剋이 된다. 3월의 1로 인하여 귀신 곡할 일들이 일어난다.


◈ 279

變化-病/退食-文書. 오방산신난동수(五方山神亂動數)다.

4월이 剋이 되는 寅, 申, 巳, 亥 일주는 움직이지 마라.

5월이 剋이 되는 子, 午, 卯, 酉 일주는 여름 감기라도 않는다.

6월이 剋이 되는 辰, 戌, 丑, 未 일주는 금융 문서로 인하여 사기당한다.

寅, 卯 일주는 변화로 인하여 건강이 나빠지고 의욕이 상실된다. 현재의 위치에서 움직이지 말고 안정과 여유를 가져라.

### ◈ 854

財物-驚破-安定.

生이 되면 729에 갇혀 있었던 능력을 제대로 발휘할 수 있다. 조상이 돌보아 주므로 보다 적극적으로 나서라. 재물이 들어오고 안정이 된다.

11월이 尅이 되는 卯, 午, 未, 酉 일주는 크게 놀라고 하던 일이 중단된다.

## ⑧ 7-4-2(病/退息-安定-變化)

주도수 4는 안정(安定)이다. 수리의 등급은 A급이다.

평생기본수 7인 사람의 그해를 주도하는 숫자 4는 安定과 여유다.

7 수리는 742, 753일 때에 2년 연속 운이 吉하다. 여유와 안정을 취하며 목적한 바를 달성하기 좋은 때다.

현대의 점사(占辭)는 사회심리적인 요소가 많다. 심리적으로 불안하지 않는 사람이 없을 정도이므로 질문자와 응답자가 서로 이해의 공감대를 가져야 한다. 상담을 해주는 우리는 늘 깨끗하고 순수한 마음을 갖추어야 하며, 내담자에 대해 따뜻한 이해와 배려심을 가져야 한다.

"태어난 時가 언제죠?"라고 물었는데 "키가 160㎝예요."라고 답을 할 만큼 철학관이라는 곳을 처음 오는 손님도 많다. 긴장하고 불안하다.

나는 내담자에게 항상 이렇게 문답을 시작한다. "사주팔자는 좋은 팔자, 나쁜 팔자가 없습니다. 사주팔자의 장점과 단점만이 있을 뿐입니다."

**[예시] 여자 음력 1961년 1월 23일 生. 자영업자**

✓ 목적사: 음식집 개업 상담.

✓ 해설: 辛卯 일주 평생기본수 7, 주도수 4, 상담 시 수리는 742. 올해 수리는 A급이며 내년은 AA급이다. 卯 편재의 십이운성은 쇠지-왕지-록지로 흘러간다. 사업을 못할 이유가 없다.

✓ 결론: 개업을 적극 권유였는데 사업이 번창하여 이듬해에 분점(分店)을 개설했다.

* 상세한 사주 및 수리풀이는 〈나는 역학이다〉 강의 동영상을 참조하십시오.

| A7 | | 4 | | 2 | |
|---|---|---|---|---|---|
| 病(退食) | 火 | 安定 | 金 | 變化 | 火 |
| 9 | | 6 | | 6 | |
| 文書 | 金 | 官 | 水 | 官 | 水 |
| 6 | | 3 | | 9 | |
| 官 | 水 | 鬼神 | 木 | 文書 | 金 |
| 4 | | 4 | | 8 | |
| 安定 | 金 | 安定 | 金 | 財物 | 木 |

| 日支別 吉凶月 | | | | | |
|---|---|---|---|---|---|
| 寅 | | 卯 | | 辰 | |
| 吉 1-5-9 | 凶 4-7-8-10 | 吉 2-6-9-10 | 凶 3-5-7-8-11 | 吉 3-7-8-11 | 凶 2-9-10-12 |
| 巳 | | 午 | | 未 | |
| 吉 4-8-12 | 凶 1-7-9-10 | 吉 1-5-6-9 | 凶 2-11-12 | 吉 2-5-6-10 | 凶 9-11-12 |
| 申 | | 酉 | | 戌 | |
| 吉 3-7-11 | 凶 1-2-4-10 | 吉 3-4-8-12 | 凶 1-2-9-11 | 吉 1-2-5-9 | 凶 3-4-6-8-12 |
| 亥 | | 子 | | 丑 | |
| 吉 2-6-10 | 凶 1-3-4-7 | 吉 3-7-11-12 | 凶 2-5-6-8 | 吉 4-8-11-12 | 凶 3-5-6-9 |

◈ 742

病/退食-安定-變化.

주도수 4는 안정이다. 이해에는 마음이 안정되고 실리를 추구할 수 있다. 여유를 가지고 성급하게 나서지 말고 하나하나 매듭을 풀듯이 일을 추진하라. 이해에는 A급이므로 剋이 되어도 별로 나쁘지 않다.

戌, 亥 일주는 3월에 변화하지 마라. 문서적으로 불리하고 이때에 벌인 일로 인하여 가을에 문제가 발생한다.


◈ 966

文書-官-官. 명예수(名譽數) 행운수(幸運數)다.

주위의 모든 사람들이 나를 도와준다. 목표를 세우고 일을 적극적으로 추진하라. 합격, 취업, 승진 등 명예로운 결과를 낳는다.

生과 剋을 잘 가려서 剋이 되면 움직이지 마라. 절도왕 신OO은 전국을 도망 다니다가 이때 검거되었다.


◈ 639

官-鬼神-文書. 관재구설수(管財口舌數)다.

生이 되면 명예 상승의 시기다.

剋이 되면 관재구설을 당한다. 상반기 6개월 동안에 일을 저지르면 이때에 관재구설에 오른다. 특히 子, 午, 卯, 酉 일주는 조심하고 주위의 사람들과 반목하지 마라.

## ◈ 448

安定-安定-財物.

주도수 4 그리고 44가 연이어 들어온다. 한 해 중에서 가장 좋을 시기다. 안정되고 여유로운 자세로 모든 일을 행동으로 옮겨 실천하라. 고집과 과욕을 버리고 현실에 순응하면 안정이 되고 돈이 들어온다. 변화·변동은 하지 마라.

辰, 巳, 午, 未 일주는 주위 사람들의 문제에 가담하다가 문서로 인하여 불안해지고 돈이 나간다.

## ❀ 7-5-3 (病/退食-驚破-鬼神)

주도수 5는 경파(驚破)다. 수리의 등급은 AA급이다.

평생기본수 7인 사람의 그해를 주도하는 숫자 5는 驚破다. 글자의 뜻은 정신적·물질적으로 별안간 충격을 받아 타격을 받고 깜짝 놀란다는 뜻이지만, 평생기본수 7수리는 이때가 좋다. 너무 좋아 놀란다고 해석하라.

4월부터 9월까지 189 189 대길운(大吉運)이다.

이해에는 분위기 쇄신(刷新)을 하면 좋다. 집 안의 벽지를 바꾸거나 화분을 바꾸는 것이 좋다. 자녀들의 방을 서로 바꾸는 것도 바람직하다.

㈜호텔 농심에서 운영하는 부산 동래 허심청에서는 일정기간이 되면 남탕과 여탕의 위치를 서로 바꾸는 사례가 있다.

10월부터 12월까지 933 상문살을 조심한다.

---

**[예시] 남자 음력 1963년 6월 27일 酉時 生. 대학 교수**

✓ 목적사: 대학 학장 출마 상담.

✓ 해설: 辛卯 일주 평생기본수 7, 주도수 5, 상담 시 수리는 753. 2011년 수리 718 때에 방문하여 벤처기업 창업 상담을 하였는데 당시 몇 년을 기다려하고 했지만 말 안 듣고 창업하여 왕창 말아먹었다고 한다.

✓ 결론: 수리는 좋으나 학장 출마는 만류하였다. 이 사람은 대학교수로서 성공하는 팔자가 아니기 때문이다.

* 상세한 사주 및 수리풀이는 〈나는 역학이다〉 강의 동영상을 참조하십시오.

| AA7 | | 5 | | 3 | |
|---|---|---|---|---|---|
| 病(退食) | 火 | 驚破 | 土 | 鬼神 | 木 |
| 1 | | 8 | | 9 | |
| 新生 | 水 | 財物 | 木 | 文書 | 金 |
| 1 | | 8 | | 9 | |
| 新生 | 水 | 財物 | 木 | 文書 | 金 |
| 9 | | 3 | | 3 | |
| 文書 | 金 | 鬼神 | 木 | 鬼神 | 木 |

| 日支別 吉凶月 | | | | | |
|---|---|---|---|---|---|
| 寅 | | 卯 | | 辰 | |
| 吉<br>1-5-9 | 凶<br>4-7-8-10 | 吉<br>2-6-9-10 | 凶<br>3-5-7-8-11 | 吉<br>3-7-8-11 | 凶<br>2-9-10-12 |
| 巳 | | 午 | | 未 | |
| 吉<br>4-8-12 | 凶<br>1-7-9-10 | 吉<br>1-5-6-9 | 凶<br>2-11-12 | 吉<br>2-5-6-10 | 凶<br>9-11-12 |
| 申 | | 酉 | | 戌 | |
| 吉<br>3-7-11 | 凶<br>1-2-4-10 | 吉<br>3-4-8-12 | 凶<br>1-2-9-11 | 吉<br>1-2-5-9 | 凶<br>3-4-6-8-12 |
| 亥 | | 子 | | 丑 | |
| 吉<br>2-6-10 | 凶<br>1-3-4-7 | 吉<br>3-7-11-12 | 凶<br>2-5-6-8 | 吉<br>4-8-11-12 | 凶<br>3-5-6-9 |

◈ 753

病/退食-驚破-鬼神. 대흉수(大凶數)다.

주도수 5는 경파다. 주도수 5일 때는 사람들이 앞뒤를 가리지 않고 덤벼든다. 이해는 1월, 2월, 3월만 잘 넘기면 된다. 대체로 과신과 과욕 때문에 탈이 난다. 훼이 되면 미혼 여성은 성범죄에 노출된다.

평생기본수 1, 2, 4, 6, 8,은 주도수가 5일 때 아주 나쁘고 평생기본수 3, 5, 7은 運이 좋게 풀린다. 이해에 申, 酉, 戌, 亥 일주는 A급이며 나머지 일주는 AA급이다.


◈ 189

新生- 財物-文書. 대길수(大吉數)다.

모든 측면에서 발전하고 목적한 바를 달성한다. 어렵게 지낸 729때의 흉함을 보상받을 수 있을 때다. 寅, 申, 巳, 亥 일주는 1, 4, 7, 10월을 조심해야 한다. 새로운 일과 새로운 사람 때문에 망친다.

子, 午, 卯, 酉 일주는 2, 5, 8, 11월을 조심해야 한다. 큰 손해를 본다.

辰, 戌, 丑, 未 일주는 3, 6, 9, 12월을 조심해야 한다. 믿었던 문서 때문에 크게 놀란다. 예를 들어 예상과 전혀 다르게 불합격하거나, 건강진단 결과가 나쁘거나, 혼인이 파기되기도 한다.


◈ 189

新生- 財物-文書. 대길수(大吉數)다.

7월의 1이 훼이 되는 사람을 조심하라.

미혼 여성의 경우, 1 숫자가 훼이 되면 원하지 않는 임신을 할 수 있다.

기혼 여성의 경우, 1 숫자가 剋이 되면 유산(流産)을 하거나 인공수정을 해도 실패하더라.

◈ 933

文書-鬼神-鬼神. 상문살(喪門殺)이다.

주도수 5의 33이다. 이때의 상갓집은 정말 조심해야 한다. 生이 되어도 4촌 이외의 상갓집은 부의(賻儀)만 표시하라. 剋이 되면 집안의 노약자가 갑자기 사망하므로 3일장을 제대로 치르지 못한다.

## ❀ 7-6-4(病/退食-官-安定)

주도수 6은 관(官)이다. 수리의 등급은 C급이다.

평생기본수 7인 사람의 그해를 주도하는 숫자 6은 官이다.

올해부터 서서히 運이 기운다. 다음 해 775 역시 C급이다.

올해는 특히 213이 무서운 숫자다. 평생기본수 7수리는 213 때가 729, 753만큼 무서운 숫자다. 상반기 6개월 동안은 모든 일들이 뜻대로 되지 않는다. 내일을 기약하고 현실에 충실해야 한다.

이해의 특징은 주부의 경우는 임신이 잘 되지 않는다. 이해에 인공수정을 성공하는 사람이 없다.

또한 이해에 출산을 하면 대체로 여아가 많으며 부모복이 없다. 조실부모(早失父母), 즉 부모가 일찍 이혼·별거하거나 부모가 있어도 성장기 학업에 도움을 받지 못한다.

---

**[예시] 여자 양력 1996년 5월 8일 巳時 生. 일반인**

- ✔ 목적사: 2013년에 진학 상담차 어머니가 來訪.
- ✔ 해설: 乙巳 일주 평생기본수 7, 주도수 6, 상담 시 수리는 764. 2013년 고 2학년 C급, 2014년 고 3학년 C급. 결코 바라는 대학교로 진학하지 못한다. 火와 관련되거나 말로 먹고사는 학과를 선택하고 12월, 1월에 아플 수 있으니 조심하라고 일러 주었다.
- ✔ 결론: 9년 후 2022년 2월에 어머니와 함께 개명 상담차 내방. 대학은 미용학과로 진학하였으며 현재 숭O대학 석사 과정 졸업 예정, 기업체에서 미용강사로 활동 중이며 모교에서 강사 제의가 왔다고 한다. 9년 전 겨울에 장(腸) 수술을 하였다고 한다.

\* 상세한 사주 및 수리풀이는 〈나는 역학이다〉 강의 동영상을 참조하십시오.

| C7 | | 6 | | 4 | |
|---|---|---|---|---|---|
| 病(退食) | 火 | 官 | 水 | 安定 | 金 |
| 2 | | 1 | | 3 | |
| 變化 | 火 | 新生 | 水 | 鬼神 | 木 |
| 5 | | 4 | | 9 | |
| 驚破 | 土 | 安定 | 金 | 文書 | 金 |
| 5 | | 2 | | 7 | |
| 驚破 | 土 | 變化 | 火 | 病(退食) | 火 |

| 日支別 吉凶月 | | | | | |
|---|---|---|---|---|---|
| 寅 | | 卯 | | 辰 | |
| 吉 | 凶 | 吉 | 凶 | 吉 | 凶 |
| 1-5-9 | 4-7-8-10 | 2-6-9-10 | 3-5-7-8-11 | 3-7-8-11 | 2-9-10-12 |
| 巳 | | 午 | | 未 | |
| 吉 | 凶 | 吉 | 凶 | 吉 | 凶 |
| 4-8-12 | 1-7-9-10 | 1-5-6-9 | 2-11-12 | 2-5-6-10 | 9-11-12 |
| 申 | | 酉 | | 戌 | |
| 吉 | 凶 | 吉 | 凶 | 吉 | 凶 |
| 3-7-11 | 1-2-4-10 | 3-4-8-12 | 1-2-9-11 | 1-2-5-9 | 3-4-6-8-12 |
| 亥 | | 子 | | 丑 | |
| 吉 | 凶 | 吉 | 凶 | 吉 | 凶 |
| 2-6-10 | 1-3-4-7 | 3-7-11-12 | 2-5-6-8 | 4-8-11-12 | 3-5-6-9 |

## ◈ 764

病/退食-官-安定. 주도수 6은 官이다.

상반기 6개월은 生이든 剋이든 모두 어렵다. 대단히 나쁜 수리다.

대체로 C급 또는 CC급일 때에는 제대로 되는 일이 없다. 가정, 학교, 직장 사업체에서 누구든지 자그마한 문제라도 발생한다.

평생기본수 7수리 특유의 고집스러운 성격 때문에 스스로 화를 자초하는 경우가 많다.


## ◈ 213

變化-新生-鬼神. 이별수(離別數)다.

7수리에게는 213 숫자가 亡한다는 의미다. 배우자, 동료, 동업자, 친구 등 주위의 사람들이 등을 돌리고 원수로 변한다.

학생은 이성에 눈을 뜨며 이성 교제로 세월을 눕힌다. 기혼자는 집밖의 이성을 만나 바람나거나 가출한다. 직장인은 스스로 직장을 차고 나와 실업자가 된다. 자기편이 없다. 집안의 노약자는 사망한다.

노회찬은 이해 6월에 자살하였다.


## ◈ 549

驚破-安定-文書. 무난수(無難數)다.

이때는 다소 여유가 생기고 안정이 된다. 글자 그대로 무난하게 지나게 된다. 주위 사람들에게 감정적이며 과격한 언행은 삼가고 인간관계를 다져 나가라.

◈ 527

驚破-變化-病/退食.

주도수 6(水)과 2(火) 7(火)이 훼이 되면 진단서다. 비뇨기 계통의 질환이다.

11월은 원거리 여행에서 교통사고가 발생한다.

12월부터 내년 2월까지 777이다. 위중한 질병에 노출된다. 미리 종합진단을 받아 보라.

## ❀ 7-7-5(病/退食-病/退食-驚破)

주도수 7은 병(病)이다. 수리의 등급은 C급이다.

평생기본수 7인 사람의 그해를 주도하는 숫자 7은 病이다.

지난해 12월부터 2월까지 777이다.

주도수 7은 학생은 학업 성적이 떨어지고, 직장인은 변화를 꾀하려 하지만 뜻을 이루지 못한다. 일반인은 매사에 의욕이 없어지고 활동이 침체되며 건강마저 나빠진다. 이해에는 아무 문제없이 넘어가는 것이 다행이다.

가장 많이 적용하는 것은 건강, 질병, 입원, 수술 등이다. 生이 되어도 가벼운 감기라도 앓게 되며 剋이 되면 입원, 수술 등 일상의 생활이 중단되는 결과를 초래한다.

이해는 사람이 늙는다. 없었던 새치가 생기고 오랫동안 보지 못했던 사람을 만나면 자신이 부쩍 더 늙었다는 것을 알게 된다.

---

**충(沖), 형(刑), 파(破), 해(害), 원진(元嗔)의 해석**

沖은 충돌, 싸움, 분리, 파멸, 사망

刑은 형벌, 고소, 고발, 사고, 재판, 구속

破는 파괴, 망치다, 깨트리다, 이별, 이혼, 분리, 분가, 가출

害는 해로움, 손해, 상해, 폭행, 치사, 사기

元嗔은 멀리 떠나감, 갈등, 도피, 누명, 억울함 등의 단어를 통변해 사용한다.

| C7 | 7 | 5 |
|---|---|---|
| 病(退食) 火 | 病(退食) 火 | 驚破 土 |
| 3 | 3 | 6 |
| 鬼神 木 | 鬼神 木 | 官 水 |
| 9 | 9 | 9 |
| 文書 金 | 文書 金 | 文書 金 |
| 1 | 1 | 2 |
| 新生 水 | 新生 水 | 變化 火 |

## 日支別 吉凶月

| 寅 | | 卯 | | 辰 | |
|---|---|---|---|---|---|
| 吉 | 凶 | 吉 | 凶 | 吉 | 凶 |
| 1-5-9 | 4-7-8-10 | 2-6-9-10 | 3-5-7-8-11 | 3-7-8-11 | 2-9-10-12 |
| 巳 | | 午 | | 未 | |
| 吉 | 凶 | 吉 | 凶 | 吉 | 凶 |
| 4-8-12 | 1-7-9-10 | 1-5-6-9 | 2-11-12 | 2-5-6-10 | 9-11-12 |
| 申 | | 酉 | | 戌 | |
| 吉 | 凶 | 吉 | 凶 | 吉 | 凶 |
| 3-7-11 | 1-2-4-10 | 3-4-8-12 | 1-2-9-11 | 1-2-5-9 | 3-4-6-8-12 |
| 亥 | | 子 | | 丑 | |
| 吉 | 凶 | 吉 | 凶 | 吉 | 凶 |
| 2-6-10 | 1-3-4-7 | 3-7-11-12 | 2-5-6-8 | 4-8-11-12 | 3-5-6-9 |

## ◈ 775

病/退食-病/退食-驚破.

주도수 7은 病이다. 한 해 내내 의욕이 상실되고 무기력하며 건강상 문제가 발생한다. 이해에는 건강을 조심해야 한다. 이해에 건강을 잃으면 모든 것을 내려놓아야 한다. 이해는 주로 혈액순환계 심장, 소장, 암, 시력에 관한 질병이 도진다. 辰, 戌, 丑, 未 일주는 건강 때문에 크게 놀라고 당황한다.

올해도 작년처럼 자기 뜻대로 되지 않는다. 될 듯하다가 제자리로 돌아온다.


## ◈ 336

鬼神-鬼神-官.

77숫자와 33숫자가 연속된다. 귀신 붙은 문서다. 고소 고발장, 출두서, 계고장, 진단서 등 깜짝 놀랄 서류가 된다. 5, 6월이 剋이 되는 亥, 子, 丑 일주는 갑자기 중병(重病)이 발견된다. 직장인은 이때에 직장에서 퇴사당한다. 직장에서 나오면 실업자다. 이때에는 휴업 또는 휴가를 하는 것이 낫다. 6월까지는 개고생이다.


## ◈ 999

文書-文書-文書. 여행수(旅行數)다.

3 6 숫자의 生, 剋을 잘 따져 보라.

剋이 되면 7~999는 진단서다. 3~999는 중풍이다. 풍이 들어오면 ㄴ, ㄷ, ㄹ, ㅌ 글자로 상호가 시작하는 병원을 찾아라. 그렇지 않으면 생고생한다.

生이 되면 6~999은 여행수다. 여행수에는 잠시라도 떠나는 것이 바람직하다. 나는 999일 때에 깊은 산중의 사찰로 템플스테이를 하러 간다.


◈ 112

新生-新生-變化.

캄캄한 터널을 빠져나오듯 새로운 기운이 들어온다.

새로운 사람과 새로운 일은 활력이 된다. 1이 生이 되면 새로운 이성을 만나지만 될 듯 말 듯 더디게 진행된다. 10월, 11월에 1이 훼이 되면 배우자가 바람나거나 자기가 바람난다. 심지어 같이 바람나는 부부도 있다.

## ❀ 7-8-6(病/退食-財物-官)

주도수 8은 재물(財物)이다. 수리의 등급은 A급이다.

평생기본수 7인 사람의 그해를 주도하는 숫자 8은 財物이다.

주도수가 8인 때에는 한 해 내내 돈에 관한 사연이다.

786은 길운이다. 이해는 큰 문제없이 넘어간다. 生이 되면 아주 좋다.

명예 상승, 투자 이익 회수, 임신 등 좋은 일만 생긴다. 형, 충, 파, 해,

원진이 되어도 큰 문제가 없다.

### 내방객 태도(來訪客 態度)

業을 하다 보면 별별 손님이 다 있다. 나는 가끔 상담을 중단하고 내방객을 내보내는 경우가 있다.

첫째, 아무 목적사 없이 인생 상담을 요청하며 끝임없이 질문을 하는 경우.

둘째, 말과 태도와 옷차림이 매우 불손할 경우.

셋째, 사주명리학을 배웠다며 이것저것 아는 척하며 깐죽거릴 경우.

넷째, 상담 도중 "아닌데요? 틀리는데요?"라고 2번 이상 부정적인 태도를 보이는 경우.

다섯째, 시중의 철학관에서 상담을 빙자하여 염탐하러 왔을 경우다.

이런 내방객은 상담을 해줘도 결과에 만족하지 않는다. 내가 내보내지 않으면 언제 어디서든 역학자인 여러분들을 점쟁이 취급하며 나쁜 버릇이 발동할 것이다.

또한 나는 내방객들에게 상담 내용을 녹음해 가도록 권한다. 나는 내가 한 말에 책임을 질 수 있기 때문이다.

| A7 | | 8 | | 6 | |
|---|---|---|---|---|---|
| 病(退食) | 火 | 財物 | 木 | 官 | 水 |
| **4** | | **5** | | **9** | |
| 安定 | 金 | 驚破 | 土 | 文書 | 金 |
| **4** | | **5** | | **9** | |
| 安定 | 金 | 驚破 | 土 | 文書 | 金 |
| **6** | | **9** | | **6** | |
| 官 | 水 | 文書 | 金 | 官 | 水 |

## 日支別 吉凶月

| 寅 | | 卯 | | 辰 | |
|---|---|---|---|---|---|
| 吉 | 凶 | 吉 | 凶 | 吉 | 凶 |
| 1-5-9 | 4-7-8-10 | 2-6-9-10 | 3-5-7-8-11 | 3-7-8-11 | 2-9-10-12 |
| 巳 | | 午 | | 未 | |
| 吉 | 凶 | 吉 | 凶 | 吉 | 凶 |
| 4-8-12 | 1-7-9-10 | 1-5-6-9 | 2-11-12 | 2-5-6-10 | 9-11-12 |
| 申 | | 酉 | | 戌 | |
| 吉 | 凶 | 吉 | 凶 | 吉 | 凶 |
| 3-7-11 | 1-2-4-10 | 3-4-8-12 | 1-2-9-11 | 1-2-5-9 | 3-4-6-8-12 |
| 亥 | | 子 | | 丑 | |
| 吉 | 凶 | 吉 | 凶 | 吉 | 凶 |
| 2-6-10 | 1-3-4-7 | 3-7-11-12 | 2-5-6-8 | 4-8-11-12 | 3-5-6-9 |

### ◆ 786

病/退食-財物-官.

주도수 8은 재물이다. 한 해 내내 재물에 대한 욕심으로 동분서주해진다. 일지에 편재(偏財)가 놓이는 사람은 행동이 민첩하고 이재에 밝다. 1월에는 피로와 과로로 인하여 짜증이 나고 스트레스가 쌓인다.

이때에는 노력한 만큼 대가가 따라오므로 최선을 다해야 한다. 2월, 3월은 재물과 명예가 상승하는 구간이다.


### ◆ 459

安定-驚破-文書. 무난수(無難數)다.

안정과 여유 속에서 자기의 능력을 발휘하라. 직장인은 업무가 수월해지고 승급, 승진 등의 행운이 따른다. 生이 될 때는 대단히 좋다.


### ◆ 459

安定-驚破-文書. 무난수(無難數)다.

돈에 대한 욕심 때문에 자칫 대인관계를 소홀히 할 수 있다. 독단적인 행동은 주위와 충돌한다. 상대에 대한 이해와 배려를 하라. 미루어 오던 일들이 성사된다.

3년 전 753에 매입한 부동산은 이때에 매도한다. 최대 금액은 87이다.


### ◆ 696

官-文書-官. 명예수(名譽數) 행운수(幸運數)다.

이때의 거래는 조금 손해 보듯이 하라. 특히 나보다 위에 놓이거나 규모가 큰 거래처와의 거래는 선물, 접대 등 돈을 써야 한다.

사업자의 경우 사세 확장, 외상 매출, 외상 매입, 재고 누적 등은 심사 숙고해야 한다. 이때 잘못 일을 그르치면 다음 해 797에서 큰 손해를 본다. 새로운 확장, 이전, 모집 등의 일을 벌리지 마라.

## ❀ 7-9-7(病/退食-文書-病/退食)

주도수 9는 문서(文書)다. 수리의 등급은 C급이다.

평생기본수 7인 사람의 그해를 주도하는 숫자 9는 文書다.

숫자9의 주위가 모두 7숫자로 에워싸여 있다.

상반기 6개월의 숫자가 3, 5, 7이다. 상반기 6개월 동안은 어렵다.

작년 786에 무리하게 일을 도모한 사업자는 이때 부도나고 도망간다.
문서에 관한 일들은 뜻을 이루기 어렵다. 결혼, 승진, 이동, 개업, 확장
등은 앞으로 3년간 빛을 보지 못한다.

올해부터 運이 점점 나빠진다. 797, 718, 729까지는 몸을 낮추어야 한다.

평생기본수 7수리의 직업은 이직이 잦고 직업에 대한 충성도가 낮은 사
람들이 많다. 또한 직업병에 잘 노출된다.

---

**[예시] 여자 양력 1993년 7월 27일 巳時 生. 일반인**

✓ 목적사: 동생이 개명하는데 따라와서 직장이동을 상담.

✓ 해설: 己酉 일주 평생기본수 7, 주도수 9, 상담 시 수리는 797. 금융기관
에 근무 중. 올해는 직장이동이 어려우며 5월까지 드러눕지 않으면 다행
이라고 설명하였다.

✓ 결론: 올해 3월에 서울 신림동 소재 보OO병원에서 수술 예정이라며 맞힌
것에 놀라워하며, 동생과 같이 개명을 요청하였다. 10만 원짜리 손님이
60만 원짜리 손님으로 바뀌는 실례이다.

\* 상세한 사주 및 수리풀이는 〈나는 역학이다〉 강의 동영상을 참조하십시오.

| 07 | | 9 | | 7 | |
|---|---|---|---|---|---|
| 病(退食) | 火 | 文書 | 金 | 病(退食) | 火 |
| 5 | | 7 | | 3 | |
| 驚破 | 土 | 病(退食) | 火 | 鬼神 | 木 |
| 8 | | 1 | | 9 | |
| 財物 | 木 | 新生 | 水 | 文書 | 金 |
| 2 | | 8 | | 1 | |
| 變化 | 火 | 財物 | 木 | 新生 | 水 |

| 日支別 吉凶月 | | | | | |
|---|---|---|---|---|---|
| 寅 | | 卯 | | 辰 | |
| 吉 | 凶 | 吉 | 凶 | 吉 | 凶 |
| 1-5-9 | 4-7-8-10 | 2-6-9-10 | 3-5-7-8-11 | 3-7-8-11 | 2-9-10-12 |
| 巳 | | 午 | | 未 | |
| 吉 | 凶 | 吉 | 凶 | 吉 | 凶 |
| 4-8-12 | 1-7-9-10 | 1-5-6-9 | 2-11-12 | 2-5-6-10 | 9-11-12 |
| 申 | | 酉 | | 戌 | |
| 吉 | 凶 | 吉 | 凶 | 吉 | 凶 |
| 3-7-11 | 1-2-4-10 | 3-4-8-12 | 1-2-9-11 | 1-2-5-9 | 3-4-6-8-12 |
| 亥 | | 子 | | 丑 | |
| 吉 | 凶 | 吉 | 凶 | 吉 | 凶 |
| 2-6-10 | 1-3-4-7 | 3-7-11-12 | 2-5-6-8 | 4-8-11-12 | 3-5-6-9 |

◈ 797

病/退食-文書-病/退食.

주도수 9는 文書다. 7(病)이 에워싸는 9(文書)의 형태이므로 병원 의사의 진단서(診斷書)다. 건강이 상실되는 시기이며 자칫 장기간 병원 신세를 질 수 있다. 모든 생활을 건강 유지에 맞추어야 한다.


◈ 573

驚破-病/退食-鬼神. 대흉수(大凶數)다.

정신적 불안과 심리적 갈등이 고조된다. 6월 까지 질병에 쉽게 노출되며, 진단 결과에 깜짝 놀랄 수 있다.

질병뿐만 아니라 가정, 직장, 사업 모든 면에서 최악의 상태다. 가정은 부부 불화가 최고조에 이르러 서로 369, 753, 729에 놓이면 이혼 한다. 직장은 스스로 그만두거나 정리해고 당한다. 작년에 개업한 사업자는 이때 문을 닫고 폐업한다. 집안의 노약자는 질병으로 사망한다.

573에 돈을 빌려주거나 보증을 서면 몽땅 날린다. 돈을 빌려주면 부모 형제든 남이든 돌려받지 못하고 보증선 금액은 자기가 대신 책임져야 한다.


◈ 819

財物-新生-文書. 대길수(大吉數)다.

819는 수리 중에서 가장 좋은 숫자다. 6월부터 비로소 안정이 된다.

그러나 生이 되어도 573 또는 753 뒤에 놓이면 크게 발복하지 않는다. 반길반흉(半吉半凶) 運이다. 吉運이 50% 정도다.

이때에도 剋이 되면 계속 건강 상태를 살펴야 한다. 다시 한 번 질병이

재발할 수 있다.

8월에 生이 되면 도움이 되고 어려운 문제를 해소(解消)해 줄 좋은 귀인을 만난다.

### ◈ 281

變化−財物−新生.

변화 · 변동에 좋은 시기다. 변화로 인하여 돈이 들어오고 좋은 사람을 만난다. 그러나 문서보증, 입회, 담보, 계모임 등은 절대 삼가야 한다.

# 8강 ∿ 평생기본수 8수리

평생기본수 8수리는 태어난 생년월일 중에서 '음력 생월의 숫자 + 음력 생일의 숫자 + 1'을 9진법으로 계산하여 나머지가 1이 되는 사람의 운명이다.

평생기본수 8수리는 주도수에 따라서 819, 821, 832, 843, 854, 865, 876, 887, 898 등 아홉 가지로 분류되며, 대운 9년 기간 내에서 주기적으로 운세가 변화한다.

평생기본수 8수리는 819일 때가 운세가 최고로 상승한 때이며, 843일 때가 운세가 최저로 하락한 때다. 따라서 평생기본수 8수리는 최고점 819와 최저점 843 사이를 오르내리며 운세가 변화한다.

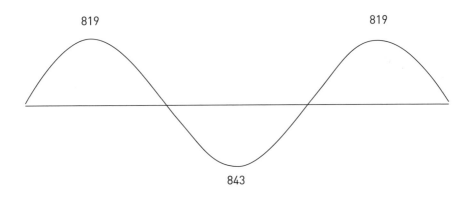

| 수리 | 819 | 821 | 832 | 843 | 854 | 865 | 876 | 887 | 898 |
|------|-----|-----|-----|-----|-----|-----|-----|-----|-----|
| 등급 | AA | C | A | CC | C | A | B | B | A |

AA 가장 좋음, A 좋음, B 보통, C 나쁨, CC 가장 나쁨

## ❀ 8-1-9(財物-新生-文書)

주도수 1은 신생(新生)이다. 수리의 등급은 AA급이다.

이해는 819, 819, 819 大吉運이 9개월간 계속된다. 刑, 沖, 破, 害, 元嗔에 관계없이 모든 일들이 잘 해결된다.

평생기본수 8은 이재(理財)에 밝은 사람이다. 실리적이며 근면 성실하고 활동적이며 정확한 사람이다. 陽干은 통이 크고 돈을 쓸 줄 알지만, 陰干은 짠돌이며 돈을 쓸 줄 모른다.

평생기본수 2 수리는 情이 많은 반면 6, 8 수리는 情이 없다. 부모 형제간에도 돈을 빌려주면 이자를 받는다. 작은 돈에도 목숨을 걸고 돈 때문에 일을 그르친다. 이익에 따라서 움직이며 수중에 돈이 없으면 바깥출입을 하지 않는다.

사람이 잘 따르기 때문에 정치인, 기업인들이 많다. 2021년 기준 우리나라 매출상위 1000대 기업 대표이사 1439명 중 평생기본수 8수리 경영자는 225명이며 호랑이띠는 139명이다. 이는 CEO 중 각각 15.6%와 9.7%에 해당한다.

평생기본수 8수리는 이론과 논리에 밝은 사람들이기 때문에, 상담 시 좀 더 꼼꼼하게 봐 주는 것이 좋다.


**剛情不屈 權威高 健全暢達 除萬難**(강정불굴 권위고 건전창달 제만난)
높은 권위로 굽실대지 않고 강정하니, 건실한 창달로 만난을 물리친다.


**順事謹愼 守溫和 終得榮達 大成業**(순사근신 수온화 종득영달 대성업)
삼가고 온화함으로 일을 처리하니, 끝에 맞이하는 영화가 크고 높구나.

| AA8 | | 1 | | 9 | |
|---|---|---|---|---|---|
| 財物 | 木 | 新生 | 水 | 文書 | 金 |
| 8 | | 1 | | 9 | |
| 財物 | 木 | 新生 | 水 | 文書 | 金 |
| 8 | | 1 | | 9 | |
| 財物 | 木 | 新生 | 水 | 文書 | 金 |
| 6 | | 3 | | 9 | |
| 官 | 水 | 鬼神 | 木 | 文書 | 金 |

| 日支別 吉凶月 | | | | | |
|---|---|---|---|---|---|
| 寅 | | 卯 | | 辰 | |
| 吉<br>1-5-9 | 凶<br>4-7-8-10 | 吉<br>2-6-9-10 | 凶<br>3-5-7-8-11 | 吉<br>3-7-8-11 | 凶<br>2-9-10-12 |
| 巳 | | 午 | | 未 | |
| 吉<br>4-8-12 | 凶<br>1-7-9-10 | 吉<br>1-5-6-9 | 凶<br>2-11-12 | 吉<br>2-5-6-10 | 凶<br>9-11-12 |
| 申 | | 酉 | | 戌 | |
| 吉<br>3-7-11 | 凶<br>1-2-4-10 | 吉<br>3-4-8-12 | 凶<br>1-2-9-11 | 吉<br>1-2-5-9 | 凶<br>3-4-6-8-12 |
| 亥 | | 子 | | 丑 | |
| 吉<br>2-6-10 | 凶<br>1-3-4-7 | 吉<br>3-7-11-12 | 凶<br>2-5-6-8 | 吉<br>4-8-11-12 | 凶<br>3-5-6-9 |

## ◈ 819

財物-新生-文書. 대길수(大吉數)다.

평생기본수 8수리에게는 가장 좋은 해다. 많은 사람이 따르고 돈과 문서적으로 불리할 것이 전혀 없다. 능력을 발휘하고 보다 적극적인 생활 태도가 필요하다. 새로운 이성과의 만남은 순조롭게 진행된다. 사업자는 이해에 신규사원을 모집하라. 좋은 인재가 많이 지원한다.

## ◈ 819

財物-新生-文書. 대길수(大吉數)다.

寅, 申, 巳, 亥 일주는 1월 4월 7월에 돈이 나간다. 돈이 들어와도 곧바로 나가 버리니 남의 돈만 만지는 꼴이다.

子, 午, 卯, 酉 일주는 2월 5월 8월에 나타나는 사람과 새롭게 시작하는 일을 경계하라. 제아무리 A급이라도 숫자가 훼되면 나쁜 쪽으로 운이 흐른다.

辰, 戌, 丑, 未 일주는 3월, 6월, 9월, 12월에 다른 사람과 관련된 문서 서류를 조심하라. 2월과 5월에 만난 사람과의 결혼은 설익었다.

## ◈ 819

財物-新生-文書. 대길수(大吉數)다.

2월과 5월에 새로 만난 사람과 결혼을 하게 된다. 수험생은 합격하고 직장인은 승급, 승진의 기회다. 사업자는 노력한 이상으로 돈을 번다. 이해에 새로운 일을 추구하지 않은 사람은 훗날에 큰 후회를 하게 될 것이다.

## ◈ 639

官-鬼神-文書. 관재구설수(官災口舌數)다.

남의 일에 참견하다 구설에 오르고 시비 다툼이 생긴다.

639에는 기혼자는 이별·이혼·별거가 되며, 미혼자는 사귀는 이성과의 인연이 끝난다. 천운을 다한 사람은 이해처럼 좋은 운에 사망한다. 통일교회로 널리 알려져 있는 세계평화통일가정연합을 창시한 문선명 목사가 그러하다.

1920년 1월 6일 生으로 2012년 9월 3일 死亡하였다. 癸丑 일주인데 일간은 極이 되고 일지는 隔角이 되는 날이었다.

# ❀ 8-2-1 (財物-變化-新生)

주도수 2는 변화(變化)이다. 수리의 등급은 C급이다.

평생기본수 8인 사람의 그해를 주도하는 숫자 2는 변화와 변동을 뜻한다. 이해에는 무엇인가 변화 · 변동하고자 하는 의욕과 욕구가 생긴다.

변화와 변동이 주도수다. 상반기 1월부터 7월까지 7개월 동안은 運이 풀리지 않는다. 중요한 일은 10월 이후로 미루어야 한다.

평생기본수 2수리 중에서 사업자는 주도수 2일 때에 개업, 이전, 확장 등 변화 · 변동을 많이 한다.

이럴 때 상담을 오면 반드시 확인해야 할 부분이 있다. 첫째 사주팔자 원국에서 식상(食傷)과 재성(財星)의 유무(有無)와 세력, 둘째 재성의 12운성이다. 이 두 가지의 조건을 충족하지 못하면 연기하여야 한다.

> **수리역학매화역수의 해설 우선순위**
>
> 수리역학매화역수의 해설은 1, 2, 3, 4, 5, 6, 7, 8, 9 숫자와, 天干과 地支의 生剋制化를 함께 적용한다.
>
> 해설에서 가장 중요한 것은 숫자의 의미다. 두 번째는 특별수리의 의미다. 세 번째는 日柱와 열두 칸의 干支를 서로 대비하는 것이며, 네 번째는 주도수의 五行과 열두 칸의 숫자의 五行을 서로 대비하는 것이다.
>
> 사주팔자 원국과 세운 및 대운의 흐름이 좋아도 수리가 나쁘면 운이 나쁜 것이다. 사주팔자보다 수리를 우선으로 취하라.

| C8 | | 2 | | 1 | |
|---|---|---|---|---|---|
| 財物 | 木 | 變化 | 火 | 新生 | 水 |
| 9 | | 3 | | 3 | |
| 文書 | 金 | 鬼神 | 木 | 鬼神 | 木 |
| 3 | | 6 | | 9 | |
| 鬼神 | 木 | 官 | 水 | 文書 | 金 |
| 2 | | 2 | | 4 | |
| 變化 | 火 | 變化 | 火 | 安定 | 金 |

| 日支別 吉凶月 | | | | | |
|---|---|---|---|---|---|
| 寅 | | 卯 | | 辰 | |
| 吉 | 凶 | 吉 | 凶 | 吉 | 凶 |
| 1-5-9 | 4-7-8-10 | 2-6-9-10 | 3-5-7-8-11 | 3-7-8-11 | 2-9-10-12 |
| 巳 | | 午 | | 未 | |
| 吉 | 凶 | 吉 | 凶 | 吉 | 凶 |
| 4-8-12 | 1-7-9-10 | 1-5-6-9 | 2-11-12 | 2-5-6-10 | 9-11-12 |
| 申 | | 酉 | | 戌 | |
| 吉 | 凶 | 吉 | 凶 | 吉 | 凶 |
| 3-7-11 | 1-2-4-10 | 3-4-8-12 | 1-2-9-11 | 1-2-5-9 | 3-4-6-8-12 |
| 亥 | | 子 | | 丑 | |
| 吉 | 凶 | 吉 | 凶 | 吉 | 凶 |
| 2-6-10 | 1-3-4-7 | 3-7-11-12 | 2-5-6-8 | 4-8-11-12 | 3-5-6-9 |

◈ 821

財物-變化-新生.

변화·변동을 하면 3월의 새로운 사람 또는 새로운 일로 인하여 돈이 나가고 손해를 본다. 이해에는 9가 剋이 되는 사람은 문서와 원거리 여행을 조심하며, 변화·변동하지 말고 가만히 있어라.

1월과 2월이 剋이 되는 申, 酉 일주는 돈으로 인하여 갈등한다. 특히 주식 투자로 큰 손해를 볼 수 있다. 사주팔자에 편재가 없는 사람은 주식해서 손해만 본다. 3월, 4월에 剋이 되는 戌, 亥 일주는 3월의 1을 조심하라. 백해무익(百害無益)한 사람이다.

◈ 933

文書-鬼神-鬼神. 상문살(喪門殺)이다.

子 丑일주 외는 상갓집 방문을 하지 마라.

3월과 4월이 剋이 되는 戌, 亥 일주는 火克金이다. 쌍방과실 교통사고가 발생한다. 집안의 노약자는 사망한다.

333 나쁜 숫자가 연속되어 마음이 불안하고 일이 손에 잡히지 않는다. 특히 주도수 2 변화, 그리고 9 문서에 따라오는 333이다. 이사, 이전, 직업전변, 여행은 절대 하지 않아야 한다.

그러나 33은 주도수와 相生이므로 죽을 만큼 극단적인 재해는 없다.

◈ 369

鬼神-官-文書. 관재구설수(官災口舌數)다.

933-369, 3월부터 9월까지 6개월은 정신적으로 불안할 때다. 부동산

에 관한 사기 사건이 발생한다. 역술인에게는 369 손님이 많이 온다. 神을 섬기는 사람은 이럴 때 기도를 많이 하라.

◈ 224

變化–變化–安定.

주도수 2, 그리고 22 숫자가 연속된다. 변화 · 변동하라. 吉運이 따른다.

이사 · 이동은 일지와의 生尅을 잘 따져라. 이해에 집을 사거나 이사할 때 매매대금은 최소 단위 12부터 최대 단위 82이다. 12월에는 안정이 된다.

## ❀ 8-3-2(財物-鬼神-變化)

주도수 3은 귀신(鬼神)이다. 수리의 등급은 A급이다.

평생기본수 8인 사람의 그해를 주도하는 숫자 3은 鬼神이 발동한다는 뜻이다. 숫자 3은 사람이 죽고 사는 문제다. 그만큼 위험한 숫자다.

평생기본수 3수리는 성격이 시원하다. 거짓말을 못하고 직설적이다.

어려운 문제가 있을 때에 3수리에게 가면 해결책이 있다. 자아(自我)가 강하고 영리하며 영적(靈的)인 면이 있다. 그래서 성직자, 역학인, 무속인이 많다.

평생기본수 3수리의 사주팔자 지지에 戌, 亥, 子, 丑 글자가 두 글자 이상이거나 일지가 편인(偏印)이며 공망(空亡)이 술해(戌亥)이면 역학을 전공하여 크게 성공한다.

832 때에는 사람이 꿈을 자주 꾼다. 이상한 고집을 피우고 남의 말을 잘 받아들이지 않는다.

---

**[예시] 여자 양력 1999년 5월 17일 巳時 生. 연예인 지망생**

✓ 목적사: 연예인(演藝人) 성공 여부를 상담하러 어머니가 내방.

✓ 해설: 己巳 일주 평생기본수 8, 주도수 3, 상담 시 수리는 156. 양팔통(陽八通)사주. 년지의 卯 글자가 연예인을 꿈꾸게 한다. 현재 이○여대 재학생. 코로나 시기에도 불구하고 영국 유명 가수의 콘서트를 보기 위해 영국으로 여행 중이란다.

✓ 결론: 올해는 A급, 내년은 CC급. 연예인 꿈을 접고 대학원으로 진학 후 교육 분야로 나아가기를 권유하였다.

\* 상세한 사주 및 수리풀이는 〈나는 역학이다〉 강의 동영상을 참조하십시오.

| A8 | | 3 | | 2 | |
|---|---|---|---|---|---|
| 財物 | 木 | 鬼神 | 木 | 變化 | 火 |
| 1 | | 5 | | 6 | |
| 新生 | 水 | 驚破 | 土 | 官 | 水 |
| 7 | | 2 | | 9 | |
| 病(退食) | 火 | 變化 | 火 | 文書 | 金 |
| 7 | | 1 | | 8 | |
| 病(退食) | 火 | 新生 | 水 | 財物 | 木 |

| 日支別 吉凶月 | | | | | |
|---|---|---|---|---|---|
| 寅 | | 卯 | | 辰 | |
| 吉 | 凶 | 吉 | 凶 | 吉 | 凶 |
| 1-5-9 | 4-7-8-10 | 2-6-9-10 | 3-5-7-8-11 | 3-7-8-11 | 2-9-10-12 |
| 巳 | | 午 | | 未 | |
| 吉 | 凶 | 吉 | 凶 | 吉 | 凶 |
| 4-8-12 | 1-7-9-10 | 1-5-6-9 | 2-11-12 | 2-5-6-10 | 9-11-12 |
| 申 | | 酉 | | 戌 | |
| 吉 | 凶 | 吉 | 凶 | 吉 | 凶 |
| 3-7-11 | 1-2-4-10 | 3-4-8-12 | 1-2-9-11 | 1-2-5-9 | 3-4-6-8-12 |
| 亥 | | 子 | | 丑 | |
| 吉 | 凶 | 吉 | 凶 | 吉 | 凶 |
| 2-6-10 | 1-3-4-7 | 3-7-11-12 | 2-5-6-8 | 4-8-11-12 | 3-5-6-9 |

## ◈ 832

財物-鬼神-變化.

주도수 3은 귀신이다. 심리적 갈등으로 안정을 잃게 된다. 종교에 의지하기도 한다. 생전 가지 않던 교회를 가게 되고 자신도 모르게 하느님을 찾는다. 마음이 불안하면 주위에 도움을 청해라. 부모 형제가 가장 큰 도움이 된다.

生이 되면 조상이 도와주는 것이며, 剋이 되면 귀신 곡할 일이 일어나는 것이다. 이해에는 집안의 차례, 제사에는 빠짐없이 참석해라.


## ◈ 156

新生-驚破-官. 혁신수다.

이때는 과감해져야 한다. 승부를 걸어라. 과감하게 하는 만큼 득이 있다.

혁신수이지만 729가 들어오므로 안전 제일주의로 나아가야 한다.

生이 되면 귀인의 도움으로 실질적인 이익이 따른다.

5월, 6월이 剋이 되는 子, 丑 일주 외는 대체로 좋다.


## ◈ 729

病/退食-變化-文書. 오방산신난동수(五方山神亂動數)다.

주도수 3(木)이 7(火)을 生하기 때문에 중병에 노출되어도 죽지 않는다.

학생은 공부가 안 된다. 가족 여행을 가는 것이 좋겠다.

剋이 되면 멀리 나가지 마라. 낯선 곳에서 사고를 당한다. 교통사고가 발생하면 쌍방과실이다.

7월과 11월에 아픈 사람은 신경계, 간, 담, 수족(手足)에 문제가 생긴다.

◈ 718

病/退食−新生−財物.

辰, 巳 일주는 10월에 아프다.

午, 未 일주는 11월에 사람을 조심하고 12월에 실수로 돈을 잃게 된다.

子, 丑 일주는 주위의 도움으로 큰 이익을 본다.

## ❊ 8-4-3(財物-安定-鬼神)

주도수 4는 안정(安定)이다. 수리의 등급은 CC급이다.

평생기본수 8인 사람의 그해를 주도하는 숫자 4는 安定이다.

이해에는 평생기본수 8수리가 가장 나쁜 비운(悲運)의 해다. 다음 해 854는 843과 마찬가지로 CC급이다. 두 해 연속으로 運이 최저점으로 떨어진다. 이해에는 4를 안정과 여유가 아닌 불안과 의식주의 퇴보로 풀이하라.

이러한 해에 평생기본수 8수리들이 많이 찾아온다. 마음의 여유를 가지게 하고 안정을 취하면서 중요한 결정은 훗날로 미루도록 해야 한다.

평생운이 843인 사람은 인생이 고달프다. 평생운 843은 고향과 부모 곁을 떠나 객지에 머물고 가급적 외국으로 나가는 것이 좋은 개운(開運) 방법이다. 843은 미혼의 상태로 홀로 인생을 사는 사람들이 많다.

---

**[예시] 여자 양력 1968년 12월 24일 丑時 生. 대한민국을 대표했던 국민배우이자 만인의 연인 최○○**

✔ 목적사: 2004년 1월 이혼 상담.

✔ 해설: 戊辰 일주 평생기본수 8, 주도수 4, 상담 시 수리는 843. 지지에 申子 辰이 모두 있다.
  2000년 프로야구선수 조○○과 결혼하였으며 상담 당시에는 조○○이 가출하여 별거 상태였다.

✔ 결론: 2004년 그해 무조건 이혼을 하고 새로운 남자를 만난다고 하였다. 상담이 끝난 후 담배를 피우고 싶다 하여 허락한 기억이 난다. 그해 이혼하였으며 그로부터 4년 후 다른 사건으로 자살하였다.

* 상세한 사주 및 수리풀이는 〈나는 역학이다〉 강의 동영상을 참조하십시오.

| CC8 | | 4 | | 3 | |
|---|---|---|---|---|---|
| 財物 | 木 | 安定 | 金 | 鬼神 | 木 |
| 2 | | 7 | | 9 | |
| 變化 | 火 | 病(退食) | 火 | 文書 | 金 |
| 2 | | 7 | | 9 | |
| 變化 | 火 | 病(退食) | 火 | 文書 | 金 |
| 3 | | 9 | | 3 | |
| 鬼神 | 木 | 文書 | 金 | 鬼神 | 木 |

| 日支別 吉凶月 | | | | | |
|---|---|---|---|---|---|
| 寅 | | 卯 | | 辰 | |
| 吉<br>1-5-9 | 凶<br>4-7-8-10 | 吉<br>2-6-9-10 | 凶<br>3-5-7-8-11 | 吉<br>3-7-8-11 | 凶<br>2-9-10-12 |
| 巳 | | 午 | | 未 | |
| 吉<br>4-8-12 | 凶<br>1-7-9-10 | 吉<br>1-5-6-9 | 凶<br>2-11-12 | 吉<br>2-5-6-10 | 凶<br>9-11-12 |
| 申 | | 酉 | | 戌 | |
| 吉<br>3-7-11 | 凶<br>1-2-4-10 | 吉<br>3-4-8-12 | 凶<br>1-2-9-11 | 吉<br>1-2-5-9 | 凶<br>3-4-6-8-12 |
| 亥 | | 子 | | 丑 | |
| 吉<br>2-6-10 | 凶<br>1-3-4-7 | 吉<br>3-7-11-12 | 凶<br>2-5-6-8 | 吉<br>4-8-11-12 | 凶<br>3-5-6-9 |

### ◈ 843

財物-安定-鬼神.

주도수 4는 안정이다. 그러나 이해는 9년의 대운 중에서 運이 가장 나쁜 CC급이며, 마음이 불안정하고 일의 진척이 없기 때문에 실리를 추구할 수 없다. 마음의 여유를 가지고 현실에 대처해야 하며 큰 목적을 세우지 않아야 한다. 금전 문제, 업무상 과실 등 뜻밖의 사고가 난다.

申, 酉 일주는 1월, 2월 초반부터 剋이 되어 재물 문제로 고통이 크다.


### ◈ 279

變化-病/退食-文書. 오방산신난동수(五方山神亂動數)다.

이때부터 시작하여 854의 6월까지 어렵다. 되는 일이 없다. 生이 되어도 별 볼 일이 없다. 현상만 유지해도 큰 덕이다.

학생은 공부를 안 하며 엉뚱한 짓을 하고 가출까지 한다. 집안의 노약자는 이때에 건강이 악화되고 사망에 이르게 된다. 직장인은 직장을 그만두려 한다. 이때에 직장을 퇴사하면 2년간 실업자 신세를 면치 못한다.

변화 · 변동을 하지 않는 것이 대책이다.


### ◈ 279

變化-病/退食-文書. 오방산신난동수(五方山神亂動數)다.

내가 가지고 있는 모든 것을 빼앗길 수 있다. 변화 · 변동하는 만큼 손해다. 현 상태를 유지하는 것이 최선이다. 변화와 변동에 대한 욕심을 버리고 유혹을 이겨 내야 한다. 子, 午, 卯, 酉 일주는 건강을 조심하라.

사업을 하는 사람은 계속되는 손실을 만회하고자 주식 또는 경마에 뛰어들기도 한다. 자칫하면 깡통 찰 수 있다.

◈ 393

鬼神-文書-鬼神. 상문살(喪門殺)이다.

사주명리학에서 상문살은 년지를 기준으로 前三位는 상문살이고 後三位는 조객살이다. 예를 들어 子年生의 경우 寅이 상문살이고 戌이 조객살이다. 사주팔자내에 있으면 자손이 실패하거나 건강이 좋지 못하다는 것이다.

## ❀ 8-5-4(財物-驚破-安定)

주도수 5는 경파(驚破)다. 수리의 등급은 CC급과 비슷한 C급이다.

평생기본수 8인 사람의 그해를 주도하는 숫자 5는 驚破다. 글자의 뜻 그대로 정신적 물질적으로 별안간 충격을 받거나 타격을 받고 깜짝 놀란다는 뜻이다.

나쁜 숫자 3, 5, 7이 모두 공존(共存)한다. 지난해 843부터 올해 6월까지 어렵다. 3(鬼神)에 에워싸이는 5월과 9월은 각별히 조심해야 한다.

33이 계속되면 7(病)과 같다. 오랫동안 질병에 노출된 사람은 이때가 가장 위험하다. 관재구설수는 관재구설 외에 사망의 의미도 포함한다.

삼성그룹의 이건희는 887이 되던 2014년부터 의식불명 상태에 있었으며, 약 6년 5개월의 장기 투병 끝에 854가 되던 2020년 사망했다.

**[예시] 여자 양력 2005년 6월 6일 丑時 生. 수험생**
- ✔ 목적사: 딸의 성적부진(成績不進) 때문에 2020년에 어머니가 상담.
- ✔ 해설: 辛酉 일주 평생기본수 8, 주도수 5, 상담 시 수리는 393. 상문살과 관재구설수가 혼잡하여 학업을 중단할 수 있으니 성적 부진을 야단치지 말라고 권유하였다.
- ✔ 결론: 이듬해 딸과 함께 재방문하였다. 학내 왕따 사건으로 인하여 2020년 9월 학교를 중퇴하였으며, 새로운 이름으로 살고 싶다고 개명을 요청하였다.

\* 상세한 사주 및 수리풀이는 〈나는 역학이다〉 강의 동영상을 참조하십시오.

| C8 | | 5 | | 4 | |
|---|---|---|---|---|---|
| 財物 | 木 | 驚破 | 土 | 安定 | 金 |
| **3** | | **9** | | **3** | |
| 鬼神 | 木 | 文書 | 金 | 鬼神 | 木 |
| **6** | | **3** | | **9** | |
| 官 | 水 | 鬼神 | 木 | 文書 | 金 |
| **8** | | **8** | | **7** | |
| 財物 | 木 | 財物 | 木 | 病(退食) | 火 |

| 日支別 吉凶月 | | | | | |
|---|---|---|---|---|---|
| 寅 | | 卯 | | 辰 | |
| 吉 | 凶 | 吉 | 凶 | 吉 | 凶 |
| 1-5-9 | 4-7-8-10 | 2-6-9-10 | 3-5-7-8-11 | 3-7-8-11 | 2-9-10-12 |
| 巳 | | 午 | | 未 | |
| 吉 | 凶 | 吉 | 凶 | 吉 | 凶 |
| 4-8-12 | 1-7-9-10 | 1-5-6-9 | 2-11-12 | 2-5-6-10 | 9-11-12 |
| 申 | | 酉 | | 戌 | |
| 吉 | 凶 | 吉 | 凶 | 吉 | 凶 |
| 3-7-11 | 1-2-4-10 | 3-4-8-12 | 1-2-9-11 | 1-2-5-9 | 3-4-6-8-12 |
| 亥 | | 子 | | 丑 | |
| 吉 | 凶 | 吉 | 凶 | 吉 | 凶 |
| 2-6-10 | 1-3-4-7 | 3-7-11-12 | 2-5-6-8 | 4-8-11-12 | 3-5-6-9 |

◈ 854

財物-驚破-安定.

본인의 입지가 없어지고 모든 것이 뜻대로 되지 않는 아주 나쁜 해다. 놀라운 일들이 계속 발생하는 때이다. 生이 되든 剋이 되든 상반기 6개월은 위기다. 주위의 도움과 조언을 구하여 슬기롭게 보내야 한다.


◈ 393

鬼神-文書-鬼神. 상문살(喪門殺)이다.

귀신에 둘러싸인 문서다. 393 木金木으로 서로 相剋이 되어 만사가 허사다. 심리적 갈등, 정신석 불안, 스트레스가 심하다.

사주명리학에서 상문살은 주로 세운에서 적용한다. 운에서 상문살이나 조객살을 만나면 활동성이나 운동성이 위축된다. 또한 해당하는 肉親이 질병에 걸리거나 다치게 되고 집안에 슬픈 일이 생긴다는 좋지 못한 神殺이다


◈ 639

官-鬼神-文書. 관재구설수(官災口舌數)다.

직장에서 복지부동하고 예스맨(yes man)이 되어라. 生이 되면 문서적으로 좋아지나 剋이 되면 명예 추락이다. 다른 사람 일에 참견하지 말고, 되도록 자기 의사(意思)를 제대로 표현하지 마라.

9월의 9가 剋이 되면 귀신이 잡아간다. 이건희는 이때에 사망하였다. 대개의 사람들은 사주팔자의 日支와 月支 그리고 대운 세운에서 丑, 戌, 未, 刑이 성립될 때에 사망하는 경우가 많다.

◈ 887

財物-財物-病/退食. 돈 욕심이 앞선다.

生이 되면 투자·투기에 좋은 기회다. 주도수가 5(土)이므로 부동산 투자에 좋은 기회다. 생각하지도 않았던 사람이나 투자회사에서 부동산을 권유하며, 실제로 현지에 가서 보면 괜찮은 물건이 기다린다.

훼이 되면 건강 때문에 크게 놀라고 큰돈이 나간다.

## ✽ 8-6-5(財物-官-驚破)

주도수 6은 관(官)이다. 수리의 등급은 A급이다.

평생기본수 8인 사람의 그해를 주도하는 숫자 6는 官이다.

평생기본수 8수리는 이해는 모든 것이 잘 풀린다. 집안이 편안하고 부모 자식 사이에 서로 상승 요소가 있다.

832에 대입 낙방한 사람은 이해에 진학을 할 수 있다.

832에 직장을 그만둔 사람은 이해에 재취업이 가능하다.

832부터 짝을 못 찾은 미혼 남녀는 이해에 혼인을 할 수 있다.

지난 4년 사이에 이혼을 한 사람은 이해에 좋은 인연을 만난다.


이해부터 819까지 5년 동안 運이 상승한다.


### 관성(官星)

官은 글자의 뜻이 벼슬이다.

정관(正官)은 공직 또는 일반직이며, 편관(偏官)은 권력성을 지닌 군, 경찰, 검찰 또는 언론방송, 금융기관, 기타 기술 분야다. 偏官의 기술 분야는 건설토목, 전자전기, 화학, 항공, 조선, 자동차 등 규모가 크거나 안전관리가 특별히 요구되는 조직사회다.

관성은 사주팔자 내에서 天干에 드러나는 것이 좋다. 가장 바람직한 위치는 관성이 年干에 위치하고 인성이 月干에 위치하는 관인상생격(官印相生格)이다.

또한 官은 조직사회에서 서로 지켜야 할 제도와 규율을 뜻하며 안정과 명예를 중시하고 추구하는 것이다.

이에 비해 傷官은 글자의 뜻 그대로 官을 상하게 하는 것이다. 다재다능하고 자유분방하며 동적 대중적인 장점이 있는 반면 제도와 규율을 따르지 않는 단점이 있다.

| A8 | | 6 | | 5 | |
|---|---|---|---|---|---|
| 財物 | 木 | 官 | 水 | 驚破 | 土 |
| 4 | | 2 | | 6 | |
| 安定 | 金 | 變化 | 火 | 官 | 水 |
| 1 | | 8 | | 9 | |
| 新生 | 水 | 財物 | 木 | 文書 | 金 |
| 4 | | 7 | | 2 | |
| 安定 | 金 | 病(退食) | 火 | 變化 | 火 |

| 日支別 吉凶月 | | | | | |
|---|---|---|---|---|---|
| 寅 | | 卯 | | 辰 | |
| 吉 1-5-9 | 凶 4-7-8-10 | 吉 2-6-9-10 | 凶 3-5-7-8-11 | 吉 3-7-8-11 | 凶 2-9-10-12 |
| 巳 | | 午 | | 未 | |
| 吉 4-8-12 | 凶 1-7-9-10 | 吉 1-5-6-9 | 凶 2-11-12 | 吉 2-5-6-10 | 凶 9-11-12 |
| 申 | | 酉 | | 戌 | |
| 吉 3-7-11 | 凶 1-2-4-10 | 吉 3-4-8-12 | 凶 1-2-9-11 | 吉 1-2-5-9 | 凶 3-4-6-8-12 |
| 亥 | | 子 | | 丑 | |
| 吉 2-6-10 | 凶 1-3-4-7 | 吉 3-7-11-12 | 凶 2-5-6-8 | 吉 4-8-11-12 | 凶 3-5-6-9 |

## ◈ 865

財物-官-驚破.

이해에는 官과 관련된 모든 일이 순조롭게 진행된다. 한 해 내내 나쁜 숫자 3이 없다. 입학, 합격, 결혼, 출산, 취업, 창업, 승진, 이사 등 모든 면에서 만사형통이다.

입시를 준비하는 수험생, 취업준비생은 합격이 보장되고, 직장인은 명예가 상승하며 승진 시기가 된 사람은 절대 누락되지 않는다.

특히 미혼남녀의 경우 이해에 1, 6 숫자와 生이 되는 달에 이상형의 배우자를 만난다.


## ◈ 426

安定-變化-官.

이사, 이전, 이직 등 변화와 변동의 시기다. 본인이 계획하지 않아도 변화를 해야 하는 일이 생긴다. 인사이동이 되면 좋은 보직으로 옮겨진다.

쒬이 되어도 이해에는 큰 탈이 없다. 밑져 봐야 본전이다.


## ◈ 189

新生-財物-文書. 대길운(大吉運)이다.

귀인의 도움으로 재물운과 문서운이 왕성해진다. 이해의 클라이맥스 시기다. 적극 노력하고 주위의 도움을 받아라.

지나간 832, 843, 854 해에 실패한 사람은 이때에 행운이 찾아온다. 따라서 목표를 향하여 적극적으로 나아가라.

◈ 472

安定-病/退食-變化

11월의 7㈜은 주도수가 剋을 한다. 좋지 않은 때이다.

剋이 되면 건강을 조심하라. 학생과 직장인은 장기 결석할 수 있다. 다음 해 2월까지 병명도 뚜렷하게 밝혀지지 않으며 이 병원 저 병원을 다니며 고생한다.

## ✵ 8-7-6(財物-病/退食-官)

주도수 7은 병(病)이다. 수리의 등급은 B급이다.

평생기본수 8인 사람의 그해를 주도하는 숫자 7은 病이다. 잘나가다가 이해에는 이상하게 의욕이 감퇴하고 쉬고 싶어진다. 그러나 수리가 나쁘지 않다.

주도수 7(火)가 549 수리 중에서 4와 9를 剋한다.

549는 무난수이지만 본인은 무난하지 않게 생각하고 괜한 걱정을 한다. 이해에는 건강을 주의하고 매사 안정을 취하며 돌다리도 두드려 가는 식으로 행하면 된다. 수리가 좋기 때문에 큰 탈이 없다.

평생기본수 8수리는 실리를 추구하며 완벽을 기하려 하는 성품이다. 모든 일을 자기의 틀에 맞추려는 고집이 있다. 융통성이 부족하여 다른 사람을 피로하게 하고 때때로 자기 자신을 피곤하게 한다.

평생기본수 8수리의 목적사는 대체로 재물과 관련되는 문제다. 사주팔자 내에서 정재를 쓰는 사람인지 편재를 쓰는 사람인지를 구분하고, 재성의 12운성의 흐름을 살펴라.

| B8 | | 7 | | 6 | |
|---|---|---|---|---|---|
| 財物 | 木 | 病(退食) | 火 | 官 | 水 |
| 5 | | 4 | | 9 | |
| 驚破 | 土 | 安定 | 金 | 文書 | 金 |
| 5 | | 4 | | 9 | |
| 驚破 | 土 | 安定 | 金 | 文書 | 金 |
| 9 | | 6 | | 6 | |
| 文書 | 金 | 官 | 水 | 官 | 水 |

| 日支別 吉凶月 | | | | | |
|---|---|---|---|---|---|
| 寅 | | 卯 | | 辰 | |
| 吉 | 凶 | 吉 | 凶 | 吉 | 凶 |
| 1-5-9 | 4-7-8-10 | 2-6-9-10 | 3-5-7-8-11 | 3-7-8-11 | 2-9-10-12 |
| 巳 | | 午 | | 未 | |
| 吉 | 凶 | 吉 | 凶 | 吉 | 凶 |
| 4-8-12 | 1-7-9-10 | 1-5-6-9 | 2-11-12 | 2-5-6-10 | 9-11-12 |
| 申 | | 酉 | | 戌 | |
| 吉 | 凶 | 吉 | 凶 | 吉 | 凶 |
| 3-7-11 | 1-2-4-10 | 3-4-8-12 | 1-2-9-11 | 1-2-5-9 | 3-4-6-8-12 |
| 亥 | | 子 | | 丑 | |
| 吉 | 凶 | 吉 | 凶 | 吉 | 凶 |
| 2-6-10 | 1-3-4-7 | 3-7-11-12 | 2-5-6-8 | 4-8-11-12 | 3-5-6-9 |

◈ 876

財物-病/退食-官.

주도수 7은 病/退食이다. 의욕이 상실되고 건강상 문제가 발생한다. 안정과 여유로움이 최선책이다. 이때에는 모든 일들이 건강 문제로 직결된다. 의욕이 앞서도 심리적 문제와 건강상 문제로 좌절할 수 있다.

1월, 2월, 3월은 C급처럼 運이 나쁘게 작용한다.


◈ 549

驚破-安定-文書. 무난수(無難數)다.

수리가 괜찮다. 무난하고 안정과 여유로울 때다.

여유를 가지고 매사에 임해야 한다. 성급하면 아무것도 되지 않는다. 모든 일에 책임감을 가지고 성실하고 철저히 대처하면 된다.

生이 되면 적극적으로 나서라.


◈ 549

驚破-安定-文書. 무난수(無難數)다.

寅, 申, 巳, 亥 일주는 건강 때문에 놀랄 일이 있다.

子, 午, 卯, 酉 일주는 안정을 취하라. 과욕이나 과로는 금물이다.

辰, 戌, 丑, 未 일주는 문서, 특히 보증을 서지 마라. 이 세상에 남의 보증을 서지 않아야 한다는 것은 누구나 알고 있다. 그러나 막상 때가 되면 설마 하는 안이한 생각으로 보증을 서게 되고 망하는 길로 가는 것이다.

## ◈ 966

文書-官-官. 명예수(名譽數) 행운수(幸運數)다.

生이 되면 지금까지 노력의 대가가 주어진다. 합격, 승진, 명예 상승, 결혼 등 좋은 결과가 온다.

사업자는 자기보다 큰 조직과의 거래에 적극 나서라. 특히 관청에 관한 입찰, 납품, 용역, 계약 등의 일은 좋은 결과를 가져온다. 이해에 입찰을 볼 때에는 8, 5 숫자에 유념하라.

剋이 되면 관재구설이 따라온다. 닭 쫓던 개 신세가 된다.

## ❀ 8-8-7(財物-財物-病/退食)

주도수 8은 재물(財物)이다. 수리의 등급은 A급에 준하는 B급이다.
평생기본수 8인 사람의 그해를 주도하는 숫자 8은 財物이다.

이해는 대운이며 B급이다. 이해 887부터 898, 819까지 3년간 평생기본
수 8수리는 거의 최고점에 이른다. 이해에는 각 일지별 吉凶만 따져 보면
된다.

運이 좋아지는 정도를 본인 스스로 느낀다.
853에 매입한 부동산은 이해에 팔아야 한다. 매물은 3월 달에 내놓고
기다려라. 멀리 사는 지방 사람이 매입을 할 것이다.

---

**[예시] 여자 양력 1995년 9월 2일 辰時 生. 플라워 디자인 학원장**

✓ 목적사: 딸의 대학 입학 문제로 2013년에 어머니가 상담

✓ 해설: 丙申 일주 평생기본수 8, 주도수 8, 상담 시 수리는 999.
   월주와 일주가 空亡된 사주. 학업 성적은 중급 수준이고 당해년의 수리는
   999이며 멀리 떠난다는 뜻이다.

✓ 결론: 일본으로 유학을 가서 플라워디자인을 전공했다. 졸업 후 귀국하여
   서울에서 관련 학원을 운영 중이다.

\* 상세한 사주 및 수리풀이는 〈나는 역학이다〉 강의 동영상을 참조하십시오.

---

| B8 | | 8 | | 7 | |
|---|---|---|---|---|---|
| 財物 | 木 | 財物 | 木 | 病(退食) | 火 |
| **6** | | **6** | | **3** | |
| 官 | 水 | 官 | 水 | 鬼神 | 木 |
| **9** | | **9** | | **9** | |
| 文書 | 金 | 文書 | 金 | 文書 | 金 |
| **5** | | **5** | | **1** | |
| 驚破 | 土 | 驚破 | 土 | 新生 | 水 |

| 日支別 吉凶月 | | | | | |
|---|---|---|---|---|---|
| 寅 | | 卯 | | 辰 | |
| 吉 | 凶 | 吉 | 凶 | 吉 | 凶 |
| 1-5-9 | 4-7-8-10 | 2-6-9-10 | 3-5-7-8-11 | 3-7-8-11 | 2-9-10-12 |
| 巳 | | 午 | | 未 | |
| 吉 | 凶 | 吉 | 凶 | 吉 | 凶 |
| 4-8-12 | 1-7-9-10 | 1-5-6-9 | 2-11-12 | 2-5-6-10 | 9-11-12 |
| 申 | | 酉 | | 戌 | |
| 吉 | 凶 | 吉 | 凶 | 吉 | 凶 |
| 3-7-11 | 1-2-4-10 | 3-4-8-12 | 1-2-9-11 | 1-2-5-9 | 3-4-6-8-12 |
| 亥 | | 子 | | 丑 | |
| 吉 | 凶 | 吉 | 凶 | 吉 | 凶 |
| 2-6-10 | 1-3-4-7 | 3-7-11-12 | 2-5-6-8 | 4-8-11-12 | 3-5-6-9 |

## ◈ 887

財物-財物-病/退食.

주도수 8은 財物이다. 이해에는 돈에 대한 욕구가 강해진다. 평생기본수 8수리가 주도수 8을 만났으니 돈에 대한 욕심이 대단해진다.

주위 사람들과의 인간관계를 소홀히 해서는 안 된다. 독단적인 행동으로 주위로부터 시비, 모함을 당할 수 있다.

申, 酉 일주는 88이 연속되어 돈을 좇다가 자칫 건강을 해칠 수 있다.


## ◈ 663

官-官-鬼神.

주도수 8의 영향으로 生이 되면 들어오는 큰돈이며 剋이 되면 나가는 큰돈이다. 사업자는 관청과 관련된 입찰 수주에 매우 유리하다.

剋이 되면 5월, 6월, 7월의 수리가 639가 되어 관재구설이 발생한다. 돈 문제로 사건이 발생하므로 돈으로 해결해야 한다.

辰, 戌, 丑, 未 일주는 6월에 특히 건강을 조심하라. 6월의 3 다음 숫자 999는 風을 맞는다는 의미이다.


## ◈ 999

文書-文書-文書. 여행수(旅行數)다.

활력이 생기고 잠깐이나마 현실을 벗어나서 쉬고 싶다.

生이 되면 승진하여 지방 또는 해외로 파견될 수 있다.

대입 수험생의 경우 합격이 무난하다. 만일 재수를 하게 되면 훨씬 나은 학교로 진학하게 된다. 유학준비생은 뜻을 이룬다.

鴍이 되면 여행 사고가 발생하고 심지어 객사할 수 있다.


◈ 551

驚破-驚破-新生.

生이 되면 목표를 성사시키는 때다. 투자의 적기다.

鴍이 되면 돈 문제로 전혀 예상하지 못한 손실이 커지고 크게 놀라게 되

지만 다음 해 898에 해결된다.

## ❀ 8-9-8(財物-文書-財物)

주도수 9는 문서(文書)다. 수리의 등급은 A급이다.

평생기본수 8인 사람의 그해를 주도하는 숫자 9는 文書다.

生이 되면 문서적인 발전이다. 합격, 취업, 승진 등 명예 상승이 보장
된다. 이해는 刑, 沖, 破, 害, 元嗔이 되어도 수월하게 넘어간다. 내년
은 최고의 해다.

898 또는 819에 오는 손님은 대체로 좋은 일로 오는 사람이다. 또한 거
의 대부분이 재물과 자녀에 관한 상담이다. 학생의 경우 이해에는 편입
학, 유학, 학위 취득 등에 관한 상담이 많다.

이런 해에 사망하는 사람은 타고난 수명(壽命)을 다한 사람이다. 천수를
다한 사람들의 후손은 못 사는 사람들이 70%다.

### 역술인(易術人)의 평생기본수

평생기본수 1수리 역술인은 고객들을 하대하고 반말을 자주 한다.

평생기본수 2수리 역술인은 꼼꼼하게 상담을 한다.

평생기본수 3수리 역술인은 영적(靈的)인 능력이 있다.

평생기본수 4수리 역술인은 말을 잘한다.

평생기본수 5수리 역술인은 큰 소리로 말한다.

평생기본수 6수리 역술인은 격식을 갖추어 사무실을 운영한다.

평생기본수 7수리 역술인은 70세를 넘겨 業을 하지 않는다.

평생기본수 8수리 역술인은 부적(符籍)을 많이 권한다.

평생기본수 9수리 역술인은 사주 감명지를 잘 쓴다.

| A8 | | 9 | | 8 | |
|---|---|---|---|---|---|
| 財物 | 木 | 文書 | 金 | 財物 | 木 |
| **7** | | **8** | | **6** | |
| 病(退食) | 火 | 財物 | 木 | 官 | 水 |
| **4** | | **5** | | **9** | |
| 安定 | 金 | 驚破 | 土 | 文書 | 金 |
| **1** | | **4** | | **5** | |
| 新生 | 水 | 安定 | 金 | 驚破 | 土 |

| 日支別 吉凶月 | | | | | |
|---|---|---|---|---|---|
| 寅 | | 卯 | | 辰 | |
| 吉 1-5-9 | 凶 4-7-8-10 | 吉 2-6-9-10 | 凶 3-5-7-8-11 | 吉 3-7-8-11 | 凶 2-9-10-12 |
| 巳 | | 午 | | 未 | |
| 吉 4-8-12 | 凶 1-7-9-10 | 吉 1-5-6-9 | 凶 2-11-12 | 吉 2-5-6-10 | 凶 9-11-12 |
| 申 | | 酉 | | 戌 | |
| 吉 3-7-11 | 凶 1-2-4-10 | 吉 3-4-8-12 | 凶 1-2-9-11 | 吉 1-2-5-9 | 凶 3-4-6-8-12 |
| 亥 | | 子 | | 丑 | |
| 吉 2-6-10 | 凶 1-3-4-7 | 吉 3-7-11-12 | 凶 2-5-6-8 | 吉 4-8-11-12 | 凶 3-5-6-9 |

## ◈ 898

財物-文書-財物.

주도수 9는 文書다. 이때는 재물과 문서 둘 다 겸비할 수 있다. 생애 처음으로 주택을 구입할 수 있다.

2월의 9(金)는 1월, 3월, 5월의 8(木)을 剋하므로 사주팔자원국의 일지별로 잘 구분하라.

辰, 戌, 丑, 未 일주는 3월의 재물을 조심하라. 돈이 깨진다.


## ◈ 786

病/退食-財物-官.

寅, 申, 巳, 亥 일주는 2월의 문서를 조심하라. 건강으로 인하여 돈이 깨진다. 4월의 7은 진단서와 치료비다. 이 병원 저 병원 돌아다니며 돈이 나간다.

子, 午, 卯, 酉 일주는 주도수와 5월의 8(財物)이 모두 剋이 된다. 투자, 투기, 보증 때문에 재산이 날아간다.

辰, 戌, 丑, 未 일주는 6(官)이 剋된다. 특히 기업의 자금 부문에서 근무하는 사람은 업무에 철저해야 한다. 회사에 손해를 끼치고 본인이 그 손해를 보전해야 한다. 사업자는 세무 조사를 받게 된다.


## ◈ 459

安定-驚破-文書. 무난수(無難數)다.

子, 午, 卯, 酉 일주는 주도수 문서를 조심하라. 이로 인하여 8월에는 놀랄 일이 일어진다. 주로 채무 또는 보증 때문이다.

巳 일주는 9월이 元嗔이므로 모든 것이 귀찮아지고 도망가고 싶어진다.

◈ 145

新生-安定-驚破. 안정수(安定數)다.

生이 되면 9월에 합격, 취업 등 명예에 관한 일들이 술술 잘 풀린다.

10월에 귀인이 나타나고 안정된 상태에서 큰 변화와 변동이 온다.

生이 되면 만사가 순조로우나, 훼이 되면 10월의 1은 새로운 이성 또는 새로운 문서로 인하여 피해를 본다.

# 9강 ∿ 평생기본수 9수리

평생기본수 9수리는 태어난 생년월일 중에서 '음력 생월의 숫자 + 음력 생일의 숫자 + 1'을 9진법으로 계산하여 나머지가 9가 되는 사람의 운명이다.

평생기본수 9수리는 주도수에 따라서 911, 922, 933, 944, 955, 966, 977, 988, 999 등 아홉 가지로 분류되며, 대운 9년 기간 내에서 주기적으로 운세가 변화한다.

평생기본수 9수리는 988일 때가 운세가 최고로 상승한 때이며, 933일 때가 운세가 최저로 하락한 때다. 따라서 평생기본수 9수리는 최고점 988와 최저점 933 사이를 오르내리며 운세가 변화한다.

평생기본수 1부터 9까지 아홉 가지 수리 중에서 9수리의 인구가 가장 적다. 철학관에 내방하는 사람들의 숫자도 마찬가지다.

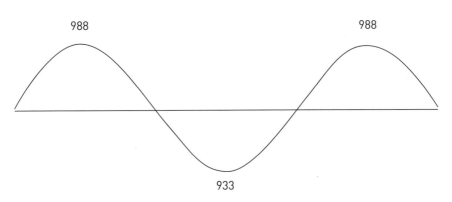

| 수리 | 911 | 922 | 933 | 944 | 955 | 966 | 977 | 988 | 999 |
|------|-----|-----|-----|-----|-----|-----|-----|-----|-----|
| 등급 | C | A | CC | A | B | B | C | AA | B |

AA 가장 좋음, A 좋음, B 보통, C 나쁨, CC 가장 나쁨

## ⊗ 9-1-1(文書-新生-新生)

주도수 1은 신생(新生)이다. 수리의 등급은 C급이다.

평생기본수 9인 사람이 그해를 주도하는 숫자 1은 새로운 일 또는 새로운 사람을 뜻한다.

911은 상반기 6개월 동안 運이 따르지 않는다.

이해를 포함하여 933, 977은 비운(悲運)이다.

평생기본수 9수리는 남녀 共히 성격이 비슷하다. 온순하면서 과묵하고 무뚝뚝하며 고집이 강하다. 처음과 끝이 변함없이 한결같다. 목적 달성을 위해서는 수단을 가리지 않으며 주위 의식을 하지 않는다. 타산적이며 남의 일에 잘 나서지 않는다.

여자는 4수리처럼 활동적이고 적극적이다. 매력이 없으며 자기 본위적이다. 보험 등 마케팅 전문 분야에서 많이 찾을 수 있으며 독신 또는 과부가 많다.

9수리 내방객에게는 따뜻하게 情으로 대하라.

---

**[예시] 남자 양력 1976년 12월 7일 辰時 生. 변호사**

✓ 목적사: 창업 상담차 2022년에 내방.

✓ 해설: 癸巳일주 평생기본수 9, 주도수 1, 상담 시 수리는 911. 법무법인에서 변호사로 근무 중. 변호사 사무실 개업 상담.

✓ 결론: 창업이 어렵다.

\* 상세한 사주 및 수리풀이는 〈나는 역학이다〉 강의 동영상을 참조하십시오.

| C9 | | 1 | | 1 | |
|---|---|---|---|---|---|
| 文書 | 金 | 新生 | 水 | 新生 | 水 |
| **1** | | **2** | | **3** | |
| 新生 | 水 | 變化 | 火 | 鬼神 | 木 |
| **4** | | **5** | | **9** | |
| 安定 | 金 | 驚破 | 土 | 文書 | 金 |
| **5** | | **8** | | **4** | |
| 驚破 | 土 | 財物 | 木 | 安定 | 金 |

### 日支別 吉凶月

| 寅 | | 卯 | | 辰 | |
|---|---|---|---|---|---|
| 吉 | 凶 | 吉 | 凶 | 吉 | 凶 |
| 1-5-9 | 4-7-8-10 | 2-6-9-10 | 3-5-7-8-11 | 3-7-8-11 | 2-9-10-12 |
| 巳 | | 午 | | 未 | |
| 吉 | 凶 | 吉 | 凶 | 吉 | 凶 |
| 4-8-12 | 1-7-9-10 | 1-5-6-9 | 2-11-12 | 2-5-6-10 | 9-11-12 |
| 申 | | 酉 | | 戌 | |
| 吉 | 凶 | 吉 | 凶 | 吉 | 凶 |
| 3-7-11 | 1-2-4-10 | 3-4-8-12 | 1-2-9-11 | 1-2-5-9 | 3-4-6-8-12 |
| 亥 | | 子 | | 丑 | |
| 吉 | 凶 | 吉 | 凶 | 吉 | 凶 |
| 2-6-10 | 1-3-4-7 | 3-7-11-12 | 2-5-6-8 | 4-8-11-12 | 3-5-6-9 |

## ◈ 911

文書-新生-新生.

運이 나쁜 해이므로 주위의 도움과 조언을 구해야 한다.

두 달 연속 귀인이 나타나므로 生이 되는 달에 일을 적극적으로 추진하라. 生이 되면 새로운 일이 생기며 또한 새로운 사람을 만난다.

剋이 되면 주위가 원수로 변한다. 이때 만난 이성과는 처절한 사랑을 하게 된다. 학생은 이성을 알게 되어 학업을 소홀히 하고, 젊은이의 경우 집을 떠나 군(軍)에 입대한다. 사회적으로 큰 사건이 발생하는 시기다.


## ◈ 123

新生-變化-鬼神. 이별수(離別數)다.

주도수 1 때문에 변화, 변동과 갈등이 생긴다. 이별, 별거, 이혼, 가출 등으로 가정이 편안하지 못하다.

부부는 서로 갈등한다. 잠시 별거하여 459에 다시 합쳐도 좋다.

노약자는 위험한 수리다. 사망할 수 있다.

911 또는 123에 만난 사람과 인연이 닿지 않으면 미련 없이 헤어져라.

申, 酉, 戌, 亥 일주는 이때에 결혼 택일을 하지 마라.


## ◈ 459

安定-驚破-文書. 무난수(無難數)다.

3개월은 무사 무난하다. 한 발 뒤로 물러서서 안정을 기하라.

寅, 申, 巳, 亥 일주는 안정을 취하라.

子, 午, 卯, 酉 일주는 이때 만나는 사람을 조심하라.

辰, 戌, 丑, 未 일주는 잠시 멈추고 덤비지 마라. 모든 결정을 보류하라.

## ◈ 584

驚破-財物-安定.

현재 상태를 유지하고 좀 더 과감해져야 한다.

8이 生이 되면 들어오는 돈, 尅이 되면 나가는 돈이다.

58은 돈 때문에 크게 놀라는 형국이므로 9월의 문서를 조심하라.

12월부터 차츰 안정된다. 내년은 大運이다.

## ❀ 9-2-2(文書-變化-變化)

주도수 2는 변화(變化)다. 수리의 등급은 A급이다.

평생기본수 9인 사람의 그해를 주도하는 숫자 2는 변화와 변동을 뜻한다.

이해를 포함하여 944, 988은 大運이다.

刑, 沖, 破, 害, 元嗔이 되어도 비교적 수월하게 넘어간다. 행운의 수리다. 합격, 취업, 승진, 결혼 등 문서에 관한 일은 좋은 결과를 가져온다.

### [예시 1] 여자 양력 1982년 7월 11일 戌時 生. 일반인

✔ 목적사: 궁합 상담차 2011년에 내방.

✔ 해설: 乙未 일주 時上상관 무관팔자(時上傷官 無官八字) 평생기본수 9, 주도수 2, 상담 시 수리는 922. 남녀의 궁합이 나쁘고 다음 해가 933으로 관재구설수가 발생하니 결혼을 2년 뒤로 늦추라고 권유하였다.

✔ 결론: 일본인과 국제 결혼하여 일본에서 거주하다가 결혼 다음 해에 이혼하고 귀국하여 개명을 하려고 재방문하였다.

### [예시 2] 남자 양력 1991년 4월 19일 未時 生. 전직 가수

✔ 목적사: 창업 상담차 2022년에 내방.

✔ 해설: 己未 일주. 관성, 인성이 없는 팔자. 평생기본수 9, 주도수 2, 상담 시 수리는 922. 아버지 회사에 근무 중. 부모로부터 독립하여 창업을 희망하였다.

✔ 결론: 변화·변동의 시기다. 壬水 정재를 쓰는 사람이다. 그러나 30대의 창업 기회를 이미 놓쳤다. 37세에 다시 상담하러 오라고 하였다.

\* 상세한 사주 및 수리풀이는 〈나는 역학이다〉 강의 동영상을 참조하십시오.

| A9 | | 2 | | 2 | |
|---|---|---|---|---|---|
| 文書 | 金 | 變化 | 火 | 變化 | 火 |
| 2 | | 4 | | 6 | |
| 變化 | 火 | 安定 | 金 | 官 | 水 |
| 8 | | 1 | | 9 | |
| 財物 | 木 | 新生 | 水 | 文書 | 金 |
| 1 | | 7 | | 8 | |
| 新生 | 水 | 病(退食) | 火 | 財物 | 木 |

| 日支別 吉凶月 | | | | | |
|---|---|---|---|---|---|
| 寅 | | 卯 | | 辰 | |
| 吉 1-5-9 | 凶 4-7-8-10 | 吉 2-6-9-10 | 凶 3-5-7-8-11 | 吉 3-7-8-11 | 凶 2-9-10-12 |
| 巳 | | 午 | | 未 | |
| 吉 4-8-12 | 凶 1-7-9-10 | 吉 1-5-6-9 | 凶 2-11-12 | 吉 2-5-6-10 | 凶 9-11-12 |
| 申 | | 酉 | | 戌 | |
| 吉 3-7-11 | 凶 1-2-4-10 | 吉 3-4-8-12 | 凶 1-2-9-11 | 吉 1-2-5-9 | 凶 3-4-6-8-12 |
| 亥 | | 子 | | 丑 | |
| 吉 2-6-10 | 凶 1-3-4-7 | 吉 3-7-11-12 | 凶 2-5-6-8 | 吉 4-8-11-12 | 凶 3-5-6-9 |

◈ 922

文書-變化-變化.

吉運이며 행운의 해다. 이런 해에는 자신이 변화 · 변동을 하지 않아도 주위 환경이나 여건이 저절로 변화한다. 마음이 들뜨고 무슨 일이든 하고 싶다.

이해는 변화 · 변동을 하면서 획기적인 결과를 이루어 낸다. 따라서 변화 · 변동에 적극적으로 대처해야 한다. 이사, 이동, 직업 전변, 결혼 등 무슨 일이든 변화와 변동은 좋다.


◈ 246

變化-安定-官.

寅, 申, 巳, 亥 일주는 2월과 4월의 변화 · 변동은 크게 실망한다.

子, 午, 卯, 酉 일주는 괜히 불안감을 느끼며 초초해한다.

辰, 戌, 丑, 未 일주는 직장 전변, 이동, 변동에 좋은 시기다.


◈ 819

財物-新生-文書. 대길수(大吉數)이다.

돈이 들어오고 귀인과 명예가 따른다. 대인관계의 폭을 넓혀라. 주위 사람들의 관심과 도움을 피부로 느낄 수 있다.

生이 되면 복권을 사라. 행운이 있을 것이다. 819에 生이 되는 달에 외지에서 로또를 사서 1등이 된 사람이 나의 친척 중에 있다.

剋이 되면 돈 조심, 사람 조심하라. 돈 잃고 사람 잃는다.

◈ 178

新生-病/退食-財物. 이성 사이에 새로운 계기와 진전이 있다.

11월에는 변화로 인하여 의욕이 상실될 수 있으니 현실에 만족하라.

11월의 7은 주도수와 같은 오행이므로 크게 나쁘지 않다. 12월에는 금전적인 여유가 생긴다. 이때에는 午, 未 일주를 제외한 수험생은 행운이 따른다.

## ⊛ 9-3-3(文書-鬼神-鬼神)

주도수 3은 귀신(鬼神)이다. 수리의 등급은 CC급이다.

평생기본수 9인 사람의 그해를 주도하는 숫자 3은 鬼神이 발동한다는 뜻이다.

이해에는 심리적으로 갈등하고 크게 손실을 볼 수 있다.

평생기본수 9수리의 대운 중에서 가장 나쁜 해다. 生이 되어도 경솔하게 행동하지 말고 모든 일에 심사숙고해야 한다.

열두 달 중 다섯 달이 숫자 3이다.

이해에는 자살하는 사람이 많다. 질병에 노출되어 고생을 하는 사람도 많다. 작년 922에 번 돈은 933에 모두 탕진한다. 4월부터 6개월간은 관재구설수다.

이해에는 손님들이 부쩍 많이 찾아온다. 역학 공부를 권유하면 받아들인다. 심리적 갈등으로 지푸라기도 잡고 싶은 심정이며 종교에 심취하거나 역학에 빠지기도 한다.

---

**[예시] 여자 음력 1984년 10월 6일 巳時 生. 배우 겸 탤런트 A.**

✔ 목적사: 개명차 내방.
✔ 해설: 丙申 일주 평생기본수 8, 상담 시 수리는 832.
✔ 결론: 'A'는 연예계에서 예명으로 사용하고 본명을 바꾸고 싶어 했다. 부모가 모두 예술인이다. "공부를 잘했으면 어머니와의 인연이 없다."고 하였더니 어머니는 돌아가셨다고 했다. 어머니는 A가 수리 369에 운명하였다. 당시 'B'와 열애 중이었는데 일체 그에 대한 질문이 없었다. 30년간 業을 하면서 가장 예의바른 고객 중 한 명이었다.

\* 상세한 사주 및 수리풀이는 〈나는 역학이다〉 강의 동영상을 참조하십시오.

| CC9 | | 3 | | 3 | |
|---|---|---|---|---|---|
| 文書 | 金 | 鬼神 | 木 | 鬼神 | 木 |
| 3 | | 6 | | 9 | |
| 鬼神 | 木 | 官 | 水 | 文書 | 金 |
| 3 | | 6 | | 9 | |
| 鬼神 | 木 | 官 | 水 | 文書 | 金 |
| 6 | | 6 | | 3 | |
| 官 | 水 | 官 | 水 | 鬼神 | 木 |

| 日支別 吉凶月 | | | | | |
|---|---|---|---|---|---|
| 寅 | | 卯 | | 辰 | |
| 吉 | 凶 | 吉 | 凶 | 吉 | 凶 |
| 1–5–9 | 4–7–8–10 | 2–6–9–10 | 3–5–7–8–11 | 3–7–8–11 | 2–9–10–12 |
| 巳 | | 午 | | 未 | |
| 吉 | 凶 | 吉 | 凶 | 吉 | 凶 |
| 4–8–12 | 1–7–9–10 | 1–5–6–9 | 2–11–12 | 2–5–6–10 | 9–11–12 |
| 申 | | 酉 | | 戌 | |
| 吉 | 凶 | 吉 | 凶 | 吉 | 凶 |
| 3–7–11 | 1–2–4–10 | 3–4–8–12 | 1–2–9–11 | 1–2–5–9 | 3–4–6–8–12 |
| 亥 | | 子 | | 丑 | |
| 吉 | 凶 | 吉 | 凶 | 吉 | 凶 |
| 2–6–10 | 1–3–4–7 | 3–7–11–12 | 2–5–6–8 | 4–8–11–12 | 3–5–6–9 |

### ◈ 933

文書-鬼神-鬼神. 상문살(喪門殺)이다.

주도수 3은 귀신이다. 심리적 갈등으로 안정을 잃게 된다. 333이 연속되므로 아주 나쁜 숫자이며 凶함이 極에 이른다. 어떤 일주라도 이때에는 조심해야 한다. 상문살보다 귀신이 발동한다고 풀이하라. 종교에 의지하기도 한다. 귀신이 곡할 정도로 기이(奇異)한 일들이 발생한다. 학생은 가출하고 학업을 중단할 수 있다. 여행을 가면 여권, 지갑 등의 분실 사고를 당한다.

### ◈ 369

鬼神-官-文書. 관재구설수(官災口舌數)다.

6개월간 관재구설수다. 작년에 범법, 위법적인 일을 저지른 사람은 조사 · 소송 · 구속당할 수 있다. 작년에 번 돈을 다 날릴 수 있다. 되는 일이 없고 현재의 자리에서 도망가고 싶다.

### ◈ 369

鬼神-官-文書. 관재구설수(官災口舌數)다.

제자리에 앉아 있을 수가 없다. 학교를 그만두고 싶고, 직장에 나가기 싫고, 가정은 이혼하고 싶으며, 사업자는 922 작년에 번 돈으로 확장을 하려고 하지만 과욕하면 亡한다. 생각하지 않은 실수를 저지를 수 있다. 가만히 있는 것이 상책이다. 부부는 한 명이라도 이혼을 제기하면 곧장 헤어져 버린다.

## ❖ 663

官-官-鬼神.

生이 되면 대단히 좋다. 66이 연속되면 주도수 3의 조상이 도와준다고 풀이하라. 鬼이 되면 내년 1월까지 관재구설이 계속된다.

午 未 일주는 관재구설이다. 뜻하지 않는 고소·고발이 들어온다. 특히 사업자는 변호사법 위반, 저작권 위반, 임대차법 위반 등으로 제3자로부터 이의가 제기된다. 무조건 피해라. 전화도 수신 거절해라.

933은 한 해 내내 두렵고 무서운 숫자다.

## ❀ 9-4-4(文書-安定-安定)

주도수 4는 안정(安定)이다. 수리의 등급은 A급이다.

평생기본수 9인 사람의 그해를 주도하는 숫자 4는 安定과 여유다.

평생기본수 9수리는 주도수가 4일 때에 좋다.

이해에는 심리적으로 안정되고 여유롭게 한 해를 보낸다. 순풍에 돛을 단 듯이 순조롭다. 마음이 여유로우니 어려운 일이 닥쳐도 크게 나쁘지 않다.

형, 충, 파, 해, 원진이 되어도 피해가 별로 없다. 마치 AA급과 비슷하다.

중국에서는 4字를 불행한 숫자로 보지만, 수리역학에서는 아주 좋은 숫자로 본다. 나의 중국 은사(恩師) 주백발(周百發)은 향년(享年) 94세 이해 7월에 運命을 달리하였다.

---

### 인성(印星)

사주명리학에서 인성은 정인(正印)과 편인(偏印)이다.

육친(六親)은 어머니를 가리키며 학문, 체면, 명예, 인덕(人德)을 뜻한다.

인성이 많으면 연예인 박수홍 같은 마마보이다. 반면 인성이 없으면 도덕성이 결여되어, 군 기피, 마약, 학내 폭력, 성추행, 고의부도 등 사회적 문제를 일으킨다. 좋지 못한 사건으로 뉴스에 오르내리는 연예인 또는 운동선수들은 거의 사주팔자 내에 인성이 없다.

女命에서는 인성은 어머니와 가정교육을 뜻하기 때문에 宮合에서 매우 중요하다. 참을성이 없으며 윗사람을 공경(恭敬)하는 마음이 부족하다.

또한 인성은 큰 재물을 가리킨다. 큰 부자는 사주팔자에서 재성보다 인성이 많고 강하다. 부피 많은 현금보다는 서류 한 장이면 족하다는 의미이다.

인성 중에서 편인은 역학, 종교, 철학 등 남들이 잘 하지 않는 분야의 공부를 할 때에 성공한다. 일지 편인은 대체로 戌亥가 空亡이다.

| A9 | | 4 | | 4 | |
|---|---|---|---|---|---|
| 文書 | 金 | 安定 | 金 | 安定 | 金 |
| 4 | | 8 | | 3 | |
| 安定 | 金 | 財物 | 木 | 鬼神 | 木 |
| 7 | | 2 | | 9 | |
| 病(退食) | 火 | 變化 | 火 | 文書 | 金 |
| 2 | | 5 | | 7 | |
| 變化 | 火 | 驚破 | 土 | 病(退食) | 火 |

| 日支別 吉凶月 | | | | | |
|---|---|---|---|---|---|
| 寅 | | 卯 | | 辰 | |
| 吉 | 凶 | 吉 | 凶 | 吉 | 凶 |
| 1-5-9 | 4-7-8-10 | 2-6-9-10 | 3-5-7-8-11 | 3-7-8-11 | 2-9-10-12 |
| 巳 | | 午 | | 未 | |
| 吉 | 凶 | 吉 | 凶 | 吉 | 凶 |
| 4-8-12 | 1-7-9-10 | 1-5-6-9 | 2-11-12 | 2-5-6-10 | 9-11-12 |
| 申 | | 酉 | | 戌 | |
| 吉 | 凶 | 吉 | 凶 | 吉 | 凶 |
| 3-7-11 | 1-2-4-10 | 3-4-8-12 | 1-2-9-11 | 1-2-5-9 | 3-4-6-8-12 |
| 亥 | | 子 | | 丑 | |
| 吉 | 凶 | 吉 | 凶 | 吉 | 凶 |
| 2-6-10 | 1-3-4-7 | 3-7-11-12 | 2-5-6-8 | 4-8-11-12 | 3-5-6-9 |

◈ 944

文書-安定-安定.

올해는 吉運이다. 대체로 마음먹은 대로 運이 잘 풀리는 때다. 마음의
여유가 있다. 모든 것이 순조롭다. 안정된 상태에서 자신의 뜻을 성취할
수 있다. 이때는 자기의 목적한 바를 위해 최대한 능력을 발휘해야 한다.

학생은 시키지 않아도 스스로 공부에 열중한다. 사업자는 매출이 오르
고 사업이 확장되며 집안마저 편안해진다.


◈ 483

安定-財物-鬼神.

안정을 바탕으로 재물이 생기고 조상이 도와준다. 3이 헌이 되는 사람
은 성묘를 가도록 하라. 남에게 피해를 주지 않으면 타인의 도움을 받을
수 있다. 이때는 변화와 변동을 하면 안 된다. 대체로 4수리에는 변화·
변동을 하지 마라.


◈ 729

病/退食-變化-文書. 오방산신난동수(五方山神亂動數)다.

수리가 A급이기 때문에 큰 걱정은 없다.

7월이 헌이 되는 寅, 卯 일주는 건강과 사고를 조심하라. 이때는 화재
사고가 많다. 집 안, 회사, 공장 등의 소방 점검을 해라. 그 외의 일주는
무난하다. 이해에는 여름 바캉스 여행을 가지 않는 것이 좋다.

### ◈ 257

變化-驚破-病/退食.

변화와 혁신을 과감하게 행하라. 이때는 매월마다 刑이 되는 사람만 조심하면 된다. 刑이 되면 주위가 돌변하므로 뜻밖의 불안 요소가 된다.

2와 7이 주도수 4와 相刑한다. 사고수를 조심하라. 대체로 교통사고, 화재사고 등으로 손해를 당한다.

## ❸ 9-5-5 (文書-驚破-驚破)

주도수 5는 경파(驚破)다. 수리의 등급은 B급이다.

평생기본수 9인 사람의 그해를 주도하는 숫자 5는 驚破다. 자신의 일을 과감하게 추구하는 해다.


A급 같은 B급이다.

이해에는 재물에 대한 욕심이 생긴다. 투자, 투기에 적합한 때다. 적극적으로 노력하면 많은 이익이 발생한다.

흉이 되면 뜻하지 않은 사고로 인하여 크게 놀랄 수 있다.


평생운이 955 여자의 경우, 남에게 말하지 못하는 한(恨)을 안고 살아가는 경우가 많다. X도 버릴 것 없는 여자이지만 運은 다복(多福)하지 못하다. 가장 많은 경우는 자식 중에 장애자가 있다는 것이다.


**운명(運命)**

운명은 이미 정해진 사람의 목숨이다.

모든 사람들은 불현듯 자기의 마지막 날을 상상해 본다.

수리역학매화역수로 보는 사람의 운명은 대체로 다음과 같다.

申, 酉 일주는 1, 2월에 事故를 많이 당하고 死亡率이 높다.

戌, 亥 일주는 3, 4월에 事故를 많이 당하고 死亡率이 높다.

子, 丑 일주는 5, 6월에 事故를 많이 당하고 死亡率이 높다.

寅, 卯 일주는 7, 8월에 事故를 많이 당하고 死亡率이 높다.

辰, 巳 일주는 9, 10월에 事故를 많이 당하고 死亡率이 높다.

午, 未 일주는 11, 12월에 事故를 많이 당하고 死亡率이 높다.

| B9 | | 5 | | 5 | |
|---|---|---|---|---|---|
| 文書 | 金 | 驚破 | 土 | 驚破 | 土 |
| 5 | | 1 | | 6 | |
| 驚破 | 土 | 新生 | 水 | 官 | 水 |
| 2 | | 7 | | 9 | |
| 變化 | 火 | 病(退食) | 火 | 文書 | 金 |
| 7 | | 4 | | 2 | |
| 病(退食) | 火 | 安定 | 金 | 變化 | 火 |

| 日支別 吉凶月 | | | | | |
|---|---|---|---|---|---|
| 寅 | | 卯 | | 辰 | |
| 吉 1-5-9 | 凶 4-7-8-10 | 吉 2-6-9-10 | 凶 3-5-7-8-11 | 吉 3-7-8-11 | 凶 2-9-10-12 |
| 巳 | | 午 | | 未 | |
| 吉 4-8-12 | 凶 1-7-9-10 | 吉 1-5-6-9 | 凶 2-11-12 | 吉 2-5-6-10 | 凶 9-11-12 |
| 申 | | 酉 | | 戌 | |
| 吉 3-7-11 | 凶 1-2-4-10 | 吉 3-4-8-12 | 凶 1-2-9-11 | 吉 1-2-5-9 | 凶 3-4-6-8-12 |
| 亥 | | 子 | | 丑 | |
| 吉 2-6-10 | 凶 1-3-4-7 | 吉 3-7-11-12 | 凶 2-5-6-8 | 吉 4-8-11-12 | 凶 3-5-6-9 |

◈ 955

文書-驚破-驚破.

주도수 5는 경파다. 주도수 5일 때는 사람들이 대범해지고 덤벼들게
된다.

이해에는 놀랄 일들이 많이 일어난다. 또한 이해는 미루어 왔던 투자와
투기의 適期다. 955에 매입한 부동산을 988에 매도하면 큰 시세 차익을
남긴다.


◈ 516

驚破-新生-官. 혁신수(革新數)다.

156과 516은 혁신수다. 혁신적인 큰 변화, 큰 변동이 나타난다.

戌, 亥 일주를 제외한 모든 일주는 적당한 투자처를 찾아서 부동산에
돈을 묻어라.

生이 되면 합격·승진한다, 剋이 되면 문서로 인한 큰 손실이 발생하므
로 모든 서류 작성을 조심하라.


◈ 279

變化-病/退食-文書. 오방산신난동수(五方山神亂動數)다.

변화·변동은 아무런 도움이 안 된다. 가만히 있는 것이 상책이다. 변
화·변동으로 인하여 건강을 상하고 상신(傷身)하는 때다.

寅, 卯 일주는 이사 여행 등으로 건강을 해칠 수 있다.

辰, 巳 일주는 9(文書)가 진단서가 된다. 이때 아프면 아주 오래간다.

◈ 742

病/退食-安定-變化.

寅, 卯, 辰, 巳 일주는 7월부터 10월까지 4개월째 헤맨다. 이때는 현실에서 도망가고 싶어진다.

午, 未 일주는 변화·변동하지 마라. 경솔한 행동으로 후회할 일을 남긴다.

申, 酉 일주는 마음의 여유와 안정을 가지고 모든 면에서 좋은 운이 따른다.

# ✪ 9-6-6(文書-官-官)

주도수 6은 관(官)이다. 수리의 등급은 B급이다.
평생기본수 9인 사람의 그해를 주도하는 숫자 6은 官이다.


官은 사주명리학의 十星 중 官星에 해당한다. 官은 행운, 명예, 벼슬,
합격, 승진, 입찰, 계약 등을 뜻하며 또한 官은 가정, 병원, 학교, 회사,
공공기관 등 일정한 형태를 갖춘 조직체를 뜻한다.


이해는 C급 같은 B급이다.

4월부터 연말까지 관재구설이다. 이해에는 부부의 이혼 사연이 많이 발
생한다. 9수리는 고집이 세어 이런 시기에 자기 의사를 굽히지 않는다.
그러나 9수리는 낭만적이며 감수성이 있다. 이혼을 피하려면 상대의 마음
을 움직여라.


## 족집게 도사

바다와 육지의 면적은 78:22다.
공기 속의 질소와 기타 물질의 구성 비율은 78:22다.
인체는 수분과 기타 성분의 비율이 78:22다.
가로 세로 10㎝ 정사각형에 원을 그리면 내원과 외원의 비율도 78:22다.
모든 세상사는 이러한 이치로 돌아간다. 성공과 실패의 확률은 78:22다.
역술 상담에서 맞고 틀리는 비율도 마찬가지다. 족집게 도사가 일부의 고객을
100% 맞힐 수는 있지만, 전체의 78% 정도를 맞히는 셈이다. 이처럼 역학 공
부를 완벽히 할 수도 없고 모든 사람의 인생사를 완벽히 맞힐 수도 없다.

| B9 | | 6 | | 6 | |
|---|---|---|---|---|---|
| 文書 | 金 | 官 | 水 | 官 | 水 |
| 6 | | 3 | | 9 | |
| 官 | 水 | 鬼神 | 木 | 文書 | 金 |
| 6 | | 3 | | 9 | |
| 官 | 水 | 鬼神 | 木 | 文書 | 金 |
| 3 | | 3 | | 6 | |
| 鬼神 | 木 | 鬼神 | 木 | 官 | 水 |

| 日支別 吉凶月 | | | | | |
|---|---|---|---|---|---|
| 寅 | | 卯 | | 辰 | |
| 吉 | 凶 | 吉 | 凶 | 吉 | 凶 |
| 1-5-9 | 4-7-8-10 | 2-6-9-10 | 3-5-7-8-11 | 3-7-8-11 | 2-9-10-12 |
| 巳 | | 午 | | 未 | |
| 吉 | 凶 | 吉 | 凶 | 吉 | 凶 |
| 4-8-12 | 1-7-9-10 | 1-5-6-9 | 2-11-12 | 2-5-6-10 | 9-11-12 |
| 申 | | 酉 | | 戌 | |
| 吉 | 凶 | 吉 | 凶 | 吉 | 凶 |
| 3-7-11 | 1-2-4-10 | 3-4-8-12 | 1-2-9-11 | 1-2-5-9 | 3-4-6-8-12 |
| 亥 | | 子 | | 丑 | |
| 吉 | 凶 | 吉 | 凶 | 吉 | 凶 |
| 2-6-10 | 1-3-4-7 | 3-7-11-12 | 2-5-6-8 | 4-8-11-12 | 3-5-6-9 |

### ◈ 966

文書-官-官. 명예수(名譽數) 행운수(幸運數)다.

주도수 6은 官이다. 이해에는 주도수가 剋하는 달이 없다. 가정, 학교, 직장, 사업체 모든 곳에서 행운이 깃든다. 청소년은 이 시기에 평생의 방향과 진로가 결정되는 매우 중요한 때다. 生이 되면 합격, 취업, 승진, 모두 다 이루어지는 시기이다.

취득하기 어려운 박사 학위, 고시성 시험, 자격증 등에서 행운이 따라온다.

평생운 966은 조직사회에 적합하며 사업은 성공률이 낮다.

### ◈ 639

官-鬼神-文書. 관재구설수(官災口舌數)다.

주도수와 서로 相生이므로 크게 나쁘지 않다. 그래서 등급이 B급이다.

6(官)이 주도하는 관재구설이다. 따라서 가정, 직장, 사업체 등 내부(內部)에서 발생하는 문제다.

### ◈ 639

官-鬼神-文書. 관재구설수(官災口舌數)다.

관재구설은 본인과 평소 알고 지내는 사람과의 문제다. 따라서 직장 동료, 부부간의 문제가 가장 많다. 서로 반목하면 이때에 이별한다.

관재구설이 들어오면 다른 사람의 일에 간섭하지 않아야 한다. 주위 사람들의 대화에 끼어들지 않아야 하며 의견을 물어도 적당히 피해야 한다. 선의로 해준 말이나 도움은 부메랑이 되어 나에게 화를 자초한다.

8월-9월-10월은 3-9-3으로 상문살이다.


◈ 336

鬼神-鬼神-官.

10월에는 누구든 상갓집을 가지 마라. 봉변당한다. 10월, 11월에 노약자는 건강에 각별히 주의해야 한다. 목숨이 위태롭다.

관(官), 즉 가정, 학교, 직장, 사업체가 손상당한다.

寅, 申, 巳, 亥 일주는 이해에 승급·승진이 안 된다.

평생운 966 중에서 寅, 申, 巳, 亥 일주는 평생 하위직에서 맴돈다.

## ❀ 9-7-7 (文書-病/退食-病/退食)

주도수 7은 병/퇴식(病/退食)이다. 수리의 등급은 C급이다.

평생기본수 9인 사람의 그해를 주도하는 숫자 7은 病/退食이다.

이해에는 의욕이나 욕구가 사라지고 매사 귀찮아진다.

病은 사주명리학의 十星 중 편인(偏印) 또는 퇴식(退食)에 해당한다. 사주팔자원국에서 편인이 강하고 많으면 식신을 헀한다. 편인이 놓이면 그 기간 내에 건강하지 못하며 의식주가 불안하다는 뜻이며, 또한 편인은 우울증 환자를 뜻한다.

평생운이 977이면 성장기에 부모 형제의 덕이 없으며 일찍 사망하는 경우가 많다. 온순하지만 대인관계가 적고 생활력이 부족하여 38세까지 아주 어렵게 지낸다. 결혼이 늦으며 女命은 결혼운, 부부운이 좋지 않다. 일평생 건강 문제가 따라다니는 사람이다.

---

**[예시] 남자 음력 1987년 8월 9일 酉時 生. 우울증 환자**

✔ 목적사: 백수건달(白手乾達) 아들의 취업 문제 상담차 어머니가 내방.

✔ 해설: 癸未 일주 평생기본수 9, 주도수 7, 상담 시 수리는 977. 월주와 시주가 空亡되었다. 취업은 나중의 문제이며 우선적으로 우울증 치료와 개명을 권유하였으나 어머니께서 나의 의견을 받아들이지 않았다.

✔ 결론: 몇 년 뒤에 둘째 아들이 결혼 상담을 하러 왔는데, 위 당사자는 우울증으로 중0대 병원에 입원하여 고생하였다고 하며 현재의 상태는 말을 하지 않았다. 자살한 것으로 추정된다.

\* 상세한 사주 및 수리풀이는 〈나는 역학이다〉 강의 동영상을 참조하십시오.

---

| C9 | | 7 | | 7 | |
|---|---|---|---|---|---|
| 文書 | 金 | 病(退食) | 火 | 病(退食) | 火 |
| 7 | | 5 | | 3 | |
| 病(退食) | 火 | 驚破 | 土 | 鬼神 | 木 |
| 1 | | 8 | | 9 | |
| 新生 | 水 | 財物 | 木 | 文書 | 金 |
| 8 | | 2 | | 1 | |
| 財物 | 木 | 變化 | 火 | 新生 | 水 |

| 日支別 吉凶月 | | | | | |
|---|---|---|---|---|---|
| 寅 | | 卯 | | 辰 | |
| 吉<br>1-5-9 | 凶<br>4-7-8-10 | 吉<br>2-6-9-10 | 凶<br>3-5-7-8-11 | 吉<br>3-7-8-11 | 凶<br>2-9-10-12 |
| 巳 | | 午 | | 未 | |
| 吉<br>4-8-12 | 凶<br>1-7-9-10 | 吉<br>1-5-6-9 | 凶<br>2-11-12 | 吉<br>2-5-6-10 | 凶<br>9-11-12 |
| 申 | | 酉 | | 戌 | |
| 吉<br>3-7-11 | 凶<br>1-2-4-10 | 吉<br>3-4-8-12 | 凶<br>1-2-9-11 | 吉<br>1-2-5-9 | 凶<br>3-4-6-8-12 |
| 亥 | | 子 | | 丑 | |
| 吉<br>2-6-10 | 凶<br>1-3-4-7 | 吉<br>3-7-11-12 | 凶<br>2-5-6-8 | 吉<br>4-8-11-12 | 凶<br>3-5-6-9 |

◈ 977

文書-病/退食-病/退食.

주도수 7은 病이다. 목표를 잃어버리고 현실감각이 상실된다. 한 해 내내 의욕이 없고 건강상 문제가 발생한다. 이해에는 건강을 조심해야 한다. 과로하면 안 된다. 이때에 질병에 노출되면 입원 수술을 해야 하며 사망에 이르기도 한다. 977은 진단서, 사망신고서, 매장 화장신고서를 뜻한다.


◈ 753

病/退食-驚破-鬼神. 대흉수(大凶數)다.

상반기 6개월은 움직이지 마라. 이때에는 잘되는 일이 없다.

777, 7이 세 번 연속한다. 최악의 건강 상태가 지속된다.

학생은 공부를 포기한다. 직장인은 쉬고 싶어진다. 가정에는 자식으로 인한 우환이 있으며 풍파가 일어난다. 사업자는 손해가 가중되며 실패로 부도, 폐업 위기에 내몰린다.


◈ 189

新生-財物-文書. 대길수(大吉數)다.

이때부터 차츰 정신적인 안정을 찾는다.

753 뒤의 189이기 때문에 吉運은 50% 정도다.

7월에는 새로운 이성 간 만남이 이루어진다.

8월에는 귀인의 도움으로 돈이 들어오고 뜻이 이루어진다.

巳, 午 일주는 9월에는 문서를 조심하라. 서명하기 전에 몇 번씩 검토

하라.

### ◈ 821

財物-變化-新生.

변화 · 변동은 좋은 결과를 낳는다. 돈이 들어오고 귀인이 나타난다. 상반기 6개월간 고생 끝에 이제 낙이 온다. 사업자의 경우 확장과 이전 등 변화 · 변동은 좋은 때다. 대입 수험생은 처음 목표와 다른 대학에 응시하고 취업준비생은 처음 목표와 다른 회사에 응시하라.

## ❀ 9-8-8(文書-財物-財物)

주도수 8은 재물(財物)이다. 수리의 등급은 AA급이다.

평생기본수 9인 사람의 그해를 주도하는 숫자 8은 財物이다.


이해는 대길운(大吉運)이다.

지난해의 악운(惡運)을 충분히 보상받는다. 모든 일들이 뜻대로 잘 이루어진다. 능력을 발휘하면 더 이상으로 성취할 수 있는 해다.

이해에는 자신의 목표를 적극적으로 행동으로 옮겨 실천해야 한다. 특히 돈에 관한 일이라면 더 적극적으로 나서라. 돈이 없으면 어디선가 생기게 되고, 부족하면 누군가로부터 융통이 되며, 투자한 것은 큰 이익을 남긴다.

988은 刑, 沖, 破, 害, 元嗔을 따지지 않아도 괜찮을 만큼 좋은 수리다.

---

**[예시] 여자 양력 1963년 11월 11일 戌時 生. 자영업자**

✓ 목적사: 요식업 창업(創業) 상담차 2016년에 내방.

✓ 해설: 戊午 일주, 편재격 팔자(偏財格 八字), 평생기본수 9, 주도수 8, 상담 시 수리는 988. 당해연도 수리는 AA급으로서 편재 壬水가 장생(長生)하는 시기다. 9월에 개업을 하도록 권유하였다.

✓ 결론: 장사 경험이 전혀 없는 분이었는데, 서울 구로구에서 맥주체인점을 오픈하여 2022년 현재까지 성공리에 사업을 잘하고 있다.

* 상세한 사주 및 수리풀이는 〈나는 역학이다〉 강의 동영상을 참조하십시오.

| AA9 | | 8 | | 8 | |
|---|---|---|---|---|---|
| 文書 | 金 | 財物 | 木 | 財物 | 木 |
| 8 | | 7 | | 6 | |
| 財物 | 木 | 病(退食) | 火 | 官 | 水 |
| 5 | | 4 | | 9 | |
| 驚破 | 土 | 安定 | 金 | 文書 | 金 |
| 4 | | 1 | | 5 | |
| 安定 | 金 | 新生 | 水 | 驚破 | 土 |

| 日支別 吉凶月 | | | | | |
|---|---|---|---|---|---|
| 寅 | | 卯 | | 辰 | |
| 吉 | 凶 | 吉 | 凶 | 吉 | 凶 |
| 1-5-9 | 4-7-8-10 | 2-6-9-10 | 3-5-7-8-11 | 3-7-8-11 | 2-9-10-12 |
| 巳 | | 午 | | 未 | |
| 吉 | 凶 | 吉 | 凶 | 吉 | 凶 |
| 4-8-12 | 1-7-9-10 | 1-5-6-9 | 2-11-12 | 2-5-6-10 | 9-11-12 |
| 申 | | 酉 | | 戌 | |
| 吉 | 凶 | 吉 | 凶 | 吉 | 凶 |
| 3-7-11 | 1-2-4-10 | 3-4-8-12 | 1-2-9-11 | 1-2-5-9 | 3-4-6-8-12 |
| 亥 | | 子 | | 丑 | |
| 吉 | 凶 | 吉 | 凶 | 吉 | 凶 |
| 2-6-10 | 1-3-4-7 | 3-7-11-12 | 2-5-6-8 | 4-8-11-12 | 3-5-6-9 |

### ◈ 988

文書-財物-財物.

주도수 8은 財物이다. 이해에는 재물에 대한 강한 욕구가 일어난다. 돈을 벌어야 한다, 돈이 있어야 한다, 돈을 갚아야 한다 등등 한 해 내내 돈 생각뿐이다. 모든 수리가 8과 연관된다.

AA급이므로 수입이 느는 만큼 지출도 늘어난다.

生이 되면 큰 이익이 생기는 반면, 剋이 되면 본인 생각의 반 정도가 이루어진다.


### ◈ 876

財物-病/退食-官.

금전 욕구가 더욱더 강해진다. 돈으로 인하여 子, 午, 卯, 酉 일주는 건강을 해칠 수 있다. 건강 때문에 돈이 나간다.

7과 6이 剋이 되면 돈을 번 후에 문제가 발생하고 돈으로 막는 꼴이다.


### ◈ 549

驚破-安定-文書. 무난수(無難數)다.

지금보다 더 나빠질 것은 아무것도 없다. 뒤로 자빠져도 다치지 않을 때다. 마음의 여유를 가지고 현실에 대응하면 된다. 과감한 변화, 변동, 투자, 투기 등은 수익을 창출하고 안정을 가져온다.


### ◈ 415

安定-新生-驚破. 안정수(安定數)다.

生이 되면 11월에 새로운 사람, 새로운 일 덕택에 돈이 들어온다.

剋이 되면 11월에 새로운 사람, 새로운 일 때문에 손실을 입는다.

生이 되면 11월에는 인생의 동반자를 만날 수 있는 시기다. 이럴 때 미혼 남녀는 주위에 사람 소개를 요청하고 결혼상담소를 적극적으로 이용하라.

午, 未 일주는 새로운 일 또는 새로운 사람 때문에 크게 당하고 놀란다.

## ❀ 9-9-9 (文書-文書-文書)

주도수 9는 문서(文書)이다. 수리의 등급은 B급이다.

평생기본수 9인 사람의 그해를 주도하는 숫자 9는 文書다.

1년 12개월이 모두 숫자 9로 이루진다.

이 수리는 사람에 따라서 A급이 될 수 있고 C급이 될 수도 있다. 生과 尅을 따져서 좋은 때와 나쁜 때를 지적해 주어여 한다.

평생기본수 9수리는 자기중심적이며 매사 적극적이다. 남자는 여자와의 인연이 부족하고, 여자는 남자를 먹여 살릴 정도로 활동적이다.

고향을 떠나 타향에서 사는 사람이 대부분이며, 자격증을 사용하는 전문직 특히 교통운수업에 종사하는 사람이 많다. 여자의 경우 유흥업에 종사하는 사람이 많다.

우리나라 전체 인구의 14%에 달하는 해외교포 중에서 999 때에 이민을 떠난 사람이 가장 많다.

---

**[예시] 여자 양력 1986년 3월 5일 巳時 生. 탈북민**

✓ 목적사: 박사 학위 취득 상담.

✓ 해설: 戊申 일주, 편인격 팔자(偏印格 八字), 평생기본수 9, 상담 시 수리는 966. 당해 연도 수리는 B급. 북한 김일성종합대학교를 졸업한 탈북민이다. ○○신문사 연구원으로 활동하며 서울대학교에서 대학원을 졸업한 후 일본 동경대학교 박사 과정에 있다.

✓ 결론: 어머니가 먼저 탈북하고 뒤이어 오빠와 탈북하였다. 가족 모두가 김일성종합대학교 출신의 북한 엘리트였다. 이 시람은 사주에 水 오행이 없으며 999 때에 북한을 떠났다.

\* 상세한 사주 및 수리풀이는 〈나는 역학이다〉 강의 동영상을 참조하십시오.

| B9 | | 9 | | 9 | |
|---|---|---|---|---|---|
| 文書 | 金 | 文書 | 金 | 文書 | 金 |
| 9 | | 9 | | 9 | |
| 文書 | 金 | 文書 | 金 | 文書 | 金 |
| 9 | | 9 | | 9 | |
| 文書 | 金 | 文書 | 金 | 文書 | 金 |
| 9 | | 9 | | 9 | |
| 文書 | 金 | 文書 | 金 | 文書 | 金 |

| 日支別 吉凶月 | | | | | |
|---|---|---|---|---|---|
| 寅 | | 卯 | | 辰 | |
| 吉 | 凶 | 吉 | 凶 | 吉 | 凶 |
| 1-5-9 | 4-7-8-10 | 2-6-9-10 | 3-5-7-8-11 | 3-7-8-11 | 2-9-10-12 |
| 巳 | | 午 | | 未 | |
| 吉 | 凶 | 吉 | 凶 | 吉 | 凶 |
| 4-8-12 | 1-7-9-10 | 1-5-6-9 | 2-11-12 | 2-5-6-10 | 9-11-12 |
| 申 | | 酉 | | 戌 | |
| 吉 | 凶 | 吉 | 凶 | 吉 | 凶 |
| 3-7-11 | 1-2-4-10 | 3-4-8-12 | 1-2-9-11 | 1-2-5-9 | 3-4-6-8-12 |
| 亥 | | 子 | | 丑 | |
| 吉 | 凶 | 吉 | 凶 | 吉 | 凶 |
| 2-6-10 | 1-3-4-7 | 3-7-11-12 | 2-5-6-8 | 4-8-11-12 | 3-5-6-9 |

### ◈ 999

文書-文書-文書. 여행수(旅行數)다.

주도수 9는 文書다. 이해의 변화·변동은 좋은 결과를 불러온다.

평생기본수 9수리는 마치 역마(驛馬)성처럼 한곳에 오래 머무르지 않는다. 이사, 이동, 여행 등 가장 분주하게 움직이는 때다.

999에는 돈을 땅에 묻어라. 내년 911에 나오는 사람으로부터 돈을 지킬수 있다. 돈을 부동산에 묻지 않으면 내년에 사기당하거나 떼이고 잘못된투자 소개로 인하여 돈을 왕창 날릴 수 있다.


### ◈ 999

文書-文書-文書. 여행수(旅行數)다.

이해에 生이 되는 달은 A급으로 작용한다.

剋이 되는 달은 C급으로 작용한다. 바쁘기만 하고 실익은 별로 없다.소문난 잔치 먹을 것 없다는 식이다. 특히 보증문서, 대출문서, 매매문서등은 조심해야 한다.


### ◈ 999

文書-文書-文書. 여행수(旅行數)다.

生이 되면 부동산 투자, 주식 투자로 돈을 번다.

剋이 되면 자기 이름 석 자가 적히는 문서는 무조건 심사숙고해야 한다.특히 剋이 되면 노인은 운명을 다하고 사망하며 집안이 기울기도 한다.

## ◈ 999

文書-文書-文書. 여행수(旅行數)다.

숫자 9는 떠난다, 여행, 출장, 시찰, 파견, 전입전출, 이민 등의 의미를 가진다. 지지에 寅, 申, 巳, 亥 역마가 있거나 沖이 있는 사람은 이해에 어디든지 멀리 간다.

세계 어디에 살든, 해외 교포 중에서 사주팔자원국에서 水 오행이 없는 평생기본수 9수리 사람들은 이때에 이민을 가장 많이 떠났다.

# 맺음말

요즘은 책을 쓰느라 꼭두새벽에 사무실에 출근한다. 눈이 침침할 때는 잠시 먼 산을 바라본다. 역학을 시작할 때는 검은 머리 30대 젊은이였는데, 이제 일흔을 바라보는 백발의 노인이 되었다.

내가 처음 수리역학매화역수를 접할 때는 내용이 너무 허접하고 유치하다고 생각했다. 그래서 배움을 한참 망설였다. 그러나 이 학문이 없었으면 오늘날 내 위치가 없을 만큼 가장 소중한 자산이 되었다.

내담자는 항상 백발백중의 명쾌한 답을 요구한다. 사주운세 상담은 긴 말이 필요 없다. 목적사에 대해 콕 집어서 간단명료하게 답을 내어야 한다.

책 내용의 설명이 길지 않은 것은 군더더기를 빼고 요점들만 수록했기 때문이다. 반복해서 나오는 구절들이 많다. 역학은 이치를 이해하고 기억하며 말로 통변하는 학문이다. 반복해서 나오는 구절은 여러 번 소리 내어 읽기 바란다.

나름대로 써 내려갔지만 앞으로 시간이 날 때마다 부족한 부분을 더해 갈 계획이다.

역학을 하면서 주위의 많은 사람들을 새로 만나고 떠나보냈다. 가장 가슴 아픈 사연은 많은 선생들이 이미 세상을 떠난 것이다. 또 학문의 뜻이 다른 도반들을 멀리한 것이다. 한때는 삶을 같이했던, 보고 싶은 그들에게 이해와 용서를 구한다.

나의 스승 周百發先生님의 冥福을 빌며, 존경하는 金鍾鉉先生님의 萬壽無疆을 所願드린다.

책이 나오기까지 도와주신 책과나무 임직원 여러분 그리고 사랑하는 나의 제자들에게 감사드린다. 이 책을 보고 배우는 분들의 건승을 빈다.

## 참고 문헌

고해정,『사주학정해』, 한빛출판미디어, 2009

김수길 · 윤상철,『매화역수』, 대유학당, 1996

김종현,『수리역학매화역수 운정비결』, 영강미디어출판, 2012

남상규,『구궁성명학』, 가나안문화사, 2012

박청화,『춘하추동신사주학』, 청화학술원, 2014

오혜정,『사진으로 이해하는 수학의 모든 것』, 지브레인, 2016

임석진,『철학사전』, 중원문화, 2009

임종욱,『중국역대인명사전』, 이회문화사, 2010

장진성,〈자유아시아방송〉, 2013

동아출판사,『두산백과』

윤회사상(輪廻思想)(문학비평용어사전, 2006. 1. 30., 한국문학평론가협회)

인명사전편찬위원회,『인명사전』, 민중서관, 2002

한국학중앙연구원,『민족문화대백과』

작가 미상,『梅花易數 上』,『梅花易數 下』, 韓國

작가 미상,『易數』, 中國

周百發,『日柱祕訣』, 中國

萬民英,『三命通會』, 臺北 武陵出版有限公社

徐樂吾,『窮通寶鑑』, 臺北 武陵出版有限公社

徐 升,『淵海子平評註』, 臺北 武陵出版有限公社

姬昌,『周易大全』, 中國 花文出版社

## ▌ 동영상 및 USB 수강신청 방법 ▌

〈비법 수리역학매화역수〉 내용은 인터넷 동영상강좌 역학교육원
〈 **나는 역학이다** 〉사이트에서 동영상 또는 USB로 공부하실 수 있습니다.
동영상 및 USB 강의는 2022년에 촬영하였습니다.

아래의 수강할인권을 보내 주시면 할인 혜택을 받으실 수 있습니다.


**동영상 강좌**

정가 125만 원 〉 수강할인권 할인가 90만 원 (수강기간 180일)

**USB 구입**

정가 200만 원 〉 수강할인권 할인가 150만 원


**보내실 곳**

서울시 관악구 남부순환로 1827 관악빌딩 3층 서울좋은이름연구원

**문의 전화**                                    **계좌**

02-877-8771, 010-9687-0080          농협 이동현 302-1270-4777-71

- - - - - - - - - - - - - 절취선 - - - - - - - - - - - - -

## ▌ 비법 수리역학매화역수 수강할인권 ▌


신청자 성명 _____        신청자 연락처 _____


신청자 주소 _____


나는 역학이다 ID _____

* 〈나는 역학이다〉 ID는 홈페이지에서 회원가입을 하십시요.